"十三五"国家重点图书出版规划项目
2021年农家书屋重点图书推荐目录

中国乡村振兴示范村

丛书主编 陈文胜
副主编 王文强

战旗村

蓝红星 张正杰 著

东北大学出版社

ⓒ 蓝红星　张正杰　2020

图书在版编目（CIP）数据

战旗村/蓝红星，张正杰著.— 沈阳：东北大学出版社，2020.12（2021.12 重印）
（中国乡村振兴示范村/陈文胜主编）
ISBN 978-7-5517-2629-0

Ⅰ.①战… Ⅱ.①蓝…②张… Ⅲ.①农村—社会主义建设—概况—成都 Ⅳ.① F327.715

中国版本图书馆 CIP 数据核字（2020）第 270317 号

出　版　者：东北大学出版社
　　　　　　地址：沈阳市和平区文化路三号巷 11 号
　　　　　　邮编：110819
　　　　　　电话：024-83687331（市场部）　83680267（社务部）
　　　　　　传真：024-83680180（市场部）　83687332（社务部）
　　　　　　网址：http://www.neupress.com
　　　　　　E-mail:neuph@neupress.com
印　刷　者：辽宁一诺广告印务有限公司
发　行　者：东北大学出版社
幅面尺寸：170 mm×240 mm
印　　张：14.5
字　　数：260 千字
出版时间：2020 年 12 月第 1 版
印刷时间：2021 年 12 月第 3 次印刷
责任编辑：张德喜　刘宗玉
责任校对：杨　坤
封面设计：潘正一

ISBN 978-7-5517-2629-0　　　　　　　　　　　　定　价：49.00 元

战旗风光

图1 战旗村主入口

图2 战旗村村史馆

图3 战旗村鸟瞰

图4 战旗村乡村十八坊入口

战旗风光

图 5　战旗文化大院

图 6　战旗村花园风光

图7　战旗村田园风光

图8　战旗村妈妈农庄一角

战旗风光

图 9　战旗村村道

图 10　战旗村一角

图 11 战旗村集凤院子

图 12 战旗村大戏台

战旗风光

图 13　战旗村游客中心

图 14　战旗村超市

图 15　郫县豆瓣博物馆

图 16　战旗村现代农业

战旗风光

图17 战旗村农场

图18 四川战旗乡村振兴培训学院

图 19 四川战旗乡村振兴培训学院一角

序
Foreword

　　党中央始终高度重视农业、农村和农民工作，新世纪以来，连续推出了一系列强农惠农富农政策，我国农村发生了翻天覆地的变化，广大农民从物质到精神都有了前所未有的提高。习近平总书记指出，农业强不强、农村美不美、农民富不富，决定着全面小康社会的成色和社会主义现代化的质量。实施乡村振兴战略是党的十九大作出的重大决策部署，这是党的"三农"工作一系列方针政策的继承和发展，是开启全面建设社会主义现代化国家新征程的必然选择，是我们在新时代做好"三农"工作的行动总纲和根本遵循。

　　2020年，我国打赢了脱贫攻坚战，农村贫困人口按现行标准全部脱贫，贫困县全部摘帽，消除了区域性整体贫困现象。党的十九届五中全会提出"实现巩固拓展脱贫攻坚成果同乡村振兴有效衔接"的要求。脱贫之后的农户面临着尽快加入中等收入群体行列的新任务、新挑战，而乡村振兴正是他们实现这一美好愿景的必由之路。

　　村庄是乡村的基本社区单元，是乡村振兴的主战场。我国有60多万个行政村，从南到北、由东至西，情况千差万别，振兴之路也必然各有千秋。广大农村在实践中探索出各具特色的发展路径，一批村庄尽享强农惠农富农政策红利，通过艰辛探索，率先迈入全面小康，成为乡村振兴示范村；但仍有大量村庄在后起赶超，既需要政策的引导与推动，也需要典型的示范与带动。

　　习近平总书记强调，"要科学把握乡村的差异性，因村制宜，精准施策，打造各具特色的现代版'富春山居图'。"实施乡村振兴是一个划时代的伟大创举，也是一项长期而艰巨的任务。党的十九大提出的实施乡村振兴战略，指明了村庄建设的前进方向，但还要不断总结典型经验，探索发展规律，才能持续推动乡村的全面振兴。

由陈文胜教授担纲主编、多位专家学者共同编撰的"中国乡村振兴示范村"丛书，选择不同地域、不同类型的10个典型村庄，系统、全面地介绍其乡村振兴过程，是一件十分有意义的事情。典型村庄的选取兼顾地理区域、发展路径、奋斗历程等多方面，既有经几代人持续奋斗形成的富裕村，也有在精准扶贫中脱颖而出的脱贫村；既有区位优势显著的城郊村，也有大山深处的边远村，有较强的代表性，可以为乡村振兴工作提供多视角的参考借鉴。丛书既详尽地叙述了每个示范村的发展过程，包括对村干部与村民思想、行为变化的细微描写，又对村庄发展的关键阶段、特殊环节的超常做法和成功经验进行了系统总结，给出了各示范村乡村振兴过程的全景式展示。纵览全书，一个个眼光独到、能力超群、公而忘私的村庄引领者的高大形象跃然纸上，一件件惊心动魄、事关生死大事的抉择过程展现在眼前。这种纪实性文体鲜活、可信、感染力强，是总结农村基层工作与农民群众创造精神的一种有益的探索。

丛书文字生动活泼，叙事生动简明，启发性、指导性强。衷心希望这套丛书能有助于广大读者了解乡村，为乡村干部和农民朋友提供有益的借鉴，为各级党政部门的科学决策提供参考，助力全国的乡村振兴工作。

是为序。

蔡 昉

2020年12月

蔡昉，全国人大常委会委员，全国人大农业与农村委员会副主任委员，中国社会科学院原副院长、学部委员、博士生导师。

前言
Preface

  自从党中央提出乡村振兴战略以来，全国各地掀起了推进乡村振兴的热潮。在各地调研时，我发现每个村庄推进乡村振兴的积极性都很高，一部分村庄经过艰辛努力，探索出具有自身特色的发展模式，整体过上了质量较高的全面小康生活，但大多数村庄并没有明晰的发展思路，仍在乡村振兴的道路上彷徨且找不到突破的方向。由此，我心中一直想寻找一批优秀村庄，为其他村庄提供示范样本，以让更多的村庄能更快地实现乡村振兴。我也曾经将这个想法写进了对政府的建议之中。

  我的这一想法与东北大学出版社的计划不谋而合。2018年秋天，东北大学出版社领导找到我，提出出版一套宣传乡村振兴优秀村庄系列丛书的构想，并希望由我来组织编写这套丛书，我欣然答应了。我们一致认为，实施乡村振兴，是党中央、国务院的战略部署，是广大农民过上小康生活的必由之路，但前景美丽而道路曲折，实现乡村振兴将是一个长期的奋斗过程。在这个过程中，已有许多村庄走在前列，提前进入小康，应该把他们的经验总结出来，供尚在乡村振兴奋斗路上的村庄学习、借鉴。各个村庄经济基础不同、自然条件迥异，笼统设定一个模式，照搬一个做法显然不妥，而是要有针对性地选择一批有代表性的优秀村庄，让大多数村庄都能找寻到学习的榜样，以最大限度地发挥优秀村庄的示范作用。为此，我们在全国范围内，遴选了10个走在乡村振兴前列的典型村庄，以通俗化语言、纪实的叙事方式，把村干部及村民的超前意识、奋斗过程、成功经验全面描绘出来，将它们的坚定信念、聪明才智、开拓精神细致展现出来，并以"中国乡村振兴示范村"丛书的形式奉献给广大读者。希望这套丛书能给各级政府以借鉴，给广大乡村干部和农民朋友以启示，为实施乡村振兴战略助一臂之力。这就是我们编写、出版这套丛书的初衷。

  为确保编写质量，我们组建了一个由长期关注、从事"三农"研究的专家学者、政府官员、媒体精英等组成的跨区域作者队伍。具体分工是：

我任丛书主编,湖南省社会科学院人力资源与改革发展研究所所长王文强任丛书副主编。各分册作者分别是:《十八洞村》,湖南师范大学中国乡村振兴研究院教授陆福兴;《花园村》,人民日报社《民生周刊》杂志社编辑部主编、资深媒体人严碧华;《战旗村》,四川省农村发展研究中心主任、四川农业大学教授蓝红星,四川农业大学教师张正杰;《浔龙河村》,湖南省政协经济科技委员会主任、中南大学教授吴金明,湖南浔龙河投资控股有限公司刘红峰博士,国家税务总局党校长沙分校教师吴双;《景溪村》,河北农业大学教授申端锋;《郎德上寨》,中共黔东南苗族侗族自治州委员会宣传部副部长龙志波,黔东南苗族侗族自治州融媒体中心纸媒综合部主任、主任记者宋尧平;《袁家村》,中共陕西省咸阳市委农工办主任、西北农林科技大学兼职教授赵强社,西北农林科技大学教授赵晓峰、讲师张贯磊等;《振兴村》,山西农业大学马克思主义学院副教授庞丽铷;《张庄村》,湖南省社会科学院《毛泽东研究》编辑彭秋归;《大梨树村》,辽宁省直工委原副调研员张玉洁。作者们治学严谨、知识渊博,具有丰富的乡村调查经验,对所写的村庄比较熟悉,对所剖析的对象有着密切的关注。为了高质量地完成撰写任务,他们或常驻或三番五次前往所写村庄,目的就是真实记录所写村庄的振兴过程,挖掘出其潜在的精神动力。

本丛书的编写得到了各示范村村委会、支委会和所在地党政机关的大力支持和热情服务。尤其是本丛书的出版还得到了全国人大常委会委员、全国人大农业与农村委员会副主任委员、中国社会科学院学部委员蔡昉的关注,并在百忙之中为本丛书作序,其深厚的为农情怀和对"三农"研究者的关爱令我们十分感动。在此,一并对给予本丛书编写、出版以支持和帮助的各相关单位、各界人士表示衷心的感谢!

需要说明的是,丛书中的有些数据、案例引自专业著作与论文、媒体报道、政府门户网站发布的资讯。对各类文献的作者,我们致以真诚的感谢。由于时间关系,难以一一核对和注明所有文献的出处,在这里我们深表歉意。由于编者水平所限,加之时间仓促,丛书中的内容难免有不妥、失误之处,敬请广大读者批评指正。

陈文胜
2020 年 11 月

陈文胜,湖南师范大学"潇湘学者"特聘教授、博士生导师,中国乡村振兴研究院院长,中央农办乡村振兴专家委员,中共湖南省委农村工作领导小组"三农"工作专家组组长。

目录
Contents

第一章　战旗概况 / 1

  一、走进战旗 / 1

  二、历史沿革 / 9

第二章　战旗历任村支书 / 21

  一、第一任村支部书记 / 21

  二、第二任村支部书记 / 22

  三、第三任村支部书记 / 22

  四、第四任村支部书记 / 23

  五、第五任村支部书记 / 23

  六、第六任村支部书记 / 23

  七、第七任村支部书记 / 24

  八、第八任村支部书记 / 25

第三章　村支部书记高德敏 / 27

  一、振兴战旗的领头人 / 27

  二、高德敏的用人之道 / 31

  三、高德敏箴言 / 34

第四章　第一家村集体企业 / 37

　　一、从种粮到办厂 / 37
　　二、村民齐奋战，投身砖厂建设 / 38

第五章　企业股份改制 / 39

　　一、放大胆子进行股份制改革 / 39
　　二、改革之路再遇困境 / 40
　　三、集体企业蓬勃发展 / 41

第六章　土地集中，整改再出发 / 49

　　一、经验学习，宣传规模经营理念 / 49
　　二、力排众议，进行土地综合整治 / 51
　　三、敲响集体经营建设性用地入市"第一槌" / 54
　　四、拆院并院，集中建设新型社区 / 56

第七章　农商文旅体融合，探索发展新思路 / 61

　　一、农商文旅体融合发展之路 / 61
　　二、构建农商文旅体产业生态圈 / 64
　　三、战旗村农旅项目 / 68

第八章　战旗村乡村振兴的全面实现 / 77

　　一、经济：生活富裕 / 77
　　二、政治：治理有效 / 81
　　三、文化：乡风文明 / 88
　　四、生态：生态宜居 / 96
　　五、社会：产业兴旺 / 101
　　六、四川战旗乡村振兴培训学院 / 105

第九章 战旗启示录 / 110

一、乡村振兴"八"字经验 / 110

二、战旗十大工程纪实 / 124

第十章 挥动旗杆的领导者 / 154

一、励精图治传承接力 / 155

二、村支书访谈录 / 155

第十一章 战旗的梦 / 179

一、建成彩色战旗 / 179

二、建成绿色战旗 / 182

三、建成富美战旗 / 184

第十二章 领导关怀 / 187

一、习近平总书记视察战旗村 / 187

二、时任国务院副总理回良玉到战旗村调研 / 197

三、十一届全国人大常委会副委员长华建敏到战旗村调研 / 199

四、十一届全国政协副主席王志珍到战旗村调研 / 199

五、时任农业部部长韩长赋到战旗村调研 / 199

六、时任中央财办、中央农办副主任唐仁健到战旗村调研 / 200

七、时任国土资源部副部长王广华到战旗村调研 / 201

八、时任四川省委书记杜青林到战旗村调研 / 202

九、时任四川省委书记刘奇葆到战旗村调研 / 203

十、四川省委书记彭清华到战旗村调研 / 204

参考文献 / 206

后记 / 209

第一章 战旗概况

战旗村，这是一个享誉成都、闻名天府的生态田园村庄，这里，满眼的绿色醉人肺腑，清澈的流水彰显着灵动。优美的生态环境，原生态的成都乡土特色，蕴含川西农业文明的农业旅游，让省内外游客纷至沓来、流连忘返。

这个位于四川省成都市郫都区唐昌街道的战旗村，从前只是个贫穷的小村落。今日的战旗村，整洁的街道，古香古色的楼宇围墙，高悬的火红灯笼与张贴的对联，把这片土地装扮的喜气洋洋。从土地联产承包到创办村企改制，从土地综合整治到建设新型社区，从发展现代农业到农商文旅体融合发展，战旗人乘着改革东风，抓机遇、学先进、谋发展、建新村，实现由"打工经济"向"创业经济"转型，实现了由"传统农村"到"全国文明村"的华丽蜕变，探索出一条"农商文旅体融合发展之路"，形成了"领、创、改、治、富、美、育、文"乡村振兴八字经验。

一、走进战旗

（一）战旗简介

成都市郫都区唐昌街道（郫都区于2017年1月22日正式挂牌成立，旧名郫县；唐昌街道于2017年2月13日正式挂牌成立，旧名唐昌镇）战旗村原名集凤大队，1965年在兴修水利、改土改田活动中成为一面旗帜，取名战旗大队，后为战旗村。战旗村，位于郫都区西北部，离唐昌街道2千米，与都江堰、彭州市相邻，柏木河、柏条河双河环抱，沙西旅游环线穿村而过，是一个享誉成都、闻名天府的生态田园村庄，素有"上风上水、生态宝地"之美誉。战旗村耕地面积1930亩，辖9个村民小组，529户1704人，劳动力1000余人，辖9个农业生产合作社。该村被列为省、市新农村建设重点示范村，荣获全国、省、市文明村等殊荣，2018年被推介为中国美丽休闲乡村，2019年被评为国家AAAA级旅游景区。

图1-1　战旗村主入口

2007年，战旗村和成都市惠农投资公司按照"资源换资本"的方式合作，通过整理复垦村民原有的宅基地、院落等，新增440.8亩建设土地，其中215亩用于安置村民及基础设施，建成成都市第一个农民新居——战旗新型社区，率先实现了农村城镇化、农业现代化和农民居民化。

2015年9月，将面积为13.447亩的集体经营性建设用地使用权以每亩52.5万元的价格出让给四川迈高旅游公司。该块农村集体土地使用权与国有建设用地同等入市、同权同价的挂牌成交，落下了全面深化改革背景下全省集体经营性建设用地入市的"第一槌"，标志着四川省实施集体经营性建设用地入市改革试点进入全面实施阶段。

2018年，独具川西民居风格的"第五季香境"旅游商业街区全面建成。这是农村土地制度改革试点以来全国第一个以集体经营性建设用地入市为依托的田园综合体项目。目前，战旗村正依托"第五季香境"，自主开发"乡村十八坊"农旅项目，培育、传承、发扬民间传统技艺。

战旗蔬菜专业合作社被评为"全国农民专业合作社示范社""省级示范社"，村内成都中延榕珍菌业有限公司被省委农工委评为"农业产业化省级重点龙头企业"。2018年主导产业收入占农民家庭经营性收入的比例为85.6%，2019年达到89%；2018年村内全部耕地被确认为高标准农田，占比达100%；2018年主要农作物耕种收综合机械化水平达92.8%，2019年达95%；2018年农民合作社3个，2019年农民合作社4个；2018年家庭农场4个，2019年家庭农场9个；全面实施新型经营主体带动小农户机制。

（二）自然条件

战旗村地处横山脚下、柏条河畔，位于郫都区唐昌西北，是郫都区、都江堰市、彭州市市区交界处，属成都平原西北边缘，处于东经103°49′、北纬30°55′。村境西北长，东南窄，总面积2.06平方千米。战旗村所在村域位置，在民国时代崇宁县集凤村、桂花村、梓潼村一带。正东和东南与火花村接壤，北边隔柏条河与彭州市丽春镇相望。西北与横山村、园艺村毗邻。成都市沙西线延长线从境内通过，北达都江堰市。因川西平原独有的自然优势和战旗村独特的地理位置特征，战旗村地灵人杰，物产富饶，民风淳朴。

战旗村是一个享誉成都、闻名天府的生态田园村庄，素有"上风上水、生态宝地"之美誉。全年日照充足，雨热同期，气候宜人，以紫色土为主，土壤肥沃。战旗村毗邻317国道，交通便捷，对外联系方便，村内动植物资源种类十分丰富。

（三）党政社区

大地有色皆春染。2018年2月12日，习近平总书记视察郫都区唐昌街道战旗村。"战旗飘飘，名副其实！"习总书记多次肯定战旗村规划得好、建设得好，"火车头"作用发挥得好，习总书记还称赞，战旗村的这个书记很精神、有干劲。

战旗村自1965年建村以来，村干部的选拔以"选贤举能"为准则，正如高德敏所说："我们历任支部书记不搞家族制，我们是能者居上。"战旗村有一套自己的支部书记培养模式，一般选用治理能力强的村主任担任村支书。就这样，战旗村培养着一代代接班人，实现了村支书正常交替，同步实现了战旗村的繁荣发展。历经8任党支部书记，持续发挥村党总支"核心引领"作用，探索一条建强战斗堡垒、引领改革兴村、引领生态宜居、引领产业富民、引领乡风文明、引领服务便民的"一强五引领"的乡村振兴新路径。

2010年，高德敏接过接力棒，成为战旗村第8任村支书。在党的引领下，坚持干部队伍建设，抓住新形势下土地改革的契机，带领战旗村改革创新壮大集体经济，成为四川乃至全国乡村振兴的典范。如今，村支书高德敏在工作中也十分注重发掘优秀人才，不断完善人才队伍建设，给他们搭建能力展示平台，鼓励他们通过民主程序，加入党组织，充实到村两委班子，更好地为战旗村发展服务，助推乡村振兴再上新台阶。

优秀领导班子对农业农村发展的引领至关重要，时光荏苒，为适应农业现代化的发展和乡村振兴的发展需要，战旗村领导班子的综合素养也与时俱进。如今，战旗村支两委共8人，其中支委会5人，村委会3人。班子成员中研究生1人，大学本科1人，大专3人，高中3人，其中助理社工师2人，专业会计3人。

（四）经济文化

2018年战旗村完成乡村振兴规划编制。2018年共有村办企业3家，集体经济组织3个，2019年又相继成立战旗旅游公司、文化产业公司、战旗飞扬设计公司、战旗飘扬农业公司、四川战旗乡村振兴培训学院等农商文旅体项目。2019年集凤院子被确定为川西林盘保护修复实施点位；2018年、2019年均有引进创新创业团队、专业人才入驻；2018年战旗村共有12名农业职业经理人，2019年5月、6月分别进行了两次新型职业农业培训，培训合格人数达240人，每百名劳动力资源中新型职业农民达23人；2018年农业适度规模经营率为87.7%，2019年达90%；2018年、2019年集体经营性建设用地使用权登记发证率均为100%；2018年村集体经济收入520万元；2018年、2019年村组基本公共服务圈覆盖率均为100%；2018年、2019年村民基本医疗保险参保率均达100%；2019年完成健康村创建工作，成功创建区级健康村；战旗村在五季香境内建有农村电商、农村产权交易、"农贷通"、"三站合一"服务平台，占地面积约100平方米，2019年初加入"益农信息站"，形成"四站合一"平台；2018年完成档案工作规范化管理，2019年取得三级档案规范管理登记证书；2018年、2019年农村居民人均可支配收入均居全区前列。

战旗村正在发展观光农业，1800余亩规模化耕种大田景观基本形成，打造乡村振兴博览园精品旅游环线，完成西北院子等川西林盘院落的改造提升和吕家院子特色林盘修复打造。2012年6月，战旗村引入的妈妈农庄项目投产。妈妈农庄（全称第五季·妈妈农庄——成都第五季）是郫都区第一个创AAAA级景区，被称为成都的"普罗旺斯"。该项目占地650多亩，450亩薰衣草花海，1500平方米太空蔬果、花卉立体种植观光大棚，近3000平方米以色列科技特色农业观赏，30多亩生态蔬菜种植。利用2015年9月四川省经营性建设用地入市第一槌的入市地块，引进了"第五季香境"项目，建成集购物、娱乐、餐饮、住宿为一体的商业综合体。通过招商引进特色美食企业32户，170余个商铺投运。充分挖掘村集体资源，在乡村规划部门指导下，自主建设属于集体经济组织所有的战旗乡村十八坊，引入非遗经济，新增加了村集体资产和经营项目，吸引经营特色农副产品、手工艺品、美食等各类商家30余户，形成战旗AAAA级景区亮点，实现农商文旅融合发展，战旗村迎来游客65万人次，文旅产业产值达到3200万元，增长300%。

（五）所获荣誉

战旗村自建村以来获得多项荣誉，具体见表1-1。

表1-1 村党支部村委会所获荣誉

时间	荣誉项目	颁发单位
1981年1月	四川省先进村级组织	中共四川省委、四川省人民政府
1988年3月	战旗村 在发展农村经济成绩显著	中共郫县委员会、郫县人民政府
1991年1月	四川省先进村级组织	中共四川省委、四川省人民政府
1991年7月	计划生育先进集体	中共郫县县委、郫县人民政府
1991年8月	军警民共建精神文明先进单位	中共成都市委、成都市人民政府
1992年7月	1990—1992年度先进基层党组织	中共成都市委
1992年12月	村民自治示范村	郫县人民政府
1993年7月	先进党支部	中共郫县县委
1994年4月	成都市1991—1993年度先进集体	成都市人民政府
1995年7月	先进党组织	中共郫县县委

表 1-1（续）

时间	荣誉项目	颁发单位
1995年12月	四川省富裕村	四川省统计局
1996年3月	红旗党总支部	中共郫县县委
1997年1月	成都市全民国防教育先进单位	成都市国防教育委员会
1997年2月	红旗党总支部	中共郫县县委
1997年8月	军民共建社会主义精神文明先进单位	中共中央宣传部、解放军总政治部
1998年2月	红旗党支部	中共郫县县委
1998年3月	四川省"五个好"村党支部	中共四川省委
1999年3月	郫县社会治安综合治理安全文明村	中共郫县县委、郫县人民政府
2003年7月	先进基层党组织	中共郫县县委
2003年12月	优秀清洁村	郫县精神文明建设委员会
2004年2月	农业产业化经营先进单位	中共郫县县委、郫县人民政府
2005年2月	农业产业化经营先进单位	中共郫县县委、郫县人民政府
2006年1月	2005年度农业产业化经营先进单位	中共郫县县委、郫县人民政府
2007年1月	2006年度农民专业合作经济组织先进单位	中共郫县县委、郫县人民政府
2007年1月	2006年度土地规模经营先进单位	中共郫县县委、郫县人民政府
2007年9月	平安村	中共郫县县委、郫县人民政府
2008年1月	成都市民主法治村	成都市司法局、成都市民政局

表 1-1（续）

时间	荣誉项目	颁发单位
2008 年 2 月	郫县 2007 年度土地规模经营先进单位	中共郫县县委、郫县人民政府
2008 年 2 月	郫县 2007 年度农民专业合作经济组织先进单位	中共郫县县委、郫县人民政府
2008 年 9 月	抗震救灾重建家园工人先锋号	成都市总工会
2008 年 12 月	唐昌镇战旗村农业股份合作社 市级示范合作社	成都市农业委员会
2009 年 1 月	拥军优属先进单位	中共郫县县委、郫县人民政府
2009 年 2 月	2008 年度促进城乡充分就业和社会保险工作先进基层单位	中共郫县县委、郫县人民政府
2009 年 2 月	发展农村新型集体经济先进单位	中共郫县县委、郫县人民政府
2010 年 2 月	村级公共服务和社会管理改革工作先进单位	中共郫县县委、郫县人民政府
2010 年 2 月	发展新型农村集体经济先进单位	中共郫县县委、郫县人民政府
2010 年 2 月	农村新型治理机制建设先进单位	中共郫县县委、郫县人民政府
2010 年 7 月	全国妇联基层组织建设示范村	中华全国妇女联合会
2011 年 7 月	先进基层党组织	中共郫县县委
2011 年 11 月	2011 年最美丽田园村庄	成都市农业委员会、成都广播电视台、成都市推进品牌战略联席会议办公室
2011 年 12 月	中国旅游特色村	中国村社发展促进会特色村工作委员会
2011 年 12 月	全国文明村镇	中央精神文明建设指导委员会
2012 年 1 月	2011 年度成都市优秀农村科技信息服务站	成都农业科技创新服务平台

表 1-1（续）

时间	荣誉项目	颁发单位
2012 年 9 月	全省创先争优先进基层党组织	中共郫县县委
2014 年 1 月	成都市旅游特色村	成都市旅游局
2016 年 6 月	双强六好示范党组织	中共成都市委组织部
2016 年 2 月	四川省乡村旅游精品村寨	四川省旅游标准评定委员会
2017 年 1 月	省级四好村	中共四川省委、四川省人民政府
2017 年 9 月	四川百强名村	四川省村社发展促进会
2017 年 9 月	四川集体经济十强村	四川省村社发展促进会
2018 年 2 月	2017 年度成都市郫都区十大明星示范村	中共郫都区委、郫都区人民政府
2018 年 9 月	中国幸福村	中国村社发展促进会特色镇工作委员会
2018 年 9 月	四川十佳生活富裕村	四川村长论坛组委会
2018 年 9 月	四川村长论坛承办贡献奖	四川村长论坛组委会
2018 年 10 月	中国美丽休闲乡村	中华人民共和国农业农村部
2018 年 11 月	健康村镇示范点	中国健康管理协会
2019 年 1 月	全国乡村振兴示范村	人民日报社人民网 中国科技产业化促进会小康村创新战略联盟
2019 年 1 月	省级六无平安村	中共四川省委政法委员会
2019 年 2 月	实施乡村振兴战略 推进城乡融合发展先进集体	中共郫都区委、郫都区人民政府
2019 年 2 月	成都加快建设全面体现新发展理念的城市改革创新先进集体	中共成都市委、成都市人民政府
2019 年 7 月	全国乡村旅游重点村	文化和旅游部

二、历史沿革

（一）战旗的演变（1950—1965）

战旗村原名集凤村，因村里的集凤桥而得名。集凤桥为清道光年间所建，原为战旗村拔贡易象乾题写桥名，20世纪50年代由于道路变迁已不存在。中华人民共和国成立，战旗人翻身得解放成为国家的主人，他们抑制不住内心的喜悦，以饱满的热情投入到新中国的建设之中，人们的精神面貌和村级社会经济发展发生了翻天覆地的变化。

图 1-2　战旗老照片

1950年秋，崇宁县原来的乡、保、甲编制改编为乡、村、组，乡成立农民协会，组成立农民协会小组，乡、村农民协会分设正、副主席，农会小组设组长，乡村一切行政事务全由农会办理。当时集凤村由杨海山任贫协主席，周炳成任副主席，易伯谦任生产委员，杨正东任农协委员，周杨氏任妇女委员，杨天模、肖佐年任委员。

1952年4月，土地改革后，建立新政权，取消保甲制，分区设署。全县分为3区10乡1镇，建立乡人民政府，村建立村支部，此时战旗所在区域为金星村第三社。此种情况一直延续至1965年将金星村分别划出战旗、向阳二村为止。

1954年，崇宁县第一次普选，由代表会议选举产生人民委员会委员，改乡人民政府为乡人民委员会，乡下仍设村，战旗为金星村管辖。

1958年元月，第三次普选结束，8月成立先锋人民公社。以前由万寿乡管辖，灵圣乡改为高级社，战旗所属区域仍为金星村第三社。

1958年8月29日《中共中央关于在农村建立人民公社的决议》公布，社员自留地、家庭副业一律收归公社经营。从1959年1月开始，在管理上要求"行动军事化、生产战斗化、生活集体化"，实行班、排、连、营的管理制度。

1958年9月5日，国务院议字第61号文件批准撤销崇宁县，将原崇宁县行政区域划归郫县，万寿乡和灵圣乡高级社合并为先锋人民公社，实行政社合一和工农商学兵"五位一体"。由社行使乡政府职权，社统一核算，土地无偿平调，收归公社所有，实行供给半工资制。

1958年11月11日，经国务院批准撤销崇宁县，地域划归郫县。成立郫县先锋人民公社，由万寿、灵圣两乡合并而成。灵圣乡隶属先锋人民公社管辖，战旗区域仍属灵圣乡金星三社。人民公社的成立改变了原来高级社的责任制度。实行政社合一，以政治代替经济管理，由社统一核算，以公社建立民兵师、团，实行管区制。此阶段的农业生产搞的一塌糊涂，大搞形式主义。搞所谓深耕，挖土一米深，将生土翻在面上，破坏了土壤结构，使生产力受到极大破坏。

1960年颁布的《农村人民公社工作条例》明确指出目前农村的体制应是"三级所有，队为基础"。1961年郫县召开县、社、队三级干部会议，贯彻《农村人民公社工作条例》，解散公共食堂，重新给社员划拨了自留地，恢复劳动评工计分制度，恢复了劳动管理、财务管理和物资管理制度。对生产队实行"三包一奖"（包产、包工、包成本和超产奖励）的生产责任制。规定财产"三级所有（即公社、大队、生产队），队为基础"，开放集市贸易，对平调集体和私有财物进行退赔。

1961年，国家实行体制调整，贯彻《农村人民公社工作条例修正草案》，将原属公社的管理区划分为大队。金星管理区划为金星大队，今战旗地区属金星三社。

1965年3月，根据相关意见，分别划出战旗大队、向阳大队，但其分配仍在金星范围内分配。直至1968年才单独核算，仍归先锋人民公社管辖。

（二）建村之初（1965—1968）[①]

1965年，适逢先锋人民公社金星大队分家，原本属于金星大队的金星三大队分离了出来，1966年，分离出来的战旗村被正式更名为战旗大队。刚分家时，分得了3间猪棚、3把圈椅、1个木制文件柜以及任何组织和个人都不想得到的700元债务。然而，在分家的第一天晚上，战旗大队仅有的茅草屋的大梁就被外村人偷走了，村委也没有像样的办公地点，

---

① 屈锡华，胡雁等.战旗村变迁纪实录［M］.成都：四川大学出版社，2014:14–15.

可以说初期的战旗大队是真正的一穷二白。

据罗会金回忆，战旗村刚成立时，蒋大兴是书记，他是大队长。蒋大兴当了不到两年的书记，便退了下来，他就开始当书记。这个大队原来分开的时候是一样东西都没有，原来金星大队办公室还剩的一些其他东西都在金星。那个时候刚分出来的战旗大队有9个生产队，生产队也没有什么东西，战旗村就只能另寻他法，用土办法造办公器具，办公室的桌子和椅子都是用土砖和泥巴砌成的。尽管困难重重，但战旗村村民以高昂的斗志、高效的效率和严谨的处事作风投入到村级建设当中，在全村人的共同努力下，战旗村很快就实现了粮食供应上的自给自足。

（三）埋头苦干学大寨精神时期（1968—1978）[①]

1964年，党中央发出"农业学大寨"的号召，战旗村李世炳同志到大寨参观学习。1965—1975年十年的时间，在学大寨精神的鼓舞下，战旗村发扬"自力更生、艰苦奋斗"的精神，进行农田基本建设。在学大寨运动中提出"沟端路直树成行，条田机耕新农庄"的奋斗目标。通过近十年的艰苦奋斗，投工数十万个，对战旗村渠系、条田进行了改造，为农业丰产高产奠定了良好基础。

战旗村20世纪70年代有1600多亩田，近一半的田地属于烂漕田、下湿田，好一点的田只有属于二、四、八合作社的400多亩田。下湿田、烂漕田处于低洼槽地，地下水埋藏很浅，许多田面甚至浮有褐红色的锈水膜。部分渍水严重的泥土成为颗粒无收的荒土。由于地下水位高，排水不畅，使得这些田的耕种成为异常辛苦的事。由于"烂漕田"的水、肥、气、热不协调，农作物长势普遍很差，产量很低，许多田只能种一季大麦，亩产也只有几百斤。每年水稻成熟后，"烂漕田"的渍水无法排干，农民只能在泥水中劳动，收获稻谷所使用的拌桶打谷机都要垫上稻草才能移动。农民的生活处于极度的贫困状态，当地甚至有"种田不种蒋家湾，终年积水排不干"的民谣。

全村1600多亩田，20世纪50年代有旱地300多亩，而且地面不平整，高的地方甚至高出低洼的地方一两米。1600亩土地，呈现不规则的形状，有的月牙形，有的条形，大大小小加起来就有三四千块，大的有一亩多，小的则只有二三分亩，给耕作带来很大的困难。

[①] 屈锡华,胡雁等.战旗村变迁纪实录［M］.成都：四川大学出版社,2014:15–16.

20世纪60年代末,农村掀起了"农业学大寨"的运动,以支部书记罗会金、大队长李世炳为代表的领导班子,对战旗村的现状进行了认真地分析研究,一致认为要改变低产现状,只有把"烂漕田"这个拦路虎搬掉了,才有可能获得高产稳产。大家认识统一后,支部对当时劳动力现状做了认真的估算。20世纪70年代初,战旗村计有9个生产队,总户数283户,总人数只有1194人,能投入的劳力除去半劳力和小孩外就只有560多人。除了正常的生产外,能抽出的精壮劳力,只能以民兵连的形式来完成这一任务。1970年冬,就在改土、改田的前夕,先锋公社民兵团对黎明大队的支渠、斗渠改造需战旗大队抽调人员进行这一工作。战旗大队民兵连顾全大局,抽调79人参加了这一工作。与此同时,民兵连还成建制地参加了先锋渠的开挖修建工作。哪里困难哪里就有战旗大队民兵连的身影,战旗民兵成了一支能打硬仗、恶仗的队伍。

1970—1974年,战旗村硬是把四千多块不规则、高低不平的田改变成了2亩一块,800来块条田,实现了"沟端路直树成行,条条大道新农庄",成了先锋公社的先进生产大队。

战旗村硬是靠肩挑背磨,苦战四个冬春,提高了明沟的排水和灌溉效率。由于长年积水,地基已经成了"弹簧土",在"烂漕田"上修人行桥、机耕桥是件困难的事。战旗人想在"弹簧土"上搁置用桤木钉成的木排,木排体积大,桥体放在上面就再也不能移动了。用这样方法修建的桥梁现在都安然无恙发挥着作用。与此同时,战旗大队还修了分斗渠5条,每条长均在1.5千米,这样就完成了7.5千米长的分斗渠。

这项工程完成后,地下水位明显降低,农民下田收割再也不沾泥水了。以前不能用拖拉机和耕牛耕种的土地,现在也没有问题了。地下水位降低后,提高了土壤的产出能力,以前只种一季的田现在也能种两季了,水稻产量达到了当时的普遍指标774斤。分钱户1973年也达到259户,占总户数的88.4%,每人平均分钱21.80元,也名列公社前茅。

下湿田的改造,还提高了明沟的排水效率。渠道通畅,能排除汇入该渠的地下水和地表水,在每年七、八月下大雨时,从四周地表的雨水汇入该渠,顺畅流下,使排洪有了保障。

下湿田和条田化的改造,为战旗大队的交通用水和耕作条件的改善提供了很大的帮助,这也为以后战旗大队的飞跃发展做了重要的积累。到1975年战旗大队的公积粮就达到20万千克,为以后兴办企业奠定了雄厚的物质基础。

（四）家庭联产承包时期（1978—2000）[①]

1978年，党的十一届三中全会如一缕春风吹遍全国，战旗村迎来了改革开放的春天，战旗人在思考如何描绘抢抓机遇、图强求变、战旗飘扬的宏伟蓝图。

1. 家庭联产承包责任制——艰难抉择

战旗村从建村以来，在罗会金和李世炳两任村支书的带领下，全村上下几代人齐心协力、埋头苦干，"吃饱、穿暖"问题终得以解决，并且战旗村多次被评为县先进生产队。经过村干部与村民齐心协力的艰苦奋斗，终于摆脱了过去吃不饱、穿不暖的贫困生活，并且多次被评为全县优秀生产队。1978年，战旗村曾被四川省军区温江军分区郫县人民武装部评为"民兵工作三落实先进单位"。

在实行家庭联产承包责任制之前，我国实行人民公社土地制度，土地归集体所有和集体统一经营。大家同工同劳，实行工分制，每个人按照所获得的工分获取所需的粮食和其他生活资料。由于当时的土地制度与农民的思想意识不相适应，农村生产力不但没有提升反而出现了下降。

1978年，安徽省凤阳县小岗村的18个红手印揭开了农村改革的序幕，"包产到户"的生产责任制充分调动了小岗村村民的生产积极性，粮食生产稳步提升，"用钱靠救济，吃粮靠返销，生产靠贷款"的"三靠村"得到了极大改观。1980年，中央肯定了"包产到户"的形式，中国农村逐步开始实行家庭联产承包责任制。

当时的战旗村，在几任村支书的带领下，粮食产量大幅提高，企业发展也开始起步，几次被郫县政府和成都市政府评为先进典型村，村民们切实尝到了集体发展的甜头。所以在全国范围内实施家庭联产承包责任制的时候，战旗村人犹豫了。

据第五任书记易凤先介绍，1981年全国范围内开始实行包产到户，战旗的村干部下去了解情况，全村只有三户人同意并签了包产到户合同。时任村主任的易凤先和时任村支书的杨振忠到县里汇报情况，表明村民对实行包产到户的积极性并不高，是否可以推迟执行。县委考虑到实际情

[①] 屈锡华,胡雁等.战旗村变迁纪实录[M].成都:四川大学出版社,2014:16-18.

况，也批准了他们的申请。但是到第二年（1982年）又去县里汇报情况时，县领导说，现在到处都在包产到户，你们不包产也不行了，这是硬性要求。所以，在推迟了一年以后，战旗村还是走上了家庭联产承包的道路。

2. 村企初步发展

历经几任支书的带领和一代又一代村民的不懈努力，战旗村的村集体企业如雨后春笋一般迅速发展，最多的时候，村集体企业创办数量总计达到12家。在改革开放政策的引领和各级政府的殷切关怀下，自1979年始，战旗村的村集体企业就轰轰烈烈地发展了起来，战旗村村民也从中得到了村集体企业发展带来的"甜头"。

1979年，战旗村在原有的小土窑基础上，获得了上级部门的支持，建立了第一家村集体企业——先锋第一机砖厂。1980年，战旗村考虑到周边没有其他的豆瓣加工厂家且郫县豆瓣在全国也小有名气，于是就建立了自己的豆瓣加工厂"先锋豆瓣厂"。接下来，战旗村又利用利润结余陆续建起了战旗酒厂、预制场、凤冠酒厂、宁昌商贸公司、树脂厂、辉富豆瓣厂、五七一九工厂战旗分厂、鹃城复合肥料厂、面粉厂、迎龙山庄等。

1994年，战旗村被列为郫县村级集体企业股份制改革试点村，先锋第一机砖厂等5家企业进行股份合作制改造，组建了成都市集凤实业总公司，后因经营管理不善、产权不明晰等问题，2003年村、支两委与股东签订股份转让合同，由集体将个人股权全部收购，企业成为村集体独资企业，避免了集体资产流失，从此企业走上健康发展之路，集体经济不断发展壮大。

在发展过程中，虽然有些厂因为生产技术问题和销路问题倒闭，有些厂规模不是很大，但是他们大胆尝试、敢为人先的精神，使战旗村走在了时代的前列，这也让周围村子的人们羡慕不已。第五任村支书易奉先在介绍当年兴办企业时说："我那时候，想法其实很简单，就是想怎么才能让老百姓好过，怎么才能成为万元户。所以我们就把当时的目标定为一年挣到1000万。因为我们村上有1000多人，如果一年能挣到1000万的话，那每个人的日子不就好过了吗，当时就是想得这么简单。"也许这就是战旗村的精神，蕴于平凡之中，却又像一面战斗的旗帜，一路飘扬。

（五）土地产权制度与土地资源开发利用时期（2001年至今）

在改革开放大潮中，战旗村始终坚持与时代同频共振，走改革兴村之路，有效利用土地资源，正确处理土地与农民的关系，开创了乡村振兴的新篇章，先后荣获"全国文明村""全国社会主义精神文明单位""省级四好村""四川集体经济十强村"等称号。2019年，村民人均可支配收入达到3.15万元。

2003年以来，战旗村抓住"统筹城乡发展""新农村建设"等政策机遇，组建农业股份合作社，引导村民以土地承包经营权入股，先后整合土地1800多亩，为实现土地规模化、集约化和农业产业化、现代化打下了基础。

1. 农地小集中"聚心"，川西新民居"塑形"

2003年，战旗村从"土地向规模经营集中"破题，按约定方案每家每户退3分地，交给村上统一经营。战旗村采取出租、自主经营等方式取得的收益集体留一部分，剩余再分配给各家各户，由此拉开了土地改革的新序幕，又一次凝聚了战旗人的心。

2004年，通过盘活集体资产，村企集体资产达7000万元，实现利税470万元，安排劳动力500余人，务工收入600余万元。通过现代农业股份合作社，推进土地规模经营1000余亩。

从2006年开始，战旗村引进外部资金，运用"资源换资本"的方式，通过整理复垦村民原有的宅基地、院落等，新增440.8亩土地，其中215亩用于安置村民及基础设施建设，剩余225.8亩土地"置换"了9000多万元资金，2007年8月21日，川西新民居式的战旗社区动工，如期建成，村民搬进新楼房，结束了祖祖辈辈的散居生活，重塑了战旗村居新形态。今日的战旗村，不能不说已经山乡巨变，面目一新，村民们很多年前就已住进了连体别墅式的新房。那一排排川西民居风格的三层楼房，错落有致，布局有格，曲径通幽，别具乡村风情；各门庭相望，院落相间，邻里通融，一派祥和！如此安宁的生息，如此宜人的居家环境，连城里人观后都感叹不已。

2. 坚持不懈，打好农村土地改革之战

战旗村，持之以恒做好农村土地这篇大文章，探索出了利用土地搞自

主开发、依靠土地出租收益、依托土地作价入股等经营方式，试点农村集体经营性建设用地入市出让。

2015年，战旗村抓住郫都区被列为全国土地制度改革试点的契机，将原属村集体所办复合肥厂、预制厂和村委会老办公楼的13.447亩闲置集体经营性建设用地，以每亩52.5万元的价格出让给四川迈高旅游公司，全村收益超过700万元，这是继2007年抓住城乡建设用地增减挂钩政策、引进妈妈农庄等一系列土地改革之后的又一次"土地改革"新跨越。全村共清理出集体建设用地近200亩，集体资产估值超过2亿元，通过入股经营、自主开发、直接挂牌等方式建设乡村振兴学院、乡村十八坊等项目。统筹集约用好承包地，在民议民决的基础上，依托战旗土地股份合作社，将全村的耕地进行集中，统一对外招商、统一竞价谈判、统一管控形态。

3. 深化农村集体产权制度改革，保障村民财产权利

2011年，战旗村完成资源、资产、资金清理，2015年民主议定1704名经济组织成员，将集体资产股份量化到每名成员，并形成长久不变的决议。

2015年年初，全国人大常委会正式授权全国33个县（市、区）开展农村土地制度改革三项试点工作，郫都区被确定为集体经营性建设用地入市改革试点。"听到这个消息非常高兴，感觉机会来了"，高德敏回忆，他马上就跑到国土局，想要主动争取试点。

不料国土局工作人员一句话就把他打懵了。"你说要入市，你有多少家底？"什么是集体经营性建设用地？当地有多少"家底"？对于这些问题，当时高德敏回答不上来。

好在随后在国土资源部举办的培训会上，上述疑问被厘清。国家明确，只有在1999年1月1日前形成的现状用途为工矿、仓储、商服等三大类用途的土地才能被确定为集体经营性建设用地。

概念明确了，但摸清家底的过程依然不简单。从2015年3月开始，郫都区国土、规划等有关部门，在全区范围内组织大范围的摸排认定工作。遵循"符合规划、用途管制、依法取得"总体要求，坚持农村资产"多权同确"，由专业技术人员、基层村委和村民代表组成清产核资工作小组，在2011年已经完成的农村集体产权确权登记颁证成果基础上，对战

旗村集体所有的资源性资产、经营性资产和公益性资产等各类资产进行全面清理核实公布，清理核实到位、股份量化到位、股权证颁发到位。按照农村集体经营性建设用地的概念，坚持"定基数、定图斑、定规模"，界定筛选出符合入市条件的建设用地共206亩。

最终按照"先易后难"的原则，优先选择土地权属清晰、区位条件较好、产业基础较实的先行开展改革试点，战旗村13.447亩土地被优先选中。

4. 砥砺前行、改革奋进的战旗

2003年以来，战旗村抓住"统筹城乡发展""新农村建设"等政策机遇，组建农业股份合作社，引导村民以土地承包经营权入股，先后整合土地1800多亩，为实现土地规模化、集约化和农业产业化、现代化打下了基础。为维护农民承包权利益，在保证村民土地流转收益每亩每年保底800元的前提下，合作社净收益按持股农户和村集体各占50%的比例分成。这一举措，不仅提高了土地的整体效益，而且拓宽了农民收入的多元化渠道。

"大河涨水小河满。"集体富裕了，村民也享受了改革的红利。自2005年起，村民新型合作医疗保险由集体承担，同时村集体每年向普通村民、60岁以上老人发放数额不等、逐年递增的补助。2011年，实施城乡居民基本医疗保险后，除保留老年补助外，村民的基本医疗保险仍由村集体承担。

战旗村党支部始终把党建工作放在首位，以党建统揽政治建设、经济建设、文化建设、社会建设和生态文明建设，充分发挥了支部的战斗堡垒作用和党员的先锋模范作用，先后被评为省、市、县"五个好村党支部""创先争优先进基层党组织""红旗支部"，成为基层组织建设的标杆。在精神文明建设上，建成"文化大院"，组建少儿舞蹈队、老年腰鼓队、青年歌手演唱队、篮球队、乒乓球队，丰富群众精神文化生活，宣传新农村建设"二十字方针"、制定村规民约等，广泛开展"乡村文明进农家""五好家庭""十佳文明示范户"等创建活动和村容村貌整治工程，文明新风蔚然形成，被中央文明委和中宣部、解放军总政治部授予"全国文明村""军民共建精神文明建设先进单位"荣誉称号，并多次受到省、市、县表彰。

2006年5月，成都地区高校360名大学生进驻战旗村，与180户村民结对，开展为期5天的"城乡思想文化互动体验"，成功探索出"高校＋支部＋农户"助推新农村建设新模式，成为"加强大学生思想道德教育、农民转变思想观念、提高文明程度"的成功典范，该活动被评为2006年度"中国十大政府创新典型"。

2007年，战旗村被成都市列为首批农村新型社区建设示范点和"土地增减挂钩"工作试点村。为此，战旗村按照"政府引导、农民主体、规划先行、市场运作"的思路，整理置换土地440.8亩，其中208亩集体建设用地用于新型社区建设。按照民主决策意见，农户新建住房可在"统规自建"和"统规统建"两种方式中自愿选择，选择"统规自建"的，按480元/平方米优惠价购买，选择"统规统建"的，按300元/平方米优惠价购买。

2008年，战旗村在"创新农村基层治理机制"改革试点中，将村党支部、村民大会（代表会、议事会）、村民委员会、村务监督委员会和村级经济组织（村合作社、村投资管理公司）的权责进行明晰规范，实施支部的领导权、村民大会的决策权、村委会的执行权、村务监督委员会的监督权、集体经济组织的经营权"五权分离"，形成了"大家的事我关心，集体的事我参与"的"民事民议、民事民定、民事民评"的村级民主自治新机制，村级管理"决策更科学、执行更顺畅、监督更有力"，干群关系更加和谐融洽。2009年，战旗村被成都市委、市政府确定为"村级公共服务和社会管理"改革试点村。

2010年，战旗村按照一、二、三产业相互融合、互动发展模式，利用土地综合整理中预留的23.8亩集体建设用地及周边农业用地，探索以50万元/亩作价方式入股与北京方圆平安集团和四川大行宏业集团合作，建成"战旗第五季·妈妈农庄"生态田园村和近600亩薰衣草基地，被誉为东方的"普罗旺斯"，成为远近闻名的休闲旅游景点。

2011年，战旗村制定集体经济组织成员身份界定办法，对土地进行权属调整，完成土地确权颁证工作；开展资源、资产、资金摸排清理，完成村集体资产资源清理工作。

在改革开放的浪潮中，战旗人赶浪逐潮，励精图治，发愤图强，实现了"五个建设"的全面协调发展，党和国家领导人回良玉、华建敏、王志珍等，以及省市领导在考察战旗村时，对战旗村的成功做法和典型经验给予了充分肯定和高度赞扬。

5. 不忘初心、再谱新篇的战旗

党的十八大以来，战旗村坚持绿色发展理念，大力推进生态文明建设，环境治理成效显著；坚持以推进农业供给侧结构性改革为主线，农业产业体系、生产体系、经营体系不断优化；坚持将改革进行到底，农村产权制度、耕地保护补偿制度、农地流转履约保证保险制度、集体资产股份制、农村产权交易等五大改革不断推向纵深，为实现乡村产业振兴、人才振兴、生态振兴、文化振兴、组织振兴奠定了坚实的基础。

2014年至2015年，战旗村先后关闭域内5家高污染、高能耗企业，环保达标指数进一步提高，为战旗村绿色发展能级提升打下了坚实基础。全村一片水碧草青、鸟语花香的美丽景象。

2015年，战旗村抓住被确定为农村集体经营性建设用地入市改革试点机遇，以每亩52.5万元价格将一宗13.4亩集体经营建设性用地成功出让，敲响了全省农村集体经营建设性用地入市的"第一槌"，战旗村由此实现资源变资产、资金变股金、农民变股东的蝶变，向资本下乡、人才进村、市场主体再造目标迈进一大步。

2015年7月，战旗村制定《集体经济组织成员认定办法》，认定1704人为集体经济组织成员，同时对全村资源、资产、资金股份量化，组建战旗集体资产管理公司。

2017年，战旗村建成农村产权、农村金融、农村电商"三合一"平台，金融服务"最后一公里"问题得到有效解决，农村产业发展劲力倍增。

2017年9月，首届四川村长论坛暨村社发展大会在战旗村召开，与会领导、代表、专家围绕"村级发展与乡村治理"主题展开了广泛的交流与讨论，战旗村代表全省4.7万个行政村宣读了"战旗宣言"。

2017年，战旗村集体资产达4600万元，集体经济收入达462万元，村民人均可支配收入达26053元。

2018年2月12日，习近平总书记到战旗村考察并向全体村民和全国人民拜年，他称赞战旗村"战旗飘飘，名副其实"，并殷切寄望战旗村"在实现了温饱，实现了全面小康以后，我们还要继续振兴乡村"，在实施乡村振兴战略中要"继续走在前列，起示范作用"。

2019年，战旗村集体资产达7010万元，集体经济收入达621万元，村民人均可支配收入达31460元。

战旗人牢记嘱托、不负信任、感恩奋进，高举习近平新时代中国特色社会主义思想伟大旗帜，深入贯彻党的十九大精神，坚决落实省委、市委、区委各项决策部署，以更加坚韧的干劲、更加务实的作风，全力做好产业振兴、人才振兴、文化振兴、生态振兴、组织振兴五篇文章，奋力建设全国乡村振兴示范区，努力把战旗村建设成为产业更强、乡村更美、村民更富的新时代美丽新村。

第二章
战旗历任村支书

　　战旗村有着自己的一套村支部书记的人才培养模式，并选举具有高超治理能力的人来担任自己的村支书。村支部书记在上任之前一般在村里担任村主任职务，当然，村主任也是大家选出的能力突出的人。他们在担任村主任期间逐渐熟悉村庄事务的治理，提高了治理村庄事务的能力，就这样，战旗村培养着一代又一代村支部书记的接班人。

　　战旗村的领头人是具有开阔、长远的眼光，以变化的、全局的眼光看待村庄的整体发展，善于把握时代发展脉络，与时俱进，不断借鉴、吸收先进的理念及发展经验的人。虽然身在中国西南的一个小村庄，但他们具有长远的眼光，并不故步自封。他们时刻关注整个社会的发展，关注农村、农业的最新动态，紧跟时代发展步伐，通过一系列走出去、请进来的措施，找到适合战旗村发展的模式及具体措施、办法，从中产生新的思路、想法，不断创新，使得战旗村永远保持进步，走在中国农村发展的前列。

一、第一任村支部书记

　　战旗村第一任村党支部书记蒋大兴，1915年出生，1952年担任金星大队农会组长，1953年加入中国共产党，1956年担任金星大队村委会主任，1965年至1969年担任战旗村第一任村党支部书记，带领战旗村开始村庄建设，战旗村村民从一穷二白的困苦日子里逐渐走了出来。20世纪70年代初至80年代初，蒋大兴负责管理油联厂。

战旗村村名的由来与蒋大兴分不开，战旗村刚从金星大队分离出来时，还叫金星三大队，蒋大兴根据郫县三道堰的原名"战旗公社"的寓意：用战斗的旗帜引领前进，将村名更改为"战旗大队"，由此，"战旗村"的名字沿用至今。

二、第二任村支部书记

战旗村第二任村支部书记，罗会金，曾在蒋大兴任村支部书记期间，担任过战旗大队大队长，后来于1970年至1975年担任战旗村第二任村党支部书记。罗会金书记担任干部期间，面临着战旗"一穷二白"的困境，他坚持勤俭持家，没有办公室，就把分来的猪圈房用土砖修整一下充当办公室。

1968年，蒋大兴、罗会金带领村党支部整理战旗村土地，原本大小不一、零零散散的小丘、小田变成了方方正正的标准化农田，战旗村的耕作条件得到了明显改善，为促进战旗村粮食增产奠定了坚实基础。

为进一步提高农业生产效率，罗书记组织村民用多余粮食换来的钱购买拖拉机，以此来提高粮食生产的机械化水平，经过几年的摸爬滚打，战旗村取得了瞩目的成绩，战旗村曾多次被评为粮食生产模范村。在他的带领下，战旗村积极开展形式多样的文化工作和民兵工作，精神文明共同发展，获得了市、县各级政府的认可和赞赏。

三、第三任村支部书记

战旗村第三任村支部书记李世炳，1939年出生，1957年初中毕业开始教书，1966年加入中国共产党，1971年担任战旗村村党支部副书记，1975年至1977年担任战旗村第三任村党支部书记。后来，李世炳因工作调动，1980年曾前往新民场镇担任党委书记，1985年到县劳动就业局任职直至退休。

李世炳在任期间，恰逢战旗村遭遇火灾，他的最重要的工作就是带领村民修新村。在县委、县政府多个部门和省委干校的帮助下，他带领村民重建家园，先后修建了三栋新房。

四、第四任村支部书记

战旗村第四任村支部书记杨正忠,1930年出生,1978年至1993年担任战旗村第四任村支部党支部书记,1997年7月去世。

杨正忠书记在任期间,以极为细致的作风投入工作,只要涉及群众的利益,他都会冲在最前面,只要群众需要,他就会耐心地帮助群众办事。1978年,时逢改革开放大浪潮,全国的工作重心被转移到了经济建设当中来,杨书记带领村民先后建立了砖瓦厂、肥料厂、凤冠酒厂等12家村集体企业。

在他带领战旗的那个年代里,战旗村的政策执行力得到了提高,家庭联产承包责任制在充满层层阻力下,依然能够顺利推行,战旗村的经济建设取得了显著成效,教育事业也迎来了春天,利用村集体资金翻修了校舍并解决了贫困家庭儿童"上学难"的问题。

五、第五任村支部书记

战旗村第五任村支部书记易奉先,1945年出生,1968年担任战旗村生产队队长,1972年加入中国共产党,1973年任战旗村党支部副书记,1977年担任战旗村村主任,1993年至1995年担任战旗村第五任村委党支部书记。

由于对药品气味过敏,农业学大寨时期,原本在郫县人民医院当医生的易奉先又回到了村子里。在担任支部副书记时,全国都转变了经济发展思路,易书记就开始分管战旗村的经济工作了,先锋豆瓣厂、预制板加工厂、面粉厂和集凤实业总公司等的先后创建,都离不开易书记的不懈努力与辛劳付出。

易书记卸任村党支部书记之后,从来都没有把对战旗村独有的感情和责任卸下来,时至今日,他仍时常参与村庄建设,为战旗村的产业发展壮大建言献策。

六、第六任村支部书记

战旗村第六任村支部书记高玉春,1951年出生,初中毕业后当过空降兵，1973年退伍回乡，1983年开始担任村干部，1996年至2001年担任战旗村第六任村党支部书记。

组织上派高玉春担任战旗村村党支部书记时，原本在外地办企业搞得风生水起的高玉春并不愿意担任，后来经过慎重思考，他还是服从了组织的安排，挑起了建设战旗、服务战旗的重担。

在任期间，高玉春以市场为先导，洞悉消费者需求，再结合村里已有的产业基础，新建了豆乳厂、豆瓣厂和养猪场等。他带领村集体经济走出了重重困境，使深陷债务的村集体企业克服了危机，为村集体新增了许多就业岗位，使村集体有了结余资金，群众的收入明显提高。同时，他还将"公司＋农户"产销一体化经营模式引入了战旗村。

七、第七任村支部书记

战旗村第七任村支部书记李世立，1952年出生，1969年应征入伍，1970年加入中国共产党，1977年担任民兵连副连长，同年年底当选支部委员、民兵连长和团支部书记。1983年担任民兵连长期间当选过四川省第六届人民代表大会代表，1992年当选为战旗村村委会主任，2002年至2010年担任战旗村第七任村党支部书记。在任期间，他曾被评选过"成都市先进党组织书记"和"成都市劳动模范"。

李书记在任期间，带领村子努力抓好乡村文化建设和创新基层治理机制，并开创了新模式。2006年5月，成都地区高校360名大学生进驻战旗村，与180户村民结对，开展为期5天的"城乡思想文化互动体验"，成功探索出"高校＋支部＋农户"助推新农村建设新模式，成为"加强大学生思想道德教育、农民转变思想观念、提高文明程度"的成功典范，该活动被评为2006年度"中国十大政府创新典型"。2008年，战旗村在"创新农村基层治理机制"改革试点中，将村党支部、村民大会（代表会、议事会）、村民委员会、村务监督委员会和村级经济组织（村合作社、村投资管理公司）的权责进行明晰规范，实施支部的领导权、村民大会的决策权、村委会的执行权、村务监督委员会的监督权、集体经济组织的经营权"五权分离"，形成了"大家的事我关心，集体的事我参与"的"民事民议、民事民定、民事民评"的村级民主自治新机制，村级管理"决策更科学、执行更顺畅、监督更有力"，干群关系更加和谐融洽。2009年，战旗村被成都市委、市政府确定为"村级公共服务和社会管理"改革试点村。

在战旗村村企改制的过程中，时任村支部书记李世立的功劳是不言而喻的。但是，由于坚持进行企业改制，在任期间得罪了不少人，李世立的村干部生涯也因此经历了几起几落。早在2001年，由于个别企业厂长从中作梗，李世立便在当年的村委会换届选举中落选。2003年，因村里工作遭遇困境，李世立临危受命再度担任了村支部书记。在熟悉财会的村委会主任高德敏的配合下，他对集体企业进行了全面深入的清产核资，并做出调整经营机制的决定：由村集体回购经营者和职工所占的20%股份，之后再将企业租赁给原经营者。但是这种做法触及了很多人的既得利益，后来遭到承包经营者的强烈反对。于是有人捕风捉影，向上级政府谎报李世立贪污受贿，更有人上门撂过狠话："再不收手，把你家的人放倒两个！"面对这些威胁，李世立并没有退缩，"我是为了保住村里的这点家底，得罪少数人，有利于全村人，值得！"正是凭着这股"犟"劲儿，李世立带领战旗村村党支部完成了村企改制这项巨大且步履维艰的工作，解决了这个矛盾深、阻力大且存在多年的难题，保障并壮大了村集体的利益，为战旗村进一步发展奠定了良好的基础。

在李世立的带领下，战旗村村集体的经济进一步发展壮大，村容村貌更加美丽，群众住上了生态宜居的新房，乡村文化建设也颇具成效。"大河涨水小河满"，集体富裕了，村民也享受了改革的红利。自2005年起，村民新型合作医疗保险由集体承担，同时村集体每年向普通村民、60岁以上老人发放数额不等、逐年递增的补助。

八、第八任村支部书记

战旗村第八任村支部书记高德敏，1963年出生，1981年高中毕业，1984年开始在村里自主办企业，曾当过电工、修理工、财务人员和销售人员，1996年加入中国共产党，2002年担任战旗村村委会主任，2010年至今担任战旗村第八任村党支部书记。

高德敏有自己的豆瓣厂，起初他没有担任村干部的想法，在李世立书记的劝说之下，担起了带领村民致富的担子。在高德敏任职期间，以"回购股份"的形式完成村企改制，村集体企业的经营权、所有权分离，遏制了村企资产继续流失的局面。

2010年，战旗村按照一、二、三产业相互融合、互动发展模式，利用土地综合整理中预留的23.8亩集体建设用地及周边农业用地，以50万元/亩作价方式入股与北京方圆平安集团和四川大行宏业集团合作，建成"战旗第五季·妈妈农庄"生态田园村和近600亩薰衣草基地，被誉为东方的"普罗旺斯"，成为远近闻名的休闲旅游景点。

2011年，战旗村制定集体经济组织成员身份界定办法，对土地进行权属调整，完成土地确权颁证工作，同时，开展资源、资产、资金摸排清理，完成村集体资产资源清理工作。

2010年至今，作为战旗村的现任"领头人"，他并没有让村民失望，将乡村旅游和农业观光结合，深入推动产业融合发展，战旗的集体性经营建设用地成功入市，战旗的土地一下子变成了"金土地"，土地价值大幅提升，村民的日子越来越旺……

第三章
村支部书记高德敏

高德敏，战旗村的现任村党支部书记。他响应党的号召"情为民所系，利为民所谋"，推动全村土地权属调整，完成了确权颁证；引进妈妈农庄，开始了集体经济股份制量化改革；抓住农村集体经营性建设用地入市改革的机遇，让战旗村成功敲响了全省土地入市改革的第一槌；建成"第五季香境""乡村十八坊"，启动"四川战旗乡村振兴培训学院"等项目。

2018年2月12日，习近平总书记来到郫都区唐昌街道战旗村视察，习总书记称赞战旗村"战旗飘飘，名副其实"，这一句赞美背后是几代战旗村党支部书记辛苦努力换来的，高德敏就是其中之一。

一、振兴战旗的领头人

（一）响应号召，做好土地权属调整

遵循"依法、公开、公平、公正、自愿"和"有利生产、生活"的原则，高德敏联合村委干部推动战旗村开展土地权属调整，保护村集体和群众的合法利益，完成土地确权颁证工作，按照"生不增死不减"的原则，共锁定确权人口1704人为集体经济组织成员，并将村集体资产均分持股。

（二）淘汰落后产业，促进产业革新

为实现村庄环境更宜居，顺应时代的变迁和市场的需要，以高德敏为

首的村委班子放眼长远利益，积极推动村集体经济和村企改革。

2010年，战旗村按照一、二、三产业相互融合、互动发展模式，利用土地综合整理中预留的23.8亩集体建设用地及周边农业用地，建成"第五季·妈妈农庄"生态田园村和近600亩薰衣草基地，被誉为东方的"普罗旺斯"，成为远近闻名的休闲旅游景点。

从2014年开始，战旗村积极对区域内高污染、高能耗的企业进行整治，到2015年，战旗村先后关闭域内5家不符合标准的企业，环保达标指数进一步提高。全村一片水碧草青、鸟语花香的美丽景象。

2016年又关闭了村级化肥厂、砖厂、预制厂等8家落后企业，相继引入了1家规模化、工厂化、标准化生产食用杏鲍菇的"榕珍菌业"农业龙头企业，建成绿色有机蔬菜种植基地800余亩，组建2个蔬菜专业合作社，同时以景区为依托，实现农商文旅体融合发展。

（三）抓住土地入市改革机遇，助推土地率先入市

2015年，全国人大常委会正式授权全国33个县（市、区）开展农村土地制度改革三项试点工作，而郫都区被全国人大常委会确定为集体经营性建设用地入市改革试点之一。

高德敏与郫都区国土、规划等有关部门反复磋商，积极争取集体经营性建设土地入市改革试点名额。最终，功夫不负有心人，郫都区战旗村有13.447亩权属清晰、区位条件较好、产业基础较实的集体经营性建设土地，被优先选中为先行开展改革试点用地。

（四）办农民夜校，加强人才队伍建设

"黄姐家常菜"在战旗村小有名气，月收入达到上万元。每每谈起现在的成功，黄学兰夫妇笑得合不拢嘴，言辞间充满感激："要不是有夜校老师的鼓励和帮助，根本想不到会有今天这样的发展。"一门手艺能带活一门产业，一个手艺人就能带活一片乡村。如何在农村实现人才振兴、提升村民的技能水平？为贯彻"人才强国"战略，以高书记为首的村委班子推动农民夜校办学，增强战旗村"智力"支持，从2018年上半年开始，战旗村开办农民夜校，确立了依托农民夜校平台，把培养更多爱农业、懂技术、善经营的新型农民作为推动战旗村人才技能振兴主要抓手的策略，使他们能够适应农业产业政策调整、农业科技进步、农产品市场变化，成

为乡村振兴的主力军。

　　黄学兰夫妇，正是在郫都区人社局组织的政策宣讲和培训动员过程中，萌发了再创业的热情。夫妇俩原本在战旗村经营着一个简陋的小面馆，生意冷清、勉强维持。2018年5月，黄学兰丈夫报名参加了由区人社局举办的为期15天的"个人直补"中式烹饪短期培训班。在授课老师的肯定和工作人员的鼓励下，将自家原本简陋的小面馆拓展为餐饮小店，命名为"黄姐家常菜"。在小店走上正常经营轨迹后，区人社局工作人员和授课教师经常到黄学兰家进行走访，及时了解经营状况，授课老师还对菜品开发、品味提升不断提出新的建议。

　　目前，战旗村已经形成一套完善的夜校教学和师资队伍管理办法。学校在授课前，由校务委员会根据不同行业、不同类别、不同岗位的群众文化程度、个人需求等差异，征求广大群众的培训意愿，紧密结合当前中央、省委、市委重要会议精神和区委重大决策部署，统筹安排教育培训计划。运用"天府先锋""蓉城先锋""指尖夜校"及微信群等全媒体平台开展宣传动员、线上教学，通过集中授课、实践教学、参观交流、林下课堂等教学模式，由群众自行报名参学，满足广大群众个性化学习需求。学校还规范教学阵地建设，按书画、国学、舞蹈、手工等专业建设各功能教室，落实"谁使用谁管理"。加强榕珍菌业、妈妈农庄、林下经济等实训基地的规范化建设和使用。此外，注重将其他区域较为成熟的教学基地纳入村农民夜校基地库范围。

　　夜校建立了以战旗村支两委干部、优秀党员、老党员、老干部、老教师、老专家、老模范、科技人员、技术骨干、实用人才、致富带头人等为主的本土师资队伍，积极对接区委组织部、区委宣传部、区委党校，将其建立的师资库纳入农民夜校师资库范围，加强与区级相关部门联系，邀请专家学者作为兼职教师。实行结果反馈制度，课后由学员、社会组织对授课师资进行打分，根据评分情况，评选"最受欢迎教师"，同时对教学水平不高、群众欢迎程度不高的教师，告知其及时调整授课内容或退出师资库。

　　农民夜校以群众需求为中心，整合资源，搭建平台，通过以业富人、以技助人、以文化人，助推乡村振兴，提升基层党组织的组织力。战旗村农民夜校通过抓好搭建构架、整合资源、搭建平台、征求民意、制定菜单、组织群众、分类施教、奖励考核八个办学环节，有效破解"四大难题"。一是紧扣生产生活需求，破解群众组织难题。摸清群众需求，按需分类建班,按需优化场地。二是紧扣师资教材实用,破解政策落地难题。整合部门资源,聘请专业教师,发掘乡贤达人,编写乡土教材,拓展培训内容,宣传民生政策,落实重大部署。三是紧扣实用技能提升,破解持续办学难题。推进所学技术向产品实物转化,增强学员获得感,实现长期参学、持续办学的目的。四是紧扣群众增收致富,破解成果转化难题。探索"学—产—销"成果转化模式,开展"农业+孵化""创业+技能"培训,帮助群众把手中的技术落地生根,实现就业增收,创业致富。

(五)推动群众生活再上新台阶

乡村振兴战略中提出,"农业强、农村美、农民富"是乡村振兴关键所在,也是农民获得感和幸福感之所在。高德敏率领战旗村立足村庄整体规划,着力推进农业供给侧结构性改革,大力发展现代化农业,推进一、二、三产业融合发展,实现农商文旅体深度融合发展。2019年,战旗村村集体资产达到7010万元,村集体年收入621万元,村民人均可支配收入达31460元。村民充分享受到了集体经济给大家带来的实惠,尝到了集体发展带来的"甜头"。

(六)成绩显著,深受表扬

在高德敏的带领下,战旗村切实推进"五星"党组织创建,并成功创建为"五星"党总支部,组织凝聚力不断增强,每年举办党员夜校、农民夜校等"微党校"不少于12期,培育学员1000人次以上,凝心聚力推动工作,村域各项工作不断强化。建立9个网格小组,全方位、全过程、全覆盖进行动态管理,对全村的用水、用电、用气和环境卫生等日常生活进行常态化监管,引导村民积极自主管理社区,初步探索出一条农村社区自我管理、自我约束的民主管理之路。

"这边农民夜校开课了,香境开张了,十八坊营业了,那边乡村振兴学院办起来了,来耍(四川方言,游玩的意思)的人多得很,我们这跟公园一样,生活就像总书记说的像吃汤圆一样,安逸!"村民李老太用手指着高兴地说,"有现在这个样子,全靠共产党啊,全靠党支部领导得好,我们这有工厂,娃娃上班不用到处跑,收入也多了不少,再说呢,环境也好了,办事也方便得很,邻居之间也很和谐。"

党的十八大以来,以高德敏为首的村委班子带领战旗村不断进步。在高德敏的带领下,战旗村日新月异,变成了令人羡慕的幸福新村,小村庄多次荣获"全国文明村"、"四川省百强名村"和"四川省四好村"等荣誉称号,而他本人也获得了中央级"2015年十大杰出村官"、省级"农村优秀党组织书记"与"2013年中国农村创意榜样"等个人荣誉称号。

战旗村经历了翻天覆地的变化,全世界有目共睹,习总书记也被这里的成就所吸引。2018年春节前夕,习近平总书记到战旗村考察并向全体村民拜年,他称赞战旗村"战旗飘飘,名副其实",并殷切寄望战旗村"在实现了温饱,实现了全面小康以后,我们还要继续振兴乡村",在实施乡村振兴战略中要"继续走在前列,起示范作用"。

高德敏带领战旗村村民牢记嘱托、不负信任、感恩奋进,高举习近平新时代中国特色社会主义思想伟大旗帜,深入贯彻党的十九大精神,坚决落实省委、市委、区委各项决策部署,以更加坚韧的干劲、更加务实的作风,全力做好产业振兴、人才振兴、文化振兴、生态振兴、组织振兴五篇文章,奋力建设全国乡村振兴示范区,努力把战旗村建设成为产业更强、乡村更美、村民更富的新时代美丽新村。战旗村的成就吸睛无数,犹如大家眼中的"宠儿"。

二、高德敏的用人之道

1963年出生的高德敏生在战旗村,长在战旗村,干在战旗村,命也在战旗村。2002年担任村主任,2010年任村支书,这期间,高德敏把战旗村一花一树、一田一塘"摸了个透"。高德敏是战旗村的第八任书记,从2010年任职以来,在他的带领下,一个地处偏远的小村庄摇身一变成为远近闻名的幸福美丽新村。2018年2月12日,习近平总书记到村里视察时也给予了肯定。而他本人也获得了"2013中国农村创意榜样"、省级"农村优秀党组织书记"、中央级"2015年十大杰出村官"、市级"五一劳动奖"等荣誉。

"人民,只有人民,才是创造世界历史的动力。"改革的动力来自群众,必须紧紧依靠群众推动改革。改革创新从实践中来,特别是群众在实践中自身得到锻炼,综合素质不断提升,他们的创造力就会源源不断地爆发出来,在改革中充分发挥出主体作用和首创精神。

（一）三固化四包干

高德敏带领战旗村实施"三固化四包干"工作机制，提高干部工作效率，切切实实为村民解决问题。

"三固化"包括固化人员、固化时间、固化地点。固化人员：固化区领导，区级部门主要负责同志（含正局级领导），街道党工委书记、街道办主任、人大主席、副书记等（以下称"三固化"联系领导），到对应联系村（社区）指导帮助工作。固化时间：每月第一周"三固化"联系领导到村（社区）走访不少于半天，召开村（社区）联席会；第二周召开街道联席会；第三周召开区级联席会；第四周村（社区）干部入户收集社情民意。固化地点："三固化"联系领导每月第一周须到村（社区）"三固化"办公室值守半天，召开村（社区）联席会，听取意见，解决问题，督导村（社区）干部走访联系群众情况，联系期限原则上与村（社区）两委任期同步，工作调整的，由职位继任者自然代替。

"四包干"包括宣讲政策、督导工作、解决问题和办好实事。宣讲政策：向广大群众宣传党的路线方针政策、国家法律法规、上级党委政府的重大决策部署、惠民政策、群众办事流程等，推动各项工作落实。督导工作：督导村（社区）抓好区委、区政府、上级党委政府的各项工作部署落实；督导做好基层党建、乡村振兴、城乡社区发展、城乡环境治理、生态保护、矛盾隐患排查等工作；帮助村（社区）理清工作思路，制订发展规划，落实项目政策、资金等。解决问题：值守接待和走访群众，听取收集意见建议；研究分析村（社区）收集到的群众意见建议，召开村（社区）联席会议协调解决相关事项；积极妥善解决群众反映的问题诉求，落实逐级负责、环环相扣的链条式调处信访事项制度，依法依规解决群众反映强烈的信访问题。办好实事："三固化"联系领导每年承诺1项以上为联系村（社区）办实事的具体项目。

（二）三问三亮

高德敏坚持党建引领，结合实施乡村振兴战略，带领全村党员深入开展"三问三亮"活动。亮剑"三问"，时时对镜自照。一问自己入党为了什么（不忘初心、牢记使命）；二问自己作为党员做了什么（修身律己，担当有为）；三问自己作为合格党员示范带动了什么（公道正派，无私奉献）。"三亮"活动使党员牢记身份与承诺，积极承担责任，讲承诺、重实绩成为战旗村党员的标志。一是亮身份。党员家门口悬挂"党员户"醒目标牌，主动亮明党员身份，自觉接受群众监督；在工作岗位上设立党员示范岗、示范标兵，增强党员的荣誉感、责任感，促进工作作风明显转变；在参与党内组织生活、联系服务群众时，要求党员自觉佩戴党徽，不断强化党员意识，以党员自身带动党员家庭、以党员家庭影响周边群众。二是亮承诺。围绕政策宣讲、技能指导、环境整治、帮贫助困、纠纷调解、治安巡逻等志愿服务事项，向党总支作一句话公开承诺，并将所承诺事项在村党务公开栏上进行公示，尽己所能为推动村域发展、维护和谐稳定出智献力。三是亮实绩。村党总支采取"群众点评、党员互评、组织总评"的办法，促使党员履诺践诺，用工作实绩向组织和群众交上一份满意答卷。

党员的"三问三亮"的工作机制，不仅有利于党员自身树立典范模样，而且可以推动战旗村的风气建设，使村民都积极投身到乡村振兴之中，对于乡村振兴的实现提供必不可少的基础条件。

（三）文明新风

高德敏倡导文明新风，与西华大学、成都纺织高等专科学校等高等院校合作，开展了"高校+支部+农户"暑期活动。与西华大学、四川师范大学成都学院、成都职业技术学院、四川水产学院、成都纺织高等专科学校等高校合作，开展校村结对共建，保证每户自愿结对农户与2名大学生志愿者结对子。

以农民夜校、乡村振兴讲习所为平台，通过"1248"教育模式，开展"实训+网络""课堂+现场""集中+流动"等多种形式结合的教育活动，宣传党的政策、普及致富技能、传播文明新风、促进社会和谐，培育有文化素养、有健康情操、有实用技能、善经营管理的新时代新农民。自农民夜校开办以来，战旗村村民积极响应，广泛参与，农民夜校已经深入战旗村村民心中，并且辐射到战旗片区其他村。2018年以来，战旗农民夜校开设了独具特色的美食技能培训班、布鞋制作班、蜀绣班、古筝班等，已开课60次，1280人次参与。

（四）产业富民

高德敏创新工作思路，坚持产业富民，带领村民打好陶艺坊等乡村十八坊传统文化牌，成立村集体资产管理公司，让农民变股民。充分运用农村产权制度改革成果，以村集体经济股份量化改革为基础，组建了战旗村集体资产管理公司，对集体资产、资源进行了全面清理和股份制量化。积极发展观光农业，1800余亩规模化耕种大田景观基本形成，打造乡村振兴博览园精品旅游环线，全面完成西北院子等川西林盘院落的改造提升和吕家院子特色林盘修复打造。

2011年，战旗村利用土地整治过程中预留的23.8亩集体建设用地，以战旗土地股份合作社名义，以每亩50万元作价入股，与北京方圆平安集团和四川大行宏业集团合作开发了"战旗第五季·妈妈农庄"项目。五季花田景区距成都市区20多公里，到都江堰不过10分钟车程，区位优势明显。这里远山近水，宜居宜游，可谓成都平原的美丽田园。五季花田景区以花田新村、妈妈农庄、婚庆会务、美味果蔬为主题资源，以薰衣草花田为核心吸引物，为游客提供了最优质的休闲度假环境。

利用2015年9月四川省经营性建设用地入市"第一槌"的入市地块，引进了"第五季香境项目"，建成集购物、娱乐、餐饮和住宿为一体的商业综合体。通过招商引进特色美食企业32户，170余个商铺投运。充分挖掘村集体资源，在乡村规划部门指导下，自主建设属于集体经济组织所有的战旗乡村十八坊，引入非遗经济，新增加了村集体资产和经营项目，吸引经营特色农副产品、手工艺品、美食等各类商家30余户。2019年形成战旗AAAA景区亮点，实现农商文旅融合发展，战旗村迎来游客65万人次，文旅产业产值达到3200万元，增长300%。

通过农村产权制度改革和土地入市，2017年战旗村集体资产达到4600万元，集体经济收入462万元，村民人均可支配收入达26053余元，人均年收入增加800元左右，极大提升了农民获得感。该宗地的成功交易，成为四川农村集体经营性建设用地入市改革试点的历史性标志。

2018年，独具川西民居风格的"第五季香境"旅游商业街区全面建成。这是农村土地制度改革试点以来全国第一个以集体经营性建设用地入市为依托的田园综合体项目。目前，战旗村正依托"第五季香境"，自主开发"乡村十八坊"农旅项目，培育、传承、发扬民间传统技艺。

三、高德敏箴言

大家选我当村长，是大家的福分；大家不选我当村长，是我托大家的福，发我自己的财。

——高德敏

村官漫画：铜头、铁嘴、橡皮肚、飞毛腿。

——高德敏

他戏说自己：五短身材，冲天志气；头上发光，心中嘹亮。他调侃村官：称官不是官，村民称村官；村官虽知小，管事知多少？

——高德敏

我就想把战旗村打造成一个农业公园，用一、三产业互动的方式来发展战旗村的经济，通过农业休闲旅游项目实现村民的增收，努力把战旗景区打造成 AAAA 景区！

——高德敏

这不是空想的豪言壮语，战旗村人已经规划和着手打造中国农业公园，几年之内就能梦想成真。

——高德敏

经营好村庄，造福于村民。

——高德敏

胸怀满腔战旗梦，想方设法找出路。

——高德敏

我们要善于学习，但学习不是简单地模仿，我们要想走在前头，不能走别人的老路，只是模仿就永远不会成功。

——高德敏

我们战旗的八大书记不搞家族制，我们是能者居上！

——高德敏

明天的战旗村应该是：既不大富，也不小富，而是共同富裕。

——高德敏

农业建设，不能脱离"农"字，不能让新农村建设搞着搞着就完全城市化了，那样就不是农村了，我们要搞出自己的特色来。

——高德敏

我这辈子最感到幸福和光荣的事情，就是代表我们战旗村迎来了习近平总书记。

——高德敏

我还记得当年老书记李世立握着我的手语重心长地告诉我，战旗村的共产党员个个都是好样的，我们共产党员的光辉与荣耀，你们要一代一代传下去。

——高德敏

我们整个项目是川西风格，体现传统文化，你们的装修风格不能过于花哨，一定要体现文化传承，展示出工匠精神。

——高德敏

战旗村的发展是一代一代接力拼搏出来的，现在这面战旗交到我手里，我就要扛起来，绝不能成"败家子"。

——高德敏

没有创新，就没有战旗村的今天。

——高德敏

第四章
第一家村集体企业

从集凤大队、战旗大队到战旗村,时代发展打下的印记不仅仅是名称的改变。从20世纪70年代到现在,战旗村这个位于成都市郫都区唐昌街道西北角的村子,紧跟改革开放潮流,奋力前进,一步一个脚印,从"嫩苗"成长为一个村强民富的"明星村"。

从1979年战旗村首个村级集体企业先锋第一机砖厂正式开办,到先锋酿造厂等12家村级集体企业先后建立,战旗村始终传承和弘扬"敢于拼搏、勇于创新"的战旗精神,集体经济不断发展壮大。

一、从种粮到办厂

"战旗飘飘,名副其实",如今这个"明星村"已经成为全国乡村振兴的先行村,但其背后却有一段鲜为人知的改革与坚守的故事。

20世纪70年代,战旗村以粮食种植为主,但村上的耕地多为下湿田,而且田块高低不平,形状极不规整。为提高粮食产量,村上进行了水土改造,让全村耕地粮食产量得到了大幅提升,村上也因此成为"沟端路直树成行,条条大道新农庄"的典范。

粮食增产了,发展的步子并没有停歇。随着1978年改革开放的春风吹来,村上积极筹集人力、物力和财力,在经历了三个月的努力后,把村上的一个旧土窑改建成了机砖厂。

二、村民齐奋战，投身砖厂建设

1979年12月，在县武装部的引导下，利用村上逐年积累的粮食储备变卖款，投资购买了机器，利用本村良田调换了相邻的园艺村山地，开办了村上第一家集体企业——先锋第一机砖厂。机砖厂是由原来的小土窑发展起来的，后来任战旗村第七任村支书的李世立（那年才27岁），也投身到砖厂建设中。

当初从金星大队分出来的战旗村还没有固定的办公场所，只能将分到的两间草屋作为办公室，条件相当简陋。经过几年的生产积累，时任村支书的罗会金计划组织村民修建一个大礼堂，用作日常办公和村民娱乐活动的场所。由于经济条件的限制，他们只能自己烧砖，于是便有了村里的第一个砖窑——小土窑。开始的小土窑只能烧土砖，在建新村时期，上级部门拨给了3台砖机，这才开始生产机砖。在当时条件下，生产机砖已算是很先进的技术，而且机砖在市场上也很畅销。战旗村在自给自足的同时，将剩余的机砖卖出去，收入归集体所有。这样，随着技术的逐渐成熟和生产能力的不断增强，加上改革开放政策的实施，战旗村在县武装部的领导下，利用村上逐年累计的粮食储备金，投资购买了机器，用战旗村的良田调换了相邻的园艺村的山地，开办了先锋第一机砖厂。

先锋第一机砖厂，占地20余亩，建筑面积350平方米。整个厂区全在原园艺村坡地，土质黏性强杂质少，是制造建材的优质原料，生产能力为年产标准砖1000万块。按国家颁发的标准，抗压强度为150千克/平方厘米，抗折强度40度，年总收入为30万元左右，纯利7.5万元左右，每年向国家缴税3万元以上。

先锋第一机砖厂有制坯车间、干燥车间、焙烧车间（轮窑），生产设备有750东方红履带推土机一台，450L0292-6制砖机、350制砖机各一台，东风汽车EQ140一辆，拖车、丰田汽车各一辆，变电及配电线路若干条、汽轮机若干台，总固定资产达30万元（查），1985年总收入45万元，安置战旗村就业人员181人。

当时机砖在市场上畅销，集体经济效益越来越好，接下来，战旗村以滚雪球的方式，又陆续办起了战旗酒厂、预制厂、复合肥料厂、面粉厂等企业，村集体资产就像雪球一样越滚越大。鼎盛时期，村上建起了12家集体企业，不少村民在厂子里找到了合适的工作，生活条件不断改善，集体企业蓬勃的发展让周围的村子羡慕不已。

第五章

企业股份改制

变革，总是源自对更美好生活的追求。不仅是过得去，更要过得好。战旗人骨子里有一种争先的劲，面对发展的瓶颈，经过一段沉寂期后，他们开始寻找新的路径。

1994年，战旗村被列为郫县村集体企业股份制改革试点村，之后村支两委与股东签订股份转让合同，把股份合作制企业变为村集体独资企业。农村改革，不能把集体所有权改虚了，不能把集体资产改没了，不能把集体经济改垮了。战旗村从改革开放初期办机砖厂，到现在发展股份合作等多种形式的合作或联合经营，无论相关企业或实体如何改制，经营权如何变化，对所涉及的集体所有土地，都是实行使用权出租。

一、放大胆子进行股份制改革

1978年，党的十一届三中全会召开后，集中精力搞经济建设成为各项工作的中心。战旗村也紧跟党中央政策，转变经济发展思路，开始大力发展经济，陆续创办了几个企业。当时村里的主要领导是易奉先，1977年易奉先被选为村主任，在村主任位置上干了12年后，1989年被选为村支部书记。易奉先在任期间，总共办了11家企业，战旗村每年纯收入有几十万元。

1994年，战旗村被列为郫县村集体企业股份制改革试点村，村集体经济走上了股份合作制道路。党的十一届三中全会过后，改革激发了村民的热情，着手办起了集体企业。村里面最先办起的是砖厂，随着经济的发展,陆续办起了其他共12个集体企业。

1994年,易奉先参加了由成都市委组织的在深圳党校的学习,通过长时间地学习,他对股份制有了更多的理解,为避免出现村企分散经营规模偏小、竞争力不强的弊端,易奉先带领的村委会决定将战旗村经济效益较好的五个企业——"先锋第一机砖厂""先锋酿造厂""会富豆瓣厂""先锋面粉加工厂""郫县复合肥厂"改制为股份合作制企业,并组建成立了董事会,由董事会负责改制后企业的经营管理工作,成立了集凤实业总公司。后来又将村里面的所有企业资产整理之后全部挂在集凤实业名下,村集体占51%的股份,村民等占49%的股份。因此集凤实业便是战旗村村集体的大企业,全村人都有股份,每年其他企业挣的钱也都会给村民、工人分红。

二、改革之路再遇困境

20世纪90年代,战旗村被列为郫县村集体企业股份制改革试点村,机砖厂等5家企业通过改制,走上了股份合作制道路。然而,因为改革经验不足、产权不明晰、管理经营不善等问题,再加上董事会并没有严格按照股份制企业的规律经营管理,体制混乱,缺乏有效的监督管理,导致大量集体资产流失,集体企业连年亏损。到2003年,改制后的集体企业变成了"四不像"。存在的问题主要包括以下几个方面:一是没有完全实现运营市场化。战旗村在形式上成立有限责任公司,但是股权只限于内部转让和继承,这种模式虽然在公司成立之初能够显现优势,有利于对公司的控制和管理,但随着公司的发展壮大,弊端也日益显现。在融资方面,限制股权对外转让,使公司难以完全实现融资市场化,一旦资金出现短缺,将面临融资难题,制约了公司的发展壮大。二是公司管理模式单一化。在内部治理结构上,虽然公司建立了"三会一制"治理模式,但是在股东会、董事会尤其是监事会职能作用的发挥上还存在不足。在公司成立之初,容易出现董事会权力过大、股东会与监事会职能发挥不充分的问题,不利于公司内部结构的平衡,难以构成稳定科学的公司经营管理结构。三是公司职能复合化。现代企业制度是"产权清晰、权责明确、政企分开、管理科学"的治理结构。公司与村委会职能尚不能实现完全分离,存在交叉复合的现象。在原村委会委员担任公司董事会成员的基础上,难以将村务治理工作与公司运营彻底分开，牵扯到管理人员部分精力，政企不分，不能完全实现市场化，影响公司发展。[①] 战旗村由此一时陷入困境，这让村领导班子心急不已。时任战旗村党支部书记的李世立和村主任高德敏做出了一个大胆的决定，由集体收回个人股权，让战旗村保住了集体经济的"家底"。

为改变困难状况，让企业能顺利生存发展下去，集体资产不再流失，2004年，战旗村进行了第二次集体企业改制，主要对村属企业进行彻底资产清理，收回资金420万元，按照村上的实际情况，重新将5个企业恢复为村级集体所有制企业，并组建了村级经济实体"成都集凤实业总公司"。非经营性资产由村集体资产管理委员会进行直接管理，经营性资产由集凤实业总公司进行经营管理。第二次改制结束后，集凤实业总公司对村属企业实行租赁经营，实施统一的规范化管理，由此村集体经济年收入从过去28万元上升至50余万元。成都集凤实业总公司于2012年改名为成都市集凤投资管理有限公司，并制定了完善的企业管理制度，对村属经营性资产进行管理，业务范围进一步扩大，涉及豆瓣及调味品加工、机械加工、复合肥和家具制造、室内装修、面粉加工等，为战旗村经济发展注入了不竭的活力。

三、集体企业蓬勃发展

1994年，战旗村被列为郫县村级集体企业股份制改革试点村，先锋第一机砖厂等5家企业进行股份合作制改造，组建了"成都集凤实业总公司"，后因经营管理不善、产权不明晰等问题，2003年村支两委与股东签订股份转让合同，由集体将个人股权全部收购，企业成为村集体独资企业，避免了集体资产流失，从此企业走上健康发展之路，集体经济不断发展壮大。

20世纪90年代以来，战旗村以优秀企业牵头、集体资产注入、抱团发展的形式，使得复合肥厂、榕珍菌业有限公司、郫县满江红调味食品有限公司等村企蓬勃发展，下面将分别介绍部分企业发展状况。

---

① 申毛毛. 农村集体经济股份制改革的实践与思考：基于成都郫县战旗村的调研[J]. 经营管理者，2013（4）:31.

1. 复合肥厂

成都郫县复合肥厂位于唐昌街道战旗村,是一家化工高科技企业,始建于1991年,距国道317线6公里,彭温路3公里,谭家场火车站8公里,交通极其便捷。工厂占地6000余平方米,固定资产800多万元,现有员工42人。建厂以来,始终坚持"质量第一、服务至上、诚信为首"的经营宗旨。其所属"望丛"牌系列复合肥料产品,连续15年统检合格,质量优秀,曾获得"四川省成都市群众喜爱商品""成都市无公害农产品生产施用肥料""消费者信得过单位""产品质量信得过单位""四川省质量明星企业""中国农业银行四川分行AAA信用企业""四川省产品质量检验站定点检验单位"等众多荣誉称号。企业的良好诚信,得到了社会的广泛肯定。

成都郫县复合肥厂生产的"望丛"牌系列复合肥料,是根据我国不同地域、不同土质、不同作物的需求,以及不同作物生长点的需要,采用优质原料、科学配方研制而成的各种高、中、低浓度复合肥料和各种专用肥料。它不仅适用于水稻、小麦、油菜、玉米、棉花、果树、西瓜、花生、烟草、茶树等二十多种农作物种植,而且对于改良土壤、服务生态农业和绿色农业研制具有显著成效。产品除畅销本县及周边的都江堰市、崇州市、彭州市、温江区地区外,还远销山东、陕西、江西和重庆等地。

2. 先锋生态园调味品有限公司

四川郫县先锋生态园调味品有限公司成立于1981年,其前身为四川郫县先锋酿造厂,由高玉春先生创立,于2004年9月转制更名。位于郫都区唐昌街道战旗村,紧邻213国道,主要经营以郫县豆瓣为主的调味品。

公司注册资金50万元,占地20余亩,办公面积约450平方米,晒场7000余平方米;公司现有员工32人,其中直接生产工人18人,技术人员2人,销售人员7人,管理人员5人。

先锋生态园调味品有限公司是一家以专业研发、生产、销售郫县豆瓣的调味品企业。品牌"先锋""蜀彤"沿用几百年郫县豆瓣的传统制作工艺,选用鲜红二荆条辣椒和优质蚕豆,经过"翻、晒、露"等多道工序加工发酵而成。

"先锋"牌郫县豆瓣主要销售市场有河南河北市场、广西市场、江浙沪市场;"蜀彤"牌郫县豆瓣主要销售市场是江浙市场。公司也在积极投入人力和资源扩大东北、西北和西南市场，积极地开发广东和福建市场。各市场主要经销商都是以公司经营模式，拥有独自的销售人员，具有一定市场开发能力、较强配送能力，以及独自的仓储管理能力；少数经销商为个体户，拥有一定配送能力和仓储管理能力。

公司的各供应商均是按照 ISO 9000 的标准要求，严格进行考核，合格后进行配套服务，保证公司的原辅料定时、按质保量地供给。大宗资料如鲜辣椒的采购，公司同产地营运者签订收购意向协议，并在青苗及产椒前夕均要到产地实地考察，并根据考察实际情况调整采购计划及方案，保证辣椒的采购计划的达成。

公司本着"品质改变生活"的核心价值观和公平、公正的用人原则，不断强化企业内部管理，优化企业人文环境，提高企业产品质量，为全国 20 多个省市消费者提供健康美味，同时也协助一些管理水平较低的供应商抓好内部管理，不断地降低成本，确保按质按量地交货。帮助一些个体经销商建立自己的销售体系和管理体系，通过铺货的方式协助经销商解决资金问题，增添配送车辆，提高市场开发和配送能力，扶持经销商做大做强，从而提高"先锋""蜀彤"的市场竞争力。"先锋""蜀彤"牌系列产品瓣子酥脆、酱脂香浓郁、红褐油润、辣而不燥、回味醇厚，得到广大消费者的喜爱和好评，"先锋"牌注册商标在 1998 年被评为"成都市著名商标"，2005 年被评为"四川省著名商标"。

3. 四川浪大爷食品有限公司

四川浪大爷食品有限公司，建于 1997 年 9 月，于 2013 年 11 月注册成为股份有限公司，注册资金 200 万元。

公司位于郫都区唐昌街道战旗村 8 组 300 号，主要为发酵性豆制品的生产销售，占地 12080 平方米，从业人员 36 人。主打产品为豆豉和豆腐乳，其中豆豉的年产量为 400 吨，豆腐乳的年产量为 260 吨，年产值在 680 万元左右。

公司前后注册了"唐昌"和"浪大爷"两个商标，"唐昌"豆腐乳和"浪大爷"豆豉均采用传统工艺，自然发酵，精心酿制而成，具有浓郁的地方特色，香味突出，回味悠长，深受广大消费者的喜爱。"唐昌"牌豆腐乳更是被荣幸地评为"郫县五绝"之一。这里地处川西平原天府水源保护区，土地肥沃，气候温和，为豆腐乳和豆豉的微生物菌种群落提供了极佳的生长环境，生产出的"浪大爷"豆豉和"唐昌"豆腐乳均选用精品黄豆，采用民间传统工艺，在这得天独厚的地理位置和自然条件下，自然发酵 300 天以上，精心酿制而成。成品豆豉、豆腐乳绿色健康富含蛋白质和多种氨基酸，酱香独特，口感醇厚。

4. 成都榕珍菌业有限公司

图 5-1　成都榕珍菌业有限公司

　　成都榕珍菌业有限公司创建于 2007 年 9 月，是一家集食用菌生产、加工、销售于一体的农业产业化龙头企业。公司引进现代化设备和先进的经营管理理念，采取工厂化生产食用菌新模式，打造中国西部最大的标准化、规模化、现代化食用菌生产基地。公司已完成投资 9000 万元，建成近 6.5 万平方米的食用菌生产基地，鲜菇年产量达 8000 吨。2011 年，公司实现销售收入 9200 万元、利润 2300 万元，每亩产值达 57.5 万元，每亩利润达 14.4 万元。

　　公司经济效益显著，2019 年，食用菌产量 18000 吨，产值 1.2 亿元，利税总额 1500 万元。社会效益明显，解决就业（400 人，人均增收 4.5 万元/年），带动周边农户（2000 户，户均增收 2 万元/年），辐射带动（5000 户，户均增收 1 万元/年），产业带动（示范带动四川省工厂化食用菌产业发展）。生态效益良好：废弃物的处理（利用生物技术处理废弃菌包，转变为农业再生产的肥料和饲料，实现食用菌产业可持续发展）。

　　榕珍菌业公司采取"公司 + 合作社 + 农户"的模式，已吸纳当地 500 多名村民就业，人均年务工收入和社保福利收入达 2.8 万元，实现了农民就地向农业产业工人的转变；通过强化技术培训和指导，带动自主创业的大学生、合作社社员及周边农户 1000 余人从事食用菌种植，取得了良好的经济效益和社会效益。

成都榕珍菌业有限公司是四川省成都市郫都区委、郫都区政府重点扶持的大型农业产业化企业。集中打造研发、生产、加工和贸易为一体的珍稀食用菌标准化、规模化、现代化生产基地。基地规划占地1000亩,计划投资8000万元。第一期用地300亩,投资4000万元。建成100亩、日产4万袋标准化、工厂化、现代化的生产车间和占地200亩标准化、自动化的出菇车间及办公楼。

2006年7月9日,动工修建了第一期食用菌种植基地。经过多方努力,成本控制、能源节约、产品质量、利润回报等指标大大地超出了预期效果。

2008年,以金针菇生产为主,总产量72万公斤,产值720万元。主要以鲜菇销售为主,小部分销给本地企业"金大洲"。

2009年,上半年产量180万公斤,品种有金针菇、百灵菇、杏鲍菇等。主要以杏鲍菇生产销售为主,销售产值2880万元,以超市鲜销为主。

2011年,公司实现销售收入9200万元、利润2300万元,每亩产值达57.5万元,每亩利润达14.4万元。

榕珍菌业吸纳农业产业工人800余名,带动当地农业增收,为社会主义新农村建设提供强有力的产业支撑。

在带动农民增收上,榕珍菌业引导农民积极参与到以企业和业主为主体的现代农业发展中来,让农民向产业工人转变,同时,创新了一系列农民创业的利益联结模式。

模式一:产业工人。该模式和成都各郊县推进城乡一体化过程中采取的通过土地流转带动农民的一般模式没有实质差别。当地以合作社为载体,农民土地入股,公司支付地租和红利。同时,农民个人向公司承包标准化的出菇车间,代管蘑菇生产,成为产业工人,以管理费(工资)作为主要收入,并结合单位产量、优质率给予奖励。这种模式下村民毫无风险,实现增收。预计项目建成后,这种模式可带动2000多名农民就业,人均年收入3万~4万元。

模式二:农民创业。该模式引导农民低投入创业。比如,一袋培养金针菇的菌包市场价格2元,购买2万袋就需要4万元,不仅所有的生产风险、市场风险自己承担,而且只能在条件不标准的农家大棚进行生产。而在这种新模式下,农民只需按50%的市场价格,即每包1元的价格购买榕珍菌业公司提供的标准化菌包,通过租赁公司的标准化厂房,就可进入创业模式。购买2万包，只需支付2万元，以此类推。这样，创业成本直接降低一半，并全程享受公司无偿提供的技术指导，最后榕珍菌业公司按市场价格对产品进行保底回购。届时，农民再从收入中偿还剩余的50%菌包款（同时，对于那些没有资金又想参与创业的农民，允许采取工资入股的方式，由第一种模式逐渐转向第二种模式）。

该模式使农民有机会直接参与到市场运作中，低成本使用标准化厂房进行规模化生产，免费享受技术指导，获取市场利润。各种风险成本降到最低。项目建成后，预计引导800名农民创业，人均年收入6万~7万元。

而食用菌生产原料主要是棉籽壳、木屑等有机物质，这些有机物质经微生物分解后将释放出丰富的碳、氮源，是很好的肥料、饲料原料，但传统的食用菌生产因规模小，不利于菌渣利用，易形成菌渣污染，并影响食用菌生产。按循环农业理念，借助现代生物技术，对菌渣进行乳酸发酵后再次利用，以此形成良性循环，变废为宝。这一项目的实施，可以说是在全国范围内开启了食用菌工厂化生产的先河。"我们的远景目标是，工业反哺农业，最终实现让发展壮大后的食用菌产业向农业工业化迈进。"榕珍菌业创办人李宗堂不无豪迈地说。

在成都杏鲍菇市场，榕珍菌业产品份额占到80%以上，整个西南市场榕珍菌业的杏鲍菇市场份额超过70%，成都及西南市场杏鲍菇在批发渠道的价格主要由榕珍菌业主导，目前榕珍菌业在成都及西南市场的批发渠道中形成了一批具有相当影响力的经销商网络，并且与传统方式相比较，榕珍与经销商的关系不仅是单纯的产品销售合作关系，更是市场和利益共同体。除了传统市场与其他食用菌生产者不同之外，榕珍花大力气在现代渠道进行了市场拓展，目前，已经与永辉、人人乐、家乐福等大型商超建立起基地直供的销售模式。

榕珍菌业创办人李宗堂，早在20世纪80年代初，就开始了蘑菇的种植。2006年李宗堂所创办的四川成都榕珍菌业有限公司入驻战旗村。李宗堂是榕珍菌业有限公司的董事长、战旗总支榕珍菌业支部书记。

四川是中国最大的食用菌生产基地，不仅常规食用菌生产量大，且复杂的气候、多山的地形、适宜的温湿度，使四川有着丰富的野生食用菌资源。但长期以来，分散的生产、各自为战的经营，品牌缺失，导致了食用菌产品质量得不到保障，市场看"天"，效益没有多少提高。如何才能使四川食用菌产业融为一体，参与国内、国际市场竞争，加速四川食用菌产业大省向食用菌产业强省的跨越？这无疑成为当前形势下迫切需要解决的问题。对于大批的"菇农"来说，谁破解了这一难题，谁将会成为省内食用菌界内的"菇王"。

"时势造英雄。"种了20多年蘑菇的李宗堂设想着：采取工厂化机械化设施栽培，尤其是在菌包灭菌、接种时处于封闭的无菌环境，这样不仅能提高菌包的出菌率，还能保障菌子的长度、肥瘦、生化指标……通过市场调查，走访专家，李宗堂相信建一座工厂化的食用菌生产厂完全可能。

可是想法归想法，做起来却是很难。新办厂房种植蘑菇在西南地区还尚属首家，全国也是只有少数的合资企业在开展标准化厂房生产。资金、技术、人才都是必须迈过去的坎，这又是李宗堂面临的最大问题。对新建标准化厂房的信念以及市场前景的看好，让他始终没有放弃这个想法。为了解决技术瓶颈，他几年时间长期在外，跑遍了全国各地，访专家，实地考察，有时为了得到准确数据，他甚至步行几天到深山上采集样本。功夫不负有心人，技术问题解决了，可建厂的资金却又难倒了他。他找到了当时从事蘑菇种植的同行，可还没开口，同行就认为他是痴心妄想，哪里有在工厂里种植蘑菇的。

"朋友没有同意，肯定是自己没有介绍清楚，他们不知道小小蘑菇的大前景。"带着对菌业的热爱，李宗堂再次找到了朋友，详细向朋友介绍了标准化菌业发展情况，同行还是没有同意。第三次，他把发展标准化菌类的思路同产业发展相结合向朋友做了详细介绍，终于打动了朋友。为了尽快敲定，李宗堂还邀请同行实地参观了全国相同企业。

2007年9月，榕珍菌业公司成立。标准化的生产制袋车间、标准化办公区、标准化出菇车间大大加速了食用菌产业的现代化进程。

与此同时，李宗堂不断总结完善了食用菌种植工厂生产中的各个流程环节。通过技术改良和引进先进技术及设备，200亩菌类自动化生产流水线的建成与传统菇农手工作坊式生产操作相比，生产成本减低了15%~21%，节约劳动力85%~90%，工艺上取消化学药物灭菌，采用先进的高压蒸汽灭菌炉，实现灭菌温度、时间、培养过程的全面控制。设备上，创新采用GMP医药净化接种空间，菌包培养采用气调法，使食用菌栽培周期短、成本低、污染少，降低了劳动强度，缩短了生产周期，克服了因自然气候灾害等因素的影响，为生产出优质的食用菌，提供了有力的技术保障。据统计，在榕珍菌业产品未进入成都超市时，超市平均每天菌类消费仅100公斤，而榕珍菌业产品进入超市后，超市仅菌类消费就达2吨。由于标准化生产，大大提高了产品的质量和保鲜，榕珍菌业的各种产品不仅成功进入省内外各大超市，还出口到国外。

5. 郫县满江红调味食品有限公司

郫县满江红调味食品有限公司位于战旗村，于2010年在行业内第一个建成"郫县豆瓣"中国非物质文化遗产传统制作技艺展示基地，成为农业产业化市级重点龙头企业和四川省企业技术中心。2013年，"蜀府"及"满江红"已被认定为"四川名牌""四川省著名商标"，"蜀府郫县豆瓣"被认定为"国家地理标志保护产品"。

2018年，为贯彻落实习总书记来川视察重要讲话精神，实施郫都区打造全国乡村振兴示范区，郫县满江红调味食品有限公司积极响应，投入1000多万元，经过近一年的打造，完成了"郫县豆瓣博物馆"的建设。

博物馆的建设按照"传承历史，美味千秋，保护非物质文化遗产，融入生态生活方式，守望精神家园"的要求，坚持"与生态保护相结合、与产业相结合、与市场相结合"，形成了文化内涵丰富、生态环境优美、人文与自然交相辉映的主题博物馆，成为郫县豆瓣——中国非物质文化遗产——的保护基地、全区文化产业示范基地、全国AAAA级文化旅游景区。郫县豆瓣博物馆的建成使满江红公司从一家传统的制造企业成功转型为一家融合一、二、三产业发展，深度结合郫县豆瓣的历史文化和乡村振兴概念的综合型的公司，它的出现必将使郫县豆瓣从博物馆这个窗口通往世界各地，带动郫县豆瓣行业的文化、生态、人才、组织和郫县豆瓣产业的五大振兴。

图5-2 郫县满江红调味食品有限公司厂房

第六章
土地集中，整改再出发

2018年2月12日，习近平总书记在战旗村考察时强调，要把发展现代农业作为实施乡村振兴战略的重中之重，把生活富裕作为实施乡村振兴战略的中心任务，扎扎实实把乡村振兴战略实施好。农村土地制度改革是破解当前农村发展难题的关键环节，在深化农村改革中牵一发而动全身。战旗村从参与国家部署的农村集体产权制度改革试点，到全面深化农村土地制度改革，准确把握住了中央政策要求，结合实际，扎实推进，走出了一条改革之路。

一、经验学习，宣传规模经营理念

在外务工7年的王勇回到战旗村后说，在外打工时，觉得离开土地有些轻飘飘的，但真正回到土地上，又不知道该干些什么，能干些什么。与土地的这种若即若离的关系，在比王勇更年轻的一代农民工身上体现得更加充分。这种关系也正是一系列关于土地的改革最重要的前提。

然而，刚当上村主任的高德敏很迷茫："那时我们的工作就是到处去看，找发展路子。"2003年3月，成都市在龙泉驿、都江堰、双流、郫县、大邑开展试点，拉开了统筹城乡发展、推进城乡一体化实践的序幕。

"啥子是统筹城乡？不晓得！"高德敏搞来几张介绍当时华西村发展的光碟，每个组轮流播，就指着画面告诉村民，城乡统筹就是要把村子建成这个样儿。村里一位德高望重的老党员站起来说，建成这样好是好，但从哪里找钱呢？农民不种地，能干什么？有人举例反驳，邻镇安德要建川菜产业园了，红砂村搞起了旅游。

村主任高德敏说，土地不仅是农民的命根子，也是整个社会的命根子。

确实，土地适度规模经营能给社会、农户带来更大的利益。一方面，随着农业生产水平的提高，以及农村社会分工的不断细化，家庭联产承包责任制这种农业经营方式的局限性日益增强；另一方面，适度规模经营优势凸显，展开来说，农业适度规模经营有利于开展农业产业化经营，产生集约化、规模化效应。通过成立农业股份合作社，把所有村民的土地集中起来，发展农业产业化，就可以形成非常明显的集约化、规模化效应。

2003年10月以后，"三个集中"逐渐成为成都推进城乡一体化的"热词"。按照市上统一规划，要从"工业向集中发展区集中"破题。

战旗村选择的是从"土地向规模经营集中"破题。高德敏坦言，当时认为"土地向规模经营集中"似乎是"三个集中"中推进起来最容易的。这"第一仗"并不成功。战旗村4组组长金小伟回忆，当时土地集中的方案是每家每户退三分地，交给村上统一经营，取得的收益集体留一部分，剩余再分配给各家各户。"村民都不理解，凭什么我的地收益要分给集体。"金小伟说，后来只有5组和7组勉强完成了集中的任务。

王勇家就在5组，这个组土地集中的情况比预期要好。不少家庭不仅愿意拿出三分地，还愿意拿出更多，甚至把全部土地交给集体。"全家没有任何人有意见"，王勇的轻描淡写与金小伟描述的沉重有巨大反差。村民的选择千差万别，对改革的方向、诉求居然有如此大的分歧，高德敏这才意识到依靠整齐划一的命令，"三个集中"将举步维艰。

2004年2月，成都出台第一个推进城乡一体化实践的指导性文件《关于统筹城乡经济社会发展 推进城乡一体化的意见》。就在整个成都统筹城乡开始全面发力之时，战旗村的步伐反而放慢了。"必须回到土地上找到共识。"当时的村两委决定干两件与土地有关的基础工作。

一是对全村土地进行摸底。村两委干部拿起皮尺，挨家挨户测量土地。

二是改变农民的土地观念。那时，高德敏拿起大喇叭，声嘶力竭地给村民讲：土地的确是农民的命根子，但不仅是农民的命根子，也是整个社会的命根子。如果只是农民的命根子，我们就只能守在土地上，顶多多种点蔬菜粮食。如果是整个社会的命根子，就能把它放到整个社会中去赚更多的钱。

2004年8月，成都启动"大部门制"改革，从规划入手，将过去城乡"分而治之"的行政管理职能部门进行整合。自下而上的基层智慧与自上而下的顶层设计悄然汇合成一股强大的改革潮流。

二、力排众议，进行土地综合整治

由于相关经验的缺乏，战旗村村委决定采取"三分地"集中试验的方式：在自愿基础上，各家各户划出三分土地集中试验，村委会对集中的土地进行经营管理，回收的效益替村民缴纳税费，多余的部分则计入村集体资产。2003年，时任村支书李世立带着村干部、村民代表到华西村、南街村等全国先进村考察学习。经过一段时间的试点试验，2006年，在自愿有偿的原则下，战旗村在宅基地整理的基础上，整合土地资源，利用流转出的土地资源进行全村农业集约化生产，引导农民以土地承包经营权入股（每亩土地按720元折价入股）、村集体企业注入资金50万元的方式，组建"战旗农业股份合作社"，对土地进行集中经营和分红管理。再以9个生产队为单位，成立9个社，农户以土地承包经营权为股份，与社集体签订土地经营权有偿流转委托书，由社长代表本社农户与村集体签订委托书。2011年，战旗村抓住产权制度改革的机遇，进行了土地权属调整，确权颁证。确权后人均耕地1.137亩，村民利用耕地承包经营权入股，村集体注入50万元资金，建立了土地股份合作社统一管理土地。其中部分用于合作社建设农业生产示范基地，发展高端设施农业，一部分出租给种植大户，以家庭农场形式种植蔬菜、苗木，剩余的900亩用于引进龙头企业。

合作社总股数为1145股，下设理事会和监事会，各由5名成员组成。成立农业股份合作社后，战旗村便积极进行土地的集中经营，依托土地资源进行招商引资，吸引榕珍菌业和第五季·妈妈农庄两大龙头企业落户，发展村级"村—企—社"农业产业化发展模式，积极拓展第一产业和第三产业，形成一、三产业联动的产业格局。

对于其他模式，"村—企—社"互动协调的土地流转模式没有让农民脱离土地，村民通过以社为单位的形式，"委托"村集体经营自己的土地，土地的承包经营权依然由农户自己掌握，实现土地资本要素的市场效益最大化。在"村—企—社"农业产业化发展模式下，一方面合作社可以将土地集中经营，发展战旗村农业产业化；另一方面，入股村民可以获得稳定的"三金"收入：一是土地流转租金，入股的土地每年每亩可获保底收入800元；二是在坚持"多积累，少分红"的前提下，对高出保底租金的土地增值部分的50%，用于持股农户再分红，实现农户第二次分利，余下的50%用于扩大合作社生产经营；三是村民可进入园区成为农业工人，获得稳定的务工收入，村民不再是"离开村庄的一代"。

同时，按照依法、自愿、有偿的原则，跨村推进土地向规模经营集中，战旗村建立了规划10000亩的战旗现代农业产业园区。园区规划为种植区和蔬菜初加工区，通过项目招商、企业招商，引进了5家企业（业主）入驻，通过龙头企业引领，合作社建基地，带领农户走农业产业化发展的路子，以"公司＋农户"的形式与农业产业化龙头企业开展订单生产，集中农户土地1000余亩。形成了龙头企业带动绿色蔬菜生产以及农副产品产、加、销为一体的现代农业产业化发展模式，为新农村建设提供强有力的产业支撑，安排当地劳动力500余人。同时加强与安德中国川菜产业园区企业合作，实行订单生产，延长了产业链，促进了蔬菜产业持续发展。

利用农村产改成果，融资150万元注入合作社，打造了创意农业观光园，修建了蔬菜种植大棚20亩，建立了蔬菜育苗中心，并引进了澳大利亚无土栽培技术试种蔬菜10余亩，试验效果良好。

村民的收入由以前的以种田收入为主，逐步向务工收入或从事其他经营项目收入为主转变，实现了村民收入结构的多元化。与此同时，村集体经济的增长，促进了全村公共服务与公共事业的发展，实现了村民共同享用集体收益的富足农民之路，提高了村集体在农村事务管理中的凝聚力和向心力。此外，战旗村农业股份合作社还带动了周边金星村、火花村、横山村、西北村等村落的经济发展。

战旗村通过实施土地综合整治，新增耕地218.9亩，水利、道路等基础设施进一步完善，土地流转面积增大，农民收入大幅度提高，实现了农民居住方式与生产生活方式同步转变的示范效应。采取合作社发展示范项目和引进产业化龙头企业等方式，建设战旗现代农业产业园，实现农业集体化集约化发展，实现了农民就地就业持续增收。

农村土地制度改革的每项实践，无论是从发动群众到制定规则、组织实施等各个环节，还是完成土地确权颁证、集体经济组织成员资格认定等各项工作，都离不开村党支部强有力的领导。战旗村党支部在改革开放中一直都发挥着很好的"头雁作用"。

战旗村在改革开放以来的历次调地中，全村土地都是由党支部领导下的村集体来统筹。近十年，开展土地整理、承包地流转、集体资产确权到户，特别是统筹推进农村土地制度改革三项试点，战旗村土地调整很大，围绕土地数量多少、位置远近、质量优劣，处理不好，群众之间都会产生矛盾。由村集体在全村范围进行统筹，才使调地有了最大的平衡空间，最大限度地保证了公平公正。

村集体对全村土地实行有力有效的统筹，使集体土地的所有权真正得到落实，为土地制度改革、建立土地增值收益的合理分配机制奠定了基础。农村集体经营性建设用地出让、租赁、入股，实行与国有土地同等入市、同权同价，给集体经济组织带来了丰厚的土地增值收益，能否建立兼顾国家、集体、个人的土地增值收益分配机制，关系着这项改革的成败和改革方向是否走偏。

战旗村党支部带领村集体在推动改革中发挥关键作用，对于农村集体经营性建设用地入市形成的土地增值收益，探索创造了在国家征收调节金后集体与个人按照8∶2分配的办法，集体主义得到弘扬。村集体分得的"80%"是提取的公益金（30%）、风险金（10%）和公积金（40%），公益金用于为村民统缴社保和公共基础设施维护等，公积金则用于集体经济组织发展，为全村农民共同富裕打牢基础、做好保障。

战旗村集体经济组织成员身份界定办法

（一）集体经济组织成员身份界定标准

战旗村集体经济组织成员身份界定以2011年4月20日24∶00为截止点，实行"生不添死不减"的政策，锁定其集体经济组织成员数量。

1. 原农业生产合作社或农业生产队以及社级集体经济组织的农业劳动者，且户口保留在本集体经济组织所在地。

2. 原属本村集体经济组织成员的现役义务兵。

3. 原属本集体经济组织成员大中专院校的在校学生（军校生除外），就读期间其户口由原籍临时迁入学校管理的学生。

4. 因婚姻关系，按《成都市农民身份证明管理办法》办理入户后，迁入者。出嫁、丧偶、离婚以后户口在本集体经济组织的妇女；男到女方离婚、丧偶以后户口在本集体经济组织。虽户口在本村，但已在异地登记为其他集体经济组织成员的，不视为本集体组织成员。

5. 本集体经济组织成员1992年4月1日《中华人民共和国收养法》颁布之前收养而未办理收养登记手续的在册养子女；《中华人民共和国收

养法》颁布后，办理了合法收养登记手续的在册养子女。

6. 服刑和劳教期间的原本村集体经济组织成员，虽户籍不在本村，战旗村给予人性化关怀照顾，视为本村集体组织成员。

7. 本村的轮换工不界定为本村集体经济组织成员身份。

8. 新增人员可以通过继承、赠与、流转等方式获得本集体经济组织的权利，不因死亡、迁徙、婚嫁等减少人员对本集体经济组织成员数量进行调整。

（二）集体经济组织成员身份界定流程

1. 调查小组初步确认成员资格认定名单，进行初榜公布，对认定人员存在异议的重新调查审核后再榜公布。

2. 成员资格名单须提交本集体经济组织成员或户代表大会三分之二以上表决通过并签字确认，报镇审核后，作终榜公示。

3. 作终榜公示后，对本集体经济组织成员资格认定仍有异议的，通过信访程序进行处理。

4. 本集体经济组织成员身份界定后，集体经济组织对相关材料复印件进行归档保存。

三、敲响集体经营建设性用地入市"第一槌"

乡村振兴，产业兴旺是重点，2018年中央一号文件强调，提升农业发展质量，要培育乡村发展新动能。

"我们村地处郫都区边缘，土地价格本就不容易体现优势。如果没有入市试点，几百亩村集体经营性建设用地就荒在那里。"忆起当初，战旗村村支书高德敏说，出让的地块原为村集体所办复合肥厂、预制厂等租用，一年租金不

图6-1 土地入市拍卖现场

到10万元，厂区环境不达标，还影响村容村貌，几年里被陆续关停。

地腾出来了，却遇上了开发难题。2014年，成都一家企业看中了这块集体经营性建设用地，想长期投资发展乡村旅游，还给出100万元定金，但由于相关手续无法办理最终告吹。

转机发生在2015年，郫县被列入农村集体经营性建设用地入市改革试点县（市、区）。但具体怎么入市？郫县国土资源局局长陈刚介绍，土地权属清晰、有自愿市场主体，这是必备的条件。

在此之前没有现成的经验可借鉴，还有大量的问题摆在面前亟待解决。比如，入市主体的资格如何认定？收益如何分配？什么是集体经营性建设用地？怎么样的操作才具有合法性？如何取得村民的大力支持？在这些问题面前，战旗人没有退缩，始终坚持党支部的引领，走集体化道路，发展农村规模经营，用集体的智慧和力量化解了一个个分散经营无法解决的难题。

战旗村坚持农村资产"多权同确"，在2011年已完成的农村集体产权确权登记颁证成果基础上，全面清产核资、折股颁证。按照农村集体经营性建设用地的概念，坚持"定基数、定图斑、定规模"，界定筛选出符合入市条件的建设用地共206亩。

战旗村以2015年4月20日为准，共锁定确权人口1704人为集体经济组织成员，并将村集体资产均分持股。经村民代表大会同意，成立了郫县唐昌镇战旗资产管理有限公司，村集体将资产注入公司，并授权其进行管理和经营，作为入市的实施主体。

2015年9月8日，在四川成都郫县公共资源交易服务中心，作为敲响四川省农村集体经营性建设用地入市"第一槌"项目——"第五季香境"旅游商业街——全面建成开业，街区内的"郫都特色产品精品馆"已于2018年4月20日营业。战旗村还加快建设以18种非物质文化技艺传承为主，集产品制作展示、体验销售等一体的"乡村十八坊"项目，目前该项目已完成主体工程，香油坊、蜂蜜坊、布鞋坊等一批工坊对外营业。

战旗村在延伸产业链和提升价值链上做足了功课，下足了功夫。在引进妈妈农庄、榕珍菌业等项目后，继续在旅游的"吃、住、行、游、购、娱"六大环节上做文章，又建成四川战旗乡村振兴培训学院，在培养乡村振兴人才的同时，增加经济收益，收获社会效益。

战旗村发展集体经济，农民不仅有土地出让租金分红、福利增加，还有在村里企业务工的工资收入，这让所有村民过上了正如习总书记赞叹的

"芝麻开花节节高"的好日子。

2017年,战旗村集体资产达到4600万元,包括资金、房产、土地、无形资产、债权等,一草一木都已经纳入2015年成立的战旗资产管理公司,股份由该村当时在册的1704名村民共同持有。通过土地入股、经营权流转、资产出租等方式,村集体每年可取得462万元的收入。目前,参与经营的主体既有战旗村成立的专业合作社,也有农产品生产加工企业,村集体经济的组织化、市场化程度不断提升。

从战旗村半个世纪的发展历程来看,战旗人一直都以市场为导向,用发展工业的理念来发展现代农业。如何把握好农业发展的力度,在现任书记高德敏看来:"农业建设,不能脱离'农'字,不能让新农村建设搞着搞着就完全城市化了,那样就不是农村了,我们要搞出自己的特色来。"

四、拆院并院,集中建设新型社区

2006年,为了取得上级政府领导的帮助与支持,同时也为了进一步宣传战旗村,战旗村积极承办了"高校+支部+农户"大学生进农家活动。五一假期,西华大学、四川师范大学成都影视学院、四川农业大学水产学院、四川科技职业学院的共360名大学生,来到战旗村180户村民家。五天里,这些大学生与村民同吃同住同劳动,深入交流,一起开展村民夜校、文艺表演、坝坝舞会等活动,极大地丰富了村民的业余活动。2019年,28岁的易奉阳回忆:"记得初中时的暑假,来了一批大学生,他们与我们同吃同住同劳动,每天为我们辅导功课,他们离开时,很多村民都偷偷抹眼泪。"在易奉阳看来,这个连续10余年没间断过的大学生进村入户活动,对整个战旗村的影响是十分深远的。村民冯家祥自豪地说道:"村民们以前垃圾随手扔,家门口农具乱摆放,家里也不整洁。现在走在村子里,很难看到路上有垃圾,人们养成了好习惯,扔垃圾的时候还会分类放进去,这也是一种好风气的养成。"后来,这次的"大学生进农户"活动被评为全国十大政府创新典型,引起了各级政府部门及其领导的高度重视,战旗村也因此吸引了政府的注意力。

大学生离村后,原先热闹的乡村又恢复了往日的平静,这引发了战旗村对农村文化的思考:农村需要属于自己的文化活动。要解决这个问题,首先就要有文化活动的场所,"文化大院"呼之欲出。最后村里出资几

第六章　土地集中，整改再出发

十万元，将原先的"迎龙山庄"整体改造成"战旗文化大院"。文化大院不仅是一个标志，更是一个平台，在这里村民们可以观看有声有色的坝坝电影，跳坝坝舞，通过电子阅览室在网站发布农产品信息。此外，战旗村还成立了"战旗文工团"，逢年过节都会举办文艺会演，为村民提供一道道文化大餐。战旗村文化大院极大地促进了战旗村社会主义新农村建设，不仅丰富了战旗村村民闲暇之余的生活，也促进了战旗村公共服务和社会管理体制改革的顺利开展。

战旗村的村民以前分散在60多个院落居住，以前的茅草屋没有墙壁，晚上就躺在床上数星星。改革开放初期，村里就开始考虑集中居住。村民的梦想就是住楼房，像城里人一样，楼上楼下、电灯电话。

2007年，战旗村开始进行土地综合整治，建设新型社区。战旗村新型社区是郫都区第一个成都市首批规划并启动实施的新农村建设示范点，也是惠农投资建设有限公司组建后争取市小城镇建设投资公司投资建设的示范项目。

随着收入的增加和生活水平的提高，战旗人对居住的环境也提出了更高要求。为充分利用当地有限的土地资源，给人们营造一个舒适的居住环境，战旗村两委在征得农民同意的前提下，决定建设新社区，让原先分散居住的农户实现社区化集中居住。

村民刘怀述的家在新社区东边，二层小楼里，客厅里摆放着大彩电，二楼三间大卧室，家具都是新添置的。刘怀述的老伴高兴地说道："儿子媳妇喜欢跳拉丁舞，晚上有空就去旁边的文化大院跳舞健身，一家人的日子忙碌而充实。以前村里没文化大院，他们只能到老远以外的场镇去跳，现在方便多了。"

成都实施城乡规划一体化后，战旗新社区主要是采用市场的方式，利用城市建设用地增减挂钩的方法，引进业主投资新建。通过拆院并院整理复垦面积440.8亩，用于安置村民及基础设施215亩，可实现整理置换挂钩面积225.8亩。这样，全村节约出近300亩宅基地还耕，加上获得城市建设用地出让收益的补偿，每户村民平均只需再添1.4万元就建起了新社区里的新居。

战旗农村新型社区主要依托土地整理和"拆院并院"项目的实施。建成农民新居工程建筑面积为8.3万平方米，入住人口1670人，项目估算投资为9896万元，由成都市小城镇建设投资公司全额投资，项目业主为成都市惠农投资建设有限责任公司（国有独资），2008年4月竣工。

战旗村新型社区的建设历程如下所示。

一是规划先行，明确定位。为准确把握战旗村的发展，首先做好规划编制工作，包括编制项目定位的总体规划、产业发展规划、新型社区建设规划及土地综合整理规划，做到"四规合一"。为了充分发挥战旗村辐射带动作用，规划上打破行政界限，将周边的火花村、平乐村、金星村一并纳入规划区范围，统一考虑产业发展和农民集中居住。战旗村的发展定位为：依托战旗，辐射周边，实现3000人的集中居住和形成2万亩的现代农业产业园，将战旗村打造成为郫县新农村建设示范点、现代农业产业样板区、沙西线生态旅游带的重要节点。同时，根据战旗村的产业现状，提出了产业发展定位，即完善一产业，激活二产业，引导三产业，从而实现战旗村一、二、三产业的互动发展，促使农民多渠道增收。

二是广泛宣传，发扬民主。战旗村为调动广大村民参与新农村建设的积极性，逐级发动各方面力量。通过"大学生进农家"，开展创建"平安战旗"、"送法进农家"、文艺表演活动、逐户发放宣传单等多种形式，进行广泛深入的宣传；通过村社老党员、老干部、村民代表、村民议事小组组长进村入户做深入细致的调查摸底、倾听民意、收集意见等方式做好思想工作；通过居住在当地人大代表、政协委员、有威望的致富带头人、企业业主等社会力量做好群众的思想工作。

三是保障农民利益，制定切合实际的配套政策。根据对参与"拆院并院"的农户进行意愿调查，战旗村新型社区居民建房本着广大群众意愿实施，做到"三个明确"：一是明确安置方式，采取"统规自建"房安置为主、"统规统建"房安置为辅相结合的方式；二是明确拆迁标准，对农户的拆迁补偿按照县政府〔2005〕45号文件执行；三是明确购房及补贴标准，对选择自建房的农户，按每平米补贴80元的风貌建设资金；对选择统建房的农户，按设计户型的建筑面积计算，以300元/平方米的最优惠价格购买新居。新型社区内部的基础配套设施一律由政府统一规划建设，农户不再另行缴费。按照规划设计要求做到"五个统一"，即统一规划、统一设计、统一风貌、统一管理、统一建设。这一举措缓解了农户的经济压力，减轻了农户负担，得到农户的广泛认同。

四是科学规范运作，确保项目顺利进行。项目实施过程中严把三关：第一，严把设计关。聘请技术力量强、有实力的单位，反复征求专家和农户的意见进行修改完善，使设计精益求精，充分体现美观、经济、实用等功能；第二，严把招投标关。政府投入的统建房，按照规定，选择程序合法、价格合理、实力强、信誉高的施工单位参与投标建设,保证住房造价更加合理;第三,严把质量安全关。通过公开招标比选,确定项目管理公司和监理单位,建立完善的质量监督体系,对施工过程中的每个环节严格把关。战旗村村民业主委员会和村民代表定期对工地进行巡查并及时与管理公司、监理公司互通情况,了解工程进度,确保房屋功能配套,造价合理,质量更好,安全有保障,让农民住得放心、住得满意。

项目建成后,改善了农村生产生活环境。"拆院并院"项目的实施,将全村村民集中到新型社区居住,社区建成后将彻底改变脏、乱、差的现状,有效改善农村形象,形成功能分区明确、布局合理、设施配套、环境优美的新型农民集中居住社区。项目实施后,依托中国川菜产业化基地原辅料生产基地,计划土地总流转面积达到2000亩,土地流转率达到78%。

战旗小区与以往的农村新型社区最大的差别在于,不是简单地把人聚集起来,而是按照一座小城镇的标准,配备必需的道路、医院、学校、商店等一系列的基础设施,城镇的下水道、电网、通信网,甚至天然气管网都会纳入考虑。就战旗村项目而言,除场镇附近的121位居民外,其余的1561人都将入住这个新型社区,为了方便村民子女就学,社区还将配套建设一所幼儿园。新型小区内光纤、自来水、天然气等清洁能源一应俱全,拥有幼儿园、市场、超市等完善的公共服务配套设施。新型社区的建设不仅将改变村民的居住条件,还将从根本上改变村民的生活品质。

如今,一个田园中的农村新型社区已呈现在眼前:一幢幢青瓦白墙的两层小楼沿着村里的主干道呈扇叶状发散排列。在房前的花坛里,鲜红的茶花与白色的豌豆花一起开放,金黄的油菜花与粉色的杜鹃花相映成趣,君子兰的叶片墨绿泛光,一幅美丽景致呈现眼前。

在2003年、2006年和2007年三次实行土地整理集中,共整理置换出土地440.8亩。2007年通过"拆院并院"的方式,整合节约出208亩建设用地,将其挂钩到县城城区使用,利用其预期收益向成都市小城镇建设投资公司融资9800万元,用于土地整治以及新型社区建设,实现了土地收益1.3亿元,归还了融资公司的本息后还有剩余。

2010的夏天,战旗村谈成有史以来最大的一笔生意:四川大行宏业集团有限公司和北京东升农业技术开发有限公司,利用村里在土地整治中预留给集体经济组织的23.8亩集体建设用地,在当地投资建设"成都第五季——战旗生态田园村"项目。

集中居住和集中土地这两个"集中",彻底改变了村民的生产生活方式。水、电、气、路配套完善，文化教育、医疗卫生、社会保障等服务健全，当初暗下决心"不蒸馒头也要争口气"的党支部，终于带领村民住上了好房子，过上了好日子。

战旗村集体建设用地确权办法

1. 确权面积：按区统一规定宅基地确权批准面积人均不超过35平方米。

2. 按照全村集体建设用地扣除幼儿园、变电站、便民服务中心、超市、广场、村党团活动室、企业占地以及村集体发展预留的集体建设用地外的建设用地，确定的人均确权面积，计算农户应确集体建设用地总面积。

3. 原已搬入中心村居住的农户的确权办法和确权面积与社区农户的一致。

4. 证书中批准面积人口的界定：按照登记时农户家庭实际现有人口予以界定。

5. 农户宅基地总面积中除批准面积外，其余面积以其他建设用地名义在土地登记卡和土地证书内予以注明。

6. 对农户的其他集体建设用地面积超过全村人均集体建设用地面积的，超出部分的面积确权给村集体。

第七章
农商文旅体融合，探索发展新思路

蓝天白云，青山绿水，风和日丽。在战旗村"第五季·妈妈农庄"近600亩的蓝紫色薰衣草基地，游人如织，一派欣欣向荣的乡村"强富美"景象，赢得络绎不绝的参观游客的称赞，这源于战旗村发展农商文旅体融合产生的新动力。自2010年战旗村引进"第五季·妈妈农庄"第一个融合发展项目以来，坚持"基在农业、惠在农村、利在农民"理念，推动资源跨界配置、要素跨界流动和产业跨界融合，推动多业态打造、多主体参与、多模式推进，积极发展农产品加工、乡村旅游、休闲农业、农村电商、文创产业等产业融合。

进入新时代，乡村价值更需要重新审视。乡村不再是单一从事农业生产的地方，还有重要的生态涵养功能、令人向往的休闲观光功能、独具魅力的文化体验功能。适应城乡居民需求新变化，休闲农业、乡村旅游已然蓬勃兴起。探索宅基地所有权、资格权、使用权"三权分置"，其中适度放活宅基地和农民房屋使用权，可以重点结合发展乡村旅游业做出"大文章"。

一、农商文旅体融合发展之路

战旗村位于四川省成都市郫都区唐昌街道，是AAAA级景区、全国乡村旅游重点村。走进战旗村，看到的是一派欣欣向荣的景象：乡村十八坊、战旗美食街、吕家院子，吸引游客品尝乡村特色美食；巴蜀农耕文化博物馆、郫县豆瓣博物馆、村史馆，吸引游客了解乡村文化；战旗农场、战旗影院、文化大院，吸引游客参与互动体验……战旗村将自己的发展路径总结为"农商文旅融合体发展之路"。

2010年，战旗村利用土地整治过程中预留的23.8亩集体建设用地，以50万元/亩作价入股，与企业合作建成了战旗村"第五季·妈妈农庄"生态田园村，其中近600亩的薰衣草花田首次开园一个月就吸引了近30万游客，初步形成了一、三产业互动的综合示范效应。

2014年，战旗村培育完善农民专合组织，建成了示范带动性强的实体性组织，成功种植冬草莓200亩、蓝莓160亩、有机蔬菜600亩，并成功地举办了草莓采摘活动和第三届薰衣草节。此后，每年都举办薰衣草文化艺术节。2016—2017年，为了从原来的AAA景区提升为AAAA景区，战旗村完成了"乡村十八坊"的规划设计并启动了建设工作，五季香境成功申报成为成都市市级"田园综合体"。

战旗村的农商文旅体融合发展"硕果"，既得益于改革创新，又得益于金融助力。2015年开始，战旗村开展集体经营性建设用地入市改革试点，组建资产管理有限公司，实现了资源变资产、资金变股金、农民变股东。随后该村建立"支部+合作社+农户"机制，全力激发资产管理公司、专业合作社等活力，但要想加快发展，融资仍是个难题。

为了解决融资问题，战旗村充分利用郫都区设立的专项投资基金以及融资平台，累计获得各类融资贷款3.5亿元。值得关注的是，2011年开始，中国农业银行四川省分行加强与战旗村合作，持续不断提供综合金融服务，2019年，中国农业银行成都西区支行与战旗村开启"党建+金融"合作模式——西区支行党委与战旗村党总支签订了结对共建协议，双方达成共识，以党建为引领，推进组织共建、思路共谋、人才共育。战旗村农商文旅融合发展之路获得了及时的金融支持。

战旗村与四川省旅游投资集团联合打造的农商文旅综合示范项目——"乡村十八坊"——于2018年正式开园。这是战旗村自主设计的以非遗技艺为核心，集工艺展示、参观游览、互动体验、产品销售于一体的农商文旅综合体。

战旗村村民高小敏，年轻时从事酱油酿造工作，村里旅游业发展起来后，在外务工的他决定回到家乡，在乡村十八坊内开一家古法酱油作坊。一开始，启动资金还差10万元，他怎么也凑不够。后来，他通过村里联系到了当地农行，农行在了解核实情况后，向其推荐了惠农信贷产品，无须抵押物即可办理。有了这10万元,高小敏的酱油作坊很快开张了。高小敏的小店以传统酱油酿造技艺吸引游客,有来参观古法酱油酿造过程的,也有来购买的,店铺内客人不断,2019年营业收入约50万元。

"战旗村发展越来越好,最近几年愿意留下来发展的年轻人也越来越多。"战旗村村委会主任杨勇说,战旗村的"收获"远不止于此。据初步统计,2019年,战旗村集体资产达到7010万元,村集体收入621万元,村民人均收入3.146万元,分别比2017年增长53%、35%和21%。

除了乡村十八坊,战旗村还建起了农商文旅融合的另一道风景线——"第五季香境"旅游商业街区。村民杨小琴回村创业之前,一直和姐姐在镇上经营一家餐馆,战旗村旅游业发展起来后,她看准了商机,决定到村里的"第五季香境"开店。然而开店启动资金还差15万元,了解情况后,当地农行为其办理了"惠农e贷"15万元。资金到位后,杨小琴的餐饮小店于2018年开业,开始了在家门口的致富路。像杨小琴一样受益于金融扶持政策的村民还有很多。自中国农业银行成都西区支行与战旗村开展密切合作至今,农行已为战旗村内9家农户提供"惠农e贷"共178万元。

除了"惠农e贷"等惠农信贷产品,2019年,中国农业银行对战旗村授信1000万元,与以往的金融服务不同的是,这是农行在全国范围内首次以村股份经济合作联社作为借款主体授信。这笔资金主要用于战旗村餐饮、民宿、中小学生培训基地、游乐场等乡村旅游相关设施建设,为战旗村农商文旅融合升级发展提供动力。

2018年2月12日,习近平总书记视察战旗村,高度评价了战旗村的各项工作,嘱托战旗村要继续"走在前列,起好示范"。9月18日,在第二届四川村长论坛暨村社发展促进大会上,省委常委、省农工委主任曲木史哈称赞战旗村"已经成为我省乡村振兴中一道亮丽的风景线"。2018年CCTV综合频道《我们一起走过——致敬改革开放四十周年》纪录片重点报道了战旗村改革开放及乡村振兴工作取得的成果并评价:"这就是乡村振兴最美好的样子。"2018年10月8日,经地方推荐和专家审核,农业农村部将战旗村推介为2018年"中国美丽休闲乡村"。2019年3月,战旗村村景区被评定为国家AAAA级旅游景区。2019年7月28日,战旗村入选首批全国乡村旅游重点村名单。

在推进乡村振兴实现的过程中,战旗村坚持文化铸魂,将文化元素渗透融入产业发展、建筑风貌、公共空间等各个方面,营造出乡土气息浓厚的特色文化氛围，彰显出魅力独特的川西村庄聚落。

二、构建农商文旅体产业生态圈

（一）推进"一、三产业"互动，促进农旅体融合发展新思路

战旗村发展乡村旅游主要是充分整合区域生态、文化、民俗等资源，以农商文旅深度融合发展的思路培育战旗乡村产业新优势，促进村民增收致富，系统推进"五大振兴"。郫都区地处都江堰精华灌区核心区，上风上水、八河并流，生态优势明显。战旗村在发展乡村旅游过程中，依托生态优势，培育了农业新业态，开发了农事体验旅游。

战旗村大力发展观光农业，推动水旱轮作稻鱼共生，打造大田景观，建成蓝莓基地等农业项目建设生产体验观赏通道，完成修复打造吕家院子等特色林盘，建成5.3公里生态绿道。以绿道体系有机串联周边特色林盘和田园综合体，开展泛战旗横山村山地自行车运动赛事、热气球等活动，打造"两线一团精彩连连"乡村振兴体验精品线路，实现农业发展和农业景观化双重效应，被农业农村部评为2018年"中国美丽休闲乡村"。

此外，战旗村还注重发展红色文化，开发感恩教育主题旅游，开辟红色旅游线路，吸引了大批游客来战旗重走感恩道路、开展主题教育。战旗村深挖农耕文化，推动农商文旅体融合发展。将川西民风民俗、特色手工艺、传统特色产品集成展示，让游客体验原汁原味的传统川西乡村文化。建成战旗村村史馆、豆瓣文化博物馆等，第五季香境、乡村十八坊、吕家院子等项目全面运营。建成战旗村AAAA级景区，举办大地艺术节、半程马拉松、农民丰收节等品牌赛事活动，吸引20余万游客前来体验传统巴蜀农耕非遗文化。2018年累计接待85万人次，实现收入6500余万元，文旅产业产值增长2倍。

"绿水青山就是金山银山""发展不能以牺牲环境为代价"。发展旅游，一要生态好，二要环境美。守住了美丽乡村，就守住了融合发展的本底。

转型升级保生态，治理污染护环境。战旗村原铸铁厂年税收接近千万，但污染严重，群众意见很大。2016年，经村集体商议后，以壮士断腕的决心对其进行了关闭，同时还关闭了化肥厂、规模养殖场等8家企业，为新产业新业态新模式的发展腾出了承载空间。

通过绿色发展、可持续发展，既保护了环境，又发展了经济，让战旗村人尝到甜头，他们还有更宏伟的计划建设美丽乡村。计划通过锦江绿道、战旗绿道、横山绿道将周边火花村、西北村特色林盘、柏条河、柏木河湿地、横山村、战旗村田园综合体有机串联起来，建设1000亩高标准农田，实行水旱轮作稻鱼共生；打造5000亩大田景观，塑造"田成方、树成簇、水成网"的乡村田园锦绣画卷，实现以生态提升景观、以景观催生效益。

习总书记指出："让农业成为有奔头的行业。"推动农业与其他行业的深度融合和多维跨界成为实现这一目标的必由之路。

四川迈高旅游公司投资7000万元打造集酒店、文创、娱乐、购物为一体的特色"香境"商业街，建设农民幸福家园、市民休闲公园、游客度假乐园。

同时，紧抓大城市现代人的新时代新需求，以"推窗见景"的田园美景为"底色"，"鳞次栉比"的川西新村风貌为"魅力"，战旗村充分利用区域地势独特性、历史文化吸引力、电商项目带动力等，结合战旗段绿道建设，积极发展自行车、热气球等运动项目，增加乡村旅游的休闲体验快感和体育运动乐趣，为城市居民提供更好的旅游体验。

战旗村推进一、三产业互动，促进农旅融合发展新思路。积极引入社会资金，打造了"一三联动、以旅助农"典型样板。实现了传统农民向旅游从业者转变，传统农业向休闲旅游业转变，传统农村向精品景区转变。同时，对村域内的高耗能、高污染企业，战旗村积极引导企业进行技改节能减排，对达不到要求的企业建立退出机制。借助合作社平台，开发以农副产品为特色的旅游产品，积极引导村域内现有的5家集体企业和5家民营企业进行提档升级，将现有农副产品精深加工与农业观光体验有机结合起来，开辟参观通道，开发旅游产品，营造一、二、三产业互动的良好氛围。

战旗村的农旅融合也加快了城乡统筹发展。当前战旗村探索试行的一些农产品种植项目和"妈妈农庄"等一些旅游项目，已经取得了良好的成绩，这更加激发了战旗人去探索村庄发展之路的动力。战旗村在生产方面将继续保留农业特色，将创意农业不断完善并推陈出新：设置太空种植基地，研究新型转基因农作物，引进新型农作物品种，以科技促进农业发展；发展观光农业，将农业与观光相结合，种植新奇农作物，进行规模化种植，科学合理规划农业格局，带给人们农业规模化经营的良好视觉感受;推广科普农业,未来的战旗村将在种植园区设立"农业课堂",成立"农业博物馆",现场为参观者讲解基础农业知识以及最新的农业科技,丰富广大游客的农业知识,使广大游客在游览之余能了解农业的深刻内涵。通过进一步发展有机蔬菜种植以及蔬菜的初加工和深层次的加工,深化招商引资,创办以农业种植加工为核心的现代农产品加工公司,形成从种植到加工再到销售的整个生产链的一条龙服务。除此之外,战旗村还重视第三产业的发展,在旅游产业上下足了功夫。"乡村十八坊"为战旗经济带来了繁荣,也是广大游客的一场视觉盛宴和传统文化的重新洗礼。战旗村的"乡村十八坊"展示了豆腐、酱油、醋、豆瓣、纺织、造纸等传统手工业的整个制造流程,在保留发展传统手工工艺、保护传统非物质文化遗产的同时,带给广大游客视觉冲击以及灵魂的碰撞,以宣扬我国历史悠久的传统手工业。在将来,温馨浪漫的新婚蜜月基地以及规模化的养老观光产业也将在战旗得到进一步的发展。

(二)乡村功能、资源、业态三融合

近年来,战旗村坚持"基在农业、惠在农村、利在农民"的原则,大力发展农产品加工、乡村旅游、休闲农业、农村电商、文创等产业,着力推动乡村功能融合、资源融合、业态融合,走出了一条产村相融、产业互动、城乡互促、农民致富的改革发展之路。截至2019年6月,战旗村已启动农商文旅体融合发展项目3个,吸引社会资本2.86亿元,年接待游客约100余万人次,成功创建国家AAAA级景区。2018年2月,习近平总书记视察郫都区战旗村时,盛赞"战旗飘飘,名副其实",并殷切嘱托乡村振兴要"走在前列,起好示范"。战旗村的具体做法有如下几个方面。

(1)坚持完善配套设施,推动乡村功能融合。一是完善配套基础设施。战旗村早在2007年成都市开展首批农村新型社区建设示范点和"土地增减挂钩"工作试点村之时,就开始布局和完善水、电、气、道路、通信、环境营造等基础设施,通过不断地投入,补齐了基础设施短板。二是健全公共服务体系。引进"阳光摩尔"等商业综合体,提供惠农取款及多项缴存服务,配置幼儿园、医院、文化娱乐等公共设施,文化教育、医疗卫生、农业科技、社会保障等公共服务体系不断健全。三是搭建综合服务平台。探索建立集农村产权交易、电商服务、人才服务、双创服务、益农社服务于一体的"1+5"农村共享服务综合体,为村民和游客提供更优质

和便利的生活服务保障。

（2）坚持提升附加价值，推动乡村资源融合。一是厚植生态本底。大力治理面源污染，率先开展垃圾分类处理，全面落实"河长制"，关闭铸铁厂等9家污染企业，打牢了生态基础。同时，通过绿道体系有机串联周边西北村特色林盘和战旗村田园综合体，建设高标准农田1000亩，打造大地景观5000亩，塑造"田成方、树成簇、水成网"的乡村田园锦绣画卷。二是汇聚文化力量。传承乡土特色文化，弘扬蜀绣、唐昌布鞋等特色手工艺品，加大川西林盘、天府古镇等古建筑的保护修复和创新使用，变"拆改建"为"留改建"，打造彰显独特魅力的川西村庄聚落。三是坚持改革赋能。紧紧抓住农村土地征收、集体经营性建设用地入市、宅基地制度改革试点机遇，有效盘活农村集体经营性建设用地资源和农用地资源，将原属村集体所有的复合肥厂等13.4亩闲置集体经营性建设用地成功流转，获收益700余万元，成功敲响全省农村集体经营性建设用地入市"第一槌"。战旗人一直都在努力提升农业附加值，使得农业体现出新时代的特点，通过土地流转，大力发展"村—企—社"的农业产业化模式，改变传统的分散经营模式，极大地推动了战旗村的经济建设。战旗村合理地利用土地资源，打造特色农业，并赋予农业一定的文化内涵，从而创造出自己的品牌农业。

（3）坚持产业统筹引领，推动乡村业态融合。一是延展产业链条。积极发展绿色高端种植业，推动汇菇源公司与四川省农科院合作，培育出川西平原特色优质菌种，产品供应海底捞火锅，年产值上亿元。聚集中延榕珍菌业等农产品生产加工企业6家，建立自动出菇车间等多条自动化生产线，年产值近3亿元。二是培育复合业态。创新"农业＋互联网"模式，引入京东云创等互联网平台，建设精彩战旗馆，实现农产品线上销售，云桥圆根萝卜等产品卖到北京盒马生鲜超市并远销海外。创新"农业＋文创"模式，采取"村集体出资＋村民参股"的方式组建合作社，建设集传统手工体验、文化、休闲、旅游于一体的传统文化街区——乡村十八坊，入驻郫县豆瓣等30多种战旗特色品牌。创新"农业＋旅游"模式，成立四川花样战旗旅游景区管理有限公司，着力打造集酒店、文创、娱乐、购物为一体的川西文化旅游综合体，投资7000万元的特色"香境"商业街建成开街。创新"农业＋体验"模式，以战旗段绿道为载体，开展"泛战旗"横山村山地自行车运动赛事、热气球等活动，打造"两线一团精彩连连"乡村振兴体验精品路线。三是拓展产品市场。强化农产品营销推广，成功举办"成都造中国行"北京站郫都区专场活动,四川蓝彩虹生态农业有限公司、成都汇菇源生物科技股份有限公司等多家农产品企业参展,提升了战旗村农产品的影响力和知名度。

三、战旗村农旅项目

战旗村拍卖的第一宗集体经营性建设用地,用于开发建成独具川西民居风格的"第五季香境"旅游商业街区,为该村在优美的自然环境、良好的设施条件基础上又增添一道风景线。随着农村土地制度改革"三项试点"工作的推进,战旗村推出"乡村十八坊""满江红豆瓣初加工""乡村振兴人才培训学院"等项目,这些项目与发展蓝莓草莓种植、有机蔬菜种植和薰衣草、玫瑰园等特色花卉观光农业结合在一起,将不断丰富和创新农村一、二、三产业融合发展的模式,为农村创新就业开辟新天地。

截至2017年底,战旗村已启动农商文旅体融合发展项目3个,吸引社会资本2.86亿元,年接待游客达40余万人次,乡村旅游收入达到100余万元,成功打造国家AAA级景区,实现了产业能级大幅提升、辐射带动作用显著、区域品牌影响扩大等综合效益。2019年3月,战旗村已经成功升级为国家AAAA级景区。未来,战旗村还将开创更多的农旅项目,以崭新的姿态迎接新的挑战。

(一)乡村十八坊

从一张张纯棉布到一双双精美舒适的布鞋,从一颗颗黄豆、辣椒到千家万户餐桌离不了的酱油、豆瓣酱,从一根根竹条到一个个漂亮结实的鸟笼……与川西平原的传统工匠面对面、与传统手工艺零距离,体验成都平原匠人们的十八般武艺有了绝佳去处,这就是由郫都区战旗村自主打造的文化新地标——乡村十八坊。战旗村"乡村十八坊",是战旗村利用集体资源、自筹资金、自主设计、自主修建、自主经营的以传承非物质文化技艺为核心,由豆瓣坊、酱油坊、陶艺坊、榨油坊、酿酒坊、布鞋坊、蜀绣坊、竹编坊、布染坊等传统工艺作坊组成,以非遗、美食为主题集产品制作展示、参观学习、体验销售于一体的旅游商业文化综合体。

2016年,战旗村两委依托现有AAA景区资源,"五季香境"酒店项目,结合"两河湿地"水源项目、"沙西沿线"风貌提升项目,规划"乡村十八坊"特色农耕作坊体验区,打造具有成都乡土特色和川西农业文明的农业旅游综合体。

图 7-1 战旗村乡村十八坊入口

2017年,完成了"乡村十八坊"的规划设计并启动了建设工作。经过与策划单位多次修改,并经唐昌街道党委、唐昌街道政府和分管部门的多次审核,完善了文化大院片区"乡村十八坊"的规划设计方案,启动了该片区苗木搬迁和沟渠、自来水主管、天然气主管等基础配套设施建设工作。抓住花园镇街道旧城拆迁的机遇,组织人力、物力和财力拆运回了近15万匹免费的旧瓦,收购了近25万块旧砖和逾20吨旧木料,为"乡村十八坊"建设打下了一定基础。据了解,"十八坊"全部取材于郫都及周边各地的老建筑,最有价值的是悬挂在入口的木牌坊,是当年都江堰二王庙重建时"淘汰"下来的,他们幸运地"捡"了回来并得以利用。

2018年8月8日,战旗村"乡村十八坊"一期工程正式建成开坊。整个十八坊占地80余亩,一期工程占地约30余亩,郫县豆瓣、蜀绣、唐昌布鞋、"三编"(三编:棕编、竹编、草编)在内的多项非物质文化遗产传统技艺已经入驻,至今已经建成三进院落的复合体。

2018年9月30日,唐昌街道战旗村郫县豆瓣博物馆开馆。游客络绎不绝地来到乡村十八坊豆瓣博物馆参观,了解豆瓣传统文化和乡村文化。

战旗村党总支书记高德敏表示,乡村十八坊的建成是战旗村深化农商文旅融合，培育新的经济增长点，探索集体经济发展新模式的重要举措，是展示和弘扬工匠精神的重要载体，更是战旗村贯彻中央以及省、市、区、党委和政府关于乡村振兴的重要指示和精神，牢记总书记的嘱托，大力实施乡村振兴战略的重要组成部分。"乡村十八坊"让战旗村在发展农村集体经济方面又踏出了一步，一个集旅游、酒店、餐饮、休闲于一体的乡村特色景观带正在形成。而这背后，有78名党员的默默付出，他们用行动诠释了"一个党员就是一面旗帜"。

目前，在"乡村十八坊"，包括郫县豆瓣、蜀绣、唐昌布鞋、"三编"在内的多项非物质文化遗产传统技艺已经入驻。各坊老艺人均采用古老工艺制作产品，呈现一店一故事、一店一传奇、一店一精神的文化特色，在这里，游客既可以游览参观每个工坊的工艺产品生产过程，又可以参与工艺产品制作的互动体验，还可以购买传统技艺产品，现场感受浓郁的川西传统文化风韵以及一丝不苟、精益求精的工匠精神。

乡村十八坊木牌坊的正上方为"乡村十八坊"几个大字，两边楹联是"大作坊传承优秀文化，小手艺装点美丽乡村"，非常恰当地点出这里的主题。道路为青砖和石板铺就，左右为"豆腐乳坊""唐昌土板鸭""唐昌粽子"等小作坊兼门面，一般都是后面为作坊，前面是商店，制作过程透明，方便游客参观。

接下来东边为"郫县豆瓣博物馆"，楹联两副，其一是"八河映日月长滋润郫都福地，一馆启春秋更续书豆瓣传奇"。此联与横额为张昌余书。另外还有一联："勤种百家兴旺地，安居五谷丰登村。"里边也是郫县豆瓣商店和制作工坊。"郫县豆瓣"门面上也有楹联："储古月总护佑蜀裔福祉，自新天为升华川味灵魂"。对面"蜀酱坊"也出售豆瓣产品，也有楹联："翻晒露天地灵气，色香味日月光照"，展示的是豆瓣酱的生产工艺。里边为郫县豆瓣的制作场地，整齐排着大大小小的土陶缸子，上面都盖着圆锥形盖儿，允许游客参观。小门上也有"闻香下马，知味停车"的短联。

"郫县豆瓣博物馆"的隔壁是"村史馆"，为一木柱小四合院，大门两边楹联从左至右是"福泽千村战旗飘飘车头带，气涵万千人杰地灵开新篇"。进门三面墙壁是图片和文字说明，从左边开始，第一块展示的是2018年习近平总书记视察战旗村的情景。接着是"战旗村历史沿革""领导关怀""嘉宾来访""乡村振兴八字经验""荣誉墙"等板块。正里边墙上是"蜀源多骄战旗美"，介绍的是附近名胜"灵圣庵"和"梓潼宫"，历史名人圆悟禅师。接着是"战旗美食"板块。正后方为一关闭的木门，左右联云:"一面旗帜同书振兴史,九社村民共圆战旗梦。"木门右面为"乡兴艺彩战旗飘"板块,展示的是战旗村文化活动。接下来是战旗村历任书记、村规民约、战旗村知名人士、战旗村古迹。村史馆右边的墙上是"不忘初心战旗梦",为战旗村的未来规划。

战旗村村史馆对面是战旗或唐昌土特产"唐昌布鞋"的展示作坊,还有"醪糟坊""酱园坊""蜀绣坊""三编坊"等。"唐昌布鞋"生产工艺独到,数十年前已经名声远播。村史馆旁边隔水池小溪,一大片都是"满江红"食品公司的制作工坊,也是"郫县豆瓣博物馆"的一部分。

乡村十八坊的第二进院落是"文化大院",由一小木柱牌坊隔开。木柱上楹联为"生态战旗迎宾至,小院和风扑面来"。匾额和楹联都是赵仁春老师的作品。文化大院大体分为三个板块。一是当地一些名人如李宗堂、任健的工作室,以及四川战旗飞扬乡村振兴规划设计院等,展示着战旗村丰厚的文化底蕴。二是"鸢飞鱼跃"水榭园亭,水榭边常举办小型文化艺术活动。三是"战旗大戏台",为一遵照传统样式的木结构川剧戏台。戏台两边为道具化妆间,戏台主体建筑十分高敞,足以表演一般传统戏剧。檐口上悬"战旗大戏台"几个大字。檐口内侧联为文丰锦撰,赵仁春书:"春秋戏外,战马奔腾八万里;风雨台前,旌旗漫卷五千年"。檐口外侧联为高光俊撰,张通杰书:"陇亩闲时,看英雄鏖战;春秋社日,应箫鼓旌旗"。戏台内侧也有一联,为赵仁春撰书:"战鼓鸣琴,千年往事归欢笑;旗风花雨,今日宏图放光辉"。每一副联均嵌入"战旗"二字,寓意深远。

乡村十八坊的第三进院落是"集凤院子",青砖围墙围着大片老楠木林。大门右边是"集凤院子"的手绘图和简介,简介云:"清道光年间,由于水患冲毁当地便桥,当地大户集资在此建桥,桥刚建成,突然从灵圣庵、梓潼宫柏树上飞来两只硕大不知名的大鸟伫立桥头,冲天而立。"清代文人易谦六下笔凝神题名"集凤桥"。自此易姓、罗姓、杨姓、高姓等遂就桥聚族而居。院在田里,林栽院中,后人称之为集凤院子。而集凤桥则毁于1933年的毗河大战。左边是一篇题为"精彩战旗大美唐昌"的四言句子:

横山之阳,柏水之滨。
西通灌口,北接天彭。
青畴沃野,阡陌纵横。
秀钟天地,代有豪英。

兴邦救国，各建奇勋。
乃文乃武，名垂丹青。
缅之颂之，永励来人。
今逢盛世，百业振兴。
城乡竞美，万象欣荣。
咏之叹之，以示来宾。

　　院子正中楠木林中间为一六角小亭"耕耘亭"，联云："三农普遂耕耘乐，万室均承雨露恩"。亭四周为战旗大食堂、酸辣坊、锅盔坊、米花坊、牛肉坊、芡实糕、战旗清茶等专做小吃餐饮的地方，家家都有独特手艺、独到风味，展示着战旗村的独特魅力。集凤院子后门也有一联："集凤来龙如画卷，战歌旗彩闪光辉"。出楠木林是大片地，地里蔬菜正葱茏。集凤院子还有一道偏门，紧邻沙西线延长线，上书"凤鸣朝阳"，联曰："千顷稻花真秀色，一番桃李又春风"。

　　经过一段时间的发展，"乡村十八坊"取得了不少的成绩。

　　一是让农村工匠有个从业的去处。木梁、灰瓦、青石路、酱园、鞋店、豆瓣坊、蜀绣、竹编……走进"乡村十八坊"，石子路两侧是一间间手工作坊。战旗村2组村民林根建做酱油已有30多年，他的酱园建在"乡村十八坊"的北隅，占地600多平方米。入园便是一个宽敞的晒场，里面码放着数十个酱缸，揭开一个，酱香扑鼻而来。晒场的后面是生产车间，从选料蒸煮、制曲发酵到酿晒成酱，全是标准化制作。"乡村十八坊"的打造始于2017年6月，在此之前村内小作坊云集，但由于环保不达标，大都面临关停歇业。战旗村党总支委员易奉阳说，村上当初筹建"乡村十八坊"的初衷就是想给村里的传统工匠，找一个可以继续从业的去处。"乡村十八坊"由村集体出资兴建，总共花费了300多万元。建成后的"乡村十八坊"集结了战旗村十多户农村工匠，所有的近20家店均符合环保要求。

　　二是手工作坊成为旅游胜地。手工豆腐乳、传统布鞋……游客们来到"乡村十八坊"就能"品"到各种传统的"乡土"味道，而对于战旗村党支部而言，打造"乡村十八坊"还有更深的意义。这里的郫县豆瓣博物馆被划分成了"前店"与"后坊"，一边销售豆瓣商品，一边展示豆瓣制作工艺和文化。"我们收藏了2000多口传统晒坛，还原了古窖池70多个，客人在这里既可以试吃创新豆瓣制品，又可以了解蜀酱的精深渊源。"黄

第七章 农商文旅体融合，探索发展新思路

功云是唐昌镇人，与郫县豆瓣结缘40余年，通过博物馆将自己的半生事业进行生动演绎，让他倍感喜悦。"我们这里入驻的商户，很多都是集销售、展示和生产于一体"，易春阳介绍说，如果说"乡村十八坊"筹建之初是为了解决战旗村农村工匠的营业场地，那么而今的它已进阶为传统工艺和乡村文化的展示平台，体现出了巨大的旅游价值。

三是集体增收，村民分红。由于"乡村十八坊"是战旗村村集体出资兴建，所以其经营也会增加战旗村村集体收益。"目前我们主要采用的是合股联营"，易奉阳介绍说，战旗村曾组织村干部到陕西咸阳的袁家村考察，学习借鉴了当地经验，在"乡村十八坊"的经营上，采取店家出产品，村集体出固定资产的方式联合经营。"店面和收银机都是村里提供的"，来自战旗村1组的袁志建在"乡村十八坊"上班，他所在的"唐昌豆腐"店如今销售豆瓣、豆腐乳等十多种产品，节假日期间日均营业额可达3000多元。按照约定，他们店将在营业3个月后，根据经营情况与村集体商定股份占比，以后店里的经营收入村集体都可以按比例分红。"这里的经营所得，村里将留存一部分用作村集体发展基金，其余的也将按股给村民们分红。"

（二）第五季·妈妈农庄

妈妈农庄（全称第五季·妈妈农庄成都第五季），位于唐昌街道战旗村二社，北隔柏条河与彭州市相望，西邻都江堰市。是郫都区第一个创AAAA级景区，被称为成都的"普罗旺斯"。2012年6月投产，集观光农业、酒店、餐饮、会议会务服务、拓展训练、婚纱外景基地、婚庆整体服

图7-2 战旗村妈妈农庄一角

务、运动休闲、乡村旅游度假、当代艺术观赏为一体。占地600多亩，

600亩薰衣草花海，1500平方米太空蔬果、花卉立体种植观光大棚，近3000平方米以色列科技特色农业观赏，30多亩生态蔬菜种植。妈妈农庄是四川第一家规模化薰衣草基地，极具特色，填补了四川花卉生态旅游空白，是郫都区乡村生态旅游的新品牌。

第五季投资有限公司是四川大行集团公司下属全资子公司。其打造的综合性乡村旅游项目——"第五季·妈妈农庄"，着力创建战旗生态田园村。妈妈农庄的户外设施包括体能游憩区、儿童游憩区、沙滩、亲水公园，全年开放的亲水公园，水舞奔腾飞扬，是老少皆宜的活动区域之一。另外还设有露营区和烤肉区，露营需自备帐篷，烤肉区可订全套烤肉器材及新鲜农村食材。

妈妈农庄是占地450亩，建筑面积39亩，投资1.3亿的创意农业观光园，是世界现代田园城市精品范例。项目的核心内涵是：立足农业产业本身，大力发展第三产业，实行一、三产业互动，形成协同效应，扩大就业，促进农民增收与农村发展。项目的内容是：农业产业，妈妈农庄，高科技农业观光大棚，对农产品的仓储、冷藏与深加工等。在夯实农业产业的同时，妈妈农庄同时加强婚庆基地、会议培训基地、旅游度假基地、运动休闲基地的打造。

第五季·妈妈农庄是战旗五季花田景区主要景点之一，其中的核心吸引物为近600亩的薰衣草花田。花田主要种植薰衣草、马鞭花两类香草，是四川第一家引进并成功种植的薰衣草基地。2012年6月20日，在第五季·妈妈农庄举办了首届薰衣草文化旅游节，短短一个月时间，吸引了来自成都市及周边市地州的游客30多万人次，人数最多的一天达到5万多人，是郫县继农科村之后的第二个最火爆的乡村旅游景区。

第五季·妈妈农庄旁边是占地20亩的太空果蔬观光大棚，第五季公司将与航空五院合作，引种"神九"飞船带回的太空果蔬，作为景区二期的新景点。

战旗五季花田景区是妈妈农庄核心景点之一，以薰衣草、马鞭草、玫瑰花组成浪漫景观，点缀具有西式风情的风车，受到时尚族群的青睐。人们一直将薰衣草视为纯洁、清净、保护、感恩与和平的象征，婚庆广场也寓意"等待爱情"，被四川省婚庆协会授予婚庆文化基地。

作为成都市最浪漫的婚纱摄影地之一，在薰衣草花期盛开的季节，每天都有数十对新人在这里留下最浪漫、最幸福的记忆。

"薰衣草节"：妈妈农庄是四川第一家规模化薰衣草基地，其观赏价值非常高。每年夏天薰衣草开花的时候,举办"薰衣草节"成为应有之义。自 2012 年以来,薰衣草节已经举办八届,成为战旗村著名的旅游活动之一。2012 年 6 月 20 日,四川花卉生态旅游节分会场暨郫县薰衣草生态旅游节在战旗村妈妈农庄正式启动。2013 年 5 月 24 日上午,由四川省林业局、四川省旅游局主办,中共郫县县委、郫县人民政府承办的 2013 四川花卉生态旅游节分会场暨郫县第二届薰衣草生态旅游节开幕式,四川花卉生态旅游形象大使"花仙子"选拔总决赛在战旗村"第五季·妈妈农庄"草坪广场内隆重举行。本次薰衣草生态旅游节以"美丽中国·生态天府·花香郫县"为主题,以节庆文化活动为平台,充分展示郫县花卉旅游业发展的新气象、新变化、新形象,进一步提升郫县薰衣草旅游的知名度和美誉度。2014 年 5 月 18 日上午,由四川省生态旅游协会、四川省旅游协会、成都市林业园林管理局和成都市旅游局主办,中共郫县县委、郫县人民政府承办的 2014 四川花卉(果类)生态旅游节暨郫县第三届薰衣草生态旅游节在战旗村妈妈农庄隆重开幕。本次薰衣草旅游节以"水润蜀都·生态郫县"为主题,并借以 5·19 中国旅游日这一良好节日契机,在妈妈农庄举办了一场别具魅力、盛大隆重的开幕仪式。

(三)第五季·香境商业街

图 7-3　第五季·香境商业街

"52.5万元/亩,成交!"2015年,郫都区被确定为全国农村土地制度改革试点,战旗村抓住机遇,当年9月7日敲响全省首宗集体经营性建设用地使用权竞拍成功的"第一槌",经过两年多的建设,2017年这块面积为13.447亩的集体经营性建设用地上,一个情景院落式商业街区——战旗第五季·香境——正式开街。传统的川西民居风格,加上徽派建筑的元素,再加上建筑在色彩运用上的鲜艳和大胆,让战旗第五季·香境在鲜花盛开的战旗村引人注目。

香境整体总建筑面积近1万平方米,商铺总面积为3200平方米,酒店面积为6300平方米,所有商铺均设在一层,便于与景区游客互动,5米层高,最大程度保证商家形象展示空间,二、三层特色乡村民宿酒店,与底层商业实现良性互动,内、外双街区,三大入口设计,人气完美导流。香境所在地,以前是村集体所办复合肥厂、预制厂和村委会老办公楼用地,随着成都市自来水七厂的建设,战旗村成为成都市饮用水源保护地,粗放的发展模式越来越行不通了。从复合肥厂、预制厂到情景院落式商业街区,香境的建设正是战旗村产业转型升级的内容之一。

战旗村与迈高旅游公司成立了战旗景区管理公司,进行专业景区活动策划,力争做到"天天有活动、新鲜玩不停"。郫都区蜀都乡村振兴投资公司"郫都战旗精品"作为郫都区特色产品展示也强势入驻第五季·香境,商业街的产品丰富,有战旗特产唐昌苏鸭子、杏鲍菇、蓝莓、草莓,还有其他郫都特产,如郫县豆瓣、蜀绣、川派盆景、先锋萝卜干、金针菇、古城棕编等。

香境以独特的川西民居建筑风格,打造集乡村民宿酒店、餐饮美食街、特色手工体验坊为一体的情景院落式商业街区,目前是战旗村景区内唯一商业体。

第八章
战旗村乡村振兴的全面实现

2018年2月12日,习近平总书记来川视察战旗村,对战旗村的各项工作给予了充分的肯定,称赞"战旗飘飘,名副其实",嘱托战旗村在乡村振兴战略中继续"走在前列,起好示范"。2018年9月18日,在第二届四川村长论坛暨村社发展促进大会上,省委常委、省农工委主任曲木史哈称赞战旗村"已经成为我省乡村振兴中一道亮丽的风景线"。2018年CCTV综合频道《我们一起走过——致敬改革开放四十周年》纪录片重点报道了战旗村改革开放及乡村振兴工作取得的成果,并评价"这就是乡村振兴最美好的样子"。

战旗村两委带领全体村民,牢记总书记嘱托,感恩奋进,砥砺前行,按照乡村振兴"二十字方针"的要求,紧紧围绕"五大振兴",推动本村各项事业上了一个新台阶。"建设和谐新战旗,营造幸福好家园"是战旗村人对新农村建设目标的不懈追求。"百舸争流千帆进,红色战旗领风骚",今日的战旗村,在推进新农村建设道路上已初步呈现出"产业基础雄厚扎实,村民收入快速增长,基层组织战斗有力,社会事业健康发展,村风民风文明淳朴,村容村貌整洁优美"的新气象,未来战旗村将以更加充足的动力抓好生态宜居家园建设,全域打造美丽乡村升级版。

一、经济:生活富裕

中国要强农业必须强,中国要美农村必须美,中国要富农民必须富。让农民有持续稳定的收入来源,经济宽裕,衣食无忧,生活便利,共同富裕，是实施乡村振兴战略的目标，是建立和谐社会的根本要求。

经过几代人的努力，今天战旗村的经济发展取得了可喜的成就。历届村两委将发展壮大村集体经济、提高村民收入作为首要任务，以总量带增量、以集体带个体，积极拓宽增收渠道，精准施策帮扶，实现全体村民增收致富。2019年底，全村集体资产达7010万元，实现集体经营性纯收入621余万元，村民人均可支配收入31460元。

（一）"内""外"合力提升农民就业质量

一是以技助人，为促进农民就业提供更好的保障。2018年初，战旗村两委配合区人社局首先围绕战旗村开展了大量的走访调查，了解战旗村劳动力的文化程度、培训意愿和就业方向，摸清了村民的培训需求，分类建立台账，努力做到"内容明白"。邀请专业人士到村宣传社会保险、医疗保险、就业创业等人社优惠政策，开展城乡居民养老保险政策解读、促进就业创业优惠政策解读讲座，同时组织村民现场实操、培训观摩和政策解答等互动交流活动，引导村民做到政策知晓、意愿清楚，乐于培训，在参加培训前做到"目标明白"。战旗村科学策划了以乡村旅游为核心需求的特色技能培训班。据统计，通过创业指导和餐饮技能提升培训，充分激发了村民创业意识，掌握了特色餐饮创业所需的技能，并结合既有的培训政策，有针对性地深化培训项目，成功组织开展了先缴费后申报培训补贴的"个人直补"中式烹饪培训班，系统学习中式烹饪15天，学员经考核达标后可考取国家职业资格中烹技能等级证书。

二是助就业、帮创业，进一步提升农民就业质量。战旗村对已在当地榕珍菌业、满江红调味品公司等企业就业的村民开展员工在岗提升培训，提升他们的团队意识和职业素养，帮助他们稳定就业。并在有未就业村民参与的培训课程结束后，现场对学员进行打分点评，优胜者可被推荐直接与企业签订就业协议，大大带动了村民参加培训的积极性。在重视帮助就业的同时，战旗村还注重创业服务，帮助有条件的村民实现自主创业。引导村民通过电商平台进行创业，开展"走进互联网电子商务"专题培训班，邀请区内高校专业教师为学员讲授电子商务相关知识，在战旗村掀起"微创业"热潮；安排创业导师与创业村民签订"创业一对一"帮扶协议，及时解决创业中遇到的困难，规避创业风险；积极探索"战旗村+高校"结合服务模式，将战旗村自主创业项目和区域内高校创业资源相结合，引导村民自行选择与高校导师、创业团队合作开展项目计划书的制定和创业项目推送等，促进成功创业和高质量创业。

（二）收入来源多元化

一是采取多项改革措施，为农民增收提供保障。战旗村坚持改革兴村的理念，坚持以农业供给侧结构性改革为主线，深入实施农村集体产权制度改革、耕地保护补偿制度、土地流转履约保证保险制度、集体资产股份制、农村产权交易等"五项改革"，着力推动资源变资产、资金变股金、农民变股东，促进农村资源入市、城市资本下乡，激发转型发展的动力，使得农村产业得以发展、农村治理效率得以提升、农民收益逐渐增加。战旗村把土地整合起来，引进产业，避开了一家一户单打独斗的短板，让农业规模化、产业化、现代化发展，实现了农业现代化、农村城镇化和农民居民化。

二是大力发展现代产业，创新经营模式，为农民增收提供渠道。战旗村引进的产业，为村民提供了大量的工作机会，全村劳动力转移就业率达98%以上，总体就业率达99%以上，村民们在家门口就可以实现就业，实现了劳动力从自耕自种向产业工人转变。战旗村发挥国家双创示范基地品牌效应，通过平台孵化、科技孵化，不断催生新产业新业态新模式。构建平台，通过一端连城市高端消费群体，一端连农场，以绿色高端农业和体验农业推动农业经营模式创新。除此之外，战旗村根据消费者需求进行精准生产、精准投放，同时倒逼建立食品质量安全追溯体系。

（三）提高农民生活质量

一是进一步完善公共服务体系，提升农民生活水平。战旗村基层组织在企业改制后积累了大量集体资本，在战旗村被郫县县委、县政府确定为村级公共服务和社会管理改革试点重点推进村的背景下，以政府为主导，构建政府、市场、社会、农民自身等主体多元参与的社区公共服务体系。战旗村现代公共福利体系已经涉及教育、医疗、公共卫生、养老与社会保障等诸多方面，与传统地缘乡情纽带相得益彰，共同呈现着新时期乡村建设互助互利的风貌。

二是夯实基础设施建设，为农民生活提供便利。村庄内部，昔日的乡间小道，全部变成宽阔整齐的车道，乡间运输均实现了机械化，大大提高了生产率，也减轻了农民负担。院落之间和户与户之间的连接道路宽 1~1.5 米，这些道路均为水泥路，蜿蜒在院落之间。完善的道路系统，为村民交往和沟通提供了极大便利。2008 年，由于战旗新型社区的建设，成立了战旗公社自来水厂，其水质达到国家饮用水标准。

（四）统筹建设现代田园城市

图 8-1　战旗村田园风光

战旗村两委领导班子一直以"经营村庄、造福百姓"为服务宗旨，以此提高村民幸福指数。在完成居住的"城乡一体化"后，进行了一系列的措施来解决劳动力就业问题以及"谁来种田"的问题。为了解决村民就医问题，战旗村每年从村集体收入中支取费用为全村村民购买城乡居民医疗保险，实现全民参保。战旗村也比较注重养老问题，凡战旗村村民，年满 60 周岁每年都可以到村上领取 600 多元的补助，让村民老有所依。战旗村在新农村建设中，坚持"科学发展、规划先行"的发展思路，实施过程中，战旗村以"社区 + 园区 + 景区"的科学规划为先导，以"优一兴三"的产业发展模式进行布局。在建设现代田园城市中，经过改造提升，建成了 8000 多平方米的游客集散广场，包括一个游客中心、停车场、安全保卫室、医务室、三星级旅游厕所、游客集散广场等。为方便游客，战旗村布置了可供游客参观的宣传展板、休憩的廊道、座椅，设置了醒目、美观的景区全景图、指示牌，对原来的社区服务中心进行风貌改造，建成了功能完善的景区游客中心。新型社区建设"拆院并院"工作结束以后，99% 以上的农户已搬进新型社区，村民的生活得到极大的改善。2009 年 4 月 10 日，村民们通过民主的方式一次性成功分房，战旗村村民彻底告别"脏、乱、差"的居住环境，开始过上"出门见花草、在家能上网、喝水靠自来、煮饭用燃气"的城镇生活。新型社区规划人口 3000 人,总占地面积 315 亩,其中一期占地 215 亩,投资 9800 余万元(含全村基础设施配套建设),入驻人口 1655 人。新型社区共修建别墅 401 套,建筑面积 7.45 万平方米,修建多层公寓式楼房 171 套,建筑面积 1.45 万平方米,修建幼教、商业、管理等功能配套房 0.24 万平方米。

二、政治:治理有效

战旗村自 1965 年建村以来,前后 8 任党支部书记,持续发挥村党总支"核心引领"作用,探索出一条建强战斗堡垒、引领改革兴村、引领生态宜居、引领产业富民、引领乡风文明、引领服务便民的"一强五引领"的乡村振兴新路径。

(一)党建引领,协调统筹发展

从 20 世纪 50 年代开始,支部就规定了详尽的学习、工作安排。每周开支部会 1 次,每月学习党的政策文件 3 次,开民主生活会 1 次,学习的内容根据党的政治中心而定。2010 年换届选举后,村党总支及班子成员积极探索合作社的运营机制,将合作社流转集中的 1800 多亩土地分小片流转给种植大户,仅留置了少部分土地来做精品、创品牌。有效地降低了合作社大面积自主种植经营的风险,减少了合作社的经营亏损。在产权制度改革方面,由于社区的建设占用了部分农户耕地,造成了原社界的变化和农户耕地界线的变化,致使作为郫县首批"产权制度改革试点村"的战旗村暂缓确权。村党总支及全体党员,与村议事会成员经过多次会议商讨、研究,探索出一个人均确权的确权方案,得到了全村 98% 以上的农户的认同,按此方案顺利完成产权制度改革工作,并得到市、县国土、农发、统筹及相关部门的认可。

为提升土地价值、打造特色新村,战旗村围绕建设社会主义新农村的综合性示范村和一、三产业互动的创意农业观光旅游特色村,在大力发展蔬菜产业的同时,沿柏条河打造农业观光旅游带,村党总支部在现有的战旗文化大院、榕珍菌业、创意农业观光园、新型社区、农副产品加工区等观光旅游的基础上,引进了四川大行集团投资"第五季·妈妈农庄"。目前"第五季·妈妈农庄"已经开园,观花、赏花的游人络绎不绝。通过第一产业带动旅游服务业的发展,实现一、三产业互动,积极打造一、三产业互动的创意农业观光旅游特色村。

(二)固本强基,建强战斗堡垒

创新基层党组织设置方式,强化基层党组织建设。一是将组织建在产业上,将党员聚在产业中,发挥党组织"产业富民、改革兴村、服务便民、生态宜居、乡风文明"引领作用,筑造"一强五引领"的坚强基层战斗堡垒。二是创新基层党员管理,深化"三问三亮六带头"活动,发挥示范作用。三是提升基层党员服务能力开展。通过开展"农民夜校"对党员群众进行全方位培训和健全完善规章制度,不断增强党员和干部执行力;坚持党组织引领作用和村民主体作用,积极践行一线工作法,不断创新联系服务群众方式,问计问需于民,促进"三治融合"。

开展"创先争优"、"双学双比"、"三分类三升级"和"三会一课"学习活动,及时调整优化总支部各支部党员的人员结构,使党员、干部的服务能力和服务水平得到大大提升。一是创先争优。总支部积极开展创先争优活动。党总支部和党员分别根据各自的工作实际,向全体村民做了创先争优的承诺。每半年对照承诺目标对党员的践诺情况进行检查,督促党员认真完成承诺的目标任务。每年年底组织村民代表、企业代表对党员的践诺情况进行民主评议,及时表彰先进,鞭策后进,促进创先争优活动更上新台阶。在工作中,设立了党员先锋示范岗,"电话一响,党员到岗","你找我,我不烦,千方百计解困难",切实为群众服好务,办好事。二是党总支部组织党员、干部开展"双学双比"活动。为了深入学习推广"文建明工作法",进一步提升党员干部引领发展、服务群众、促进和谐的能力,战旗村党总支部开展了"远学文建明、比工作实绩,近学税承康,比服务能力"的"双学双比"活动。年初制订年初计划,每月制订月初计划,并在月末对当月工作完成情况进行小结。关注民生,以民情日记形式广泛收集民情,并及时化解群众矛盾纠纷。议事会成员建立了联组包户制度,全村529户村民分别由37名议事会成员落实包户,建立"一一对应"的联系机制,及时传递国家法律、法规和方针、政策,并收集民情信息反馈给党总支部。三是党总支部开展了"三分类三升级"活动。通过问卷调查、走访、座谈等形式在党员、干部和群众中进行广泛调查,经群众初评、党员评议、支部评议和党员群众审议,自查自评战旗村总支部为先进党组织。根据支部存在的问题，成立了"达标升级"领导小组，制定了具体的"达标升级"方案和详细的工作目标，并责令责任人限时完成。党总支部和党员分别就"达标升级"工作进行了承诺。四是党总支部定期和不定期组织党员进行"三会一课"学习。党总支部每周二召开一次支委会工作例会，对上周的日常工作进行总结，并对本周的日常工作进行安排布置；每月15日召开一次党小组长会议，对党小组长进行党的知识培训教育，并听取党小组长反馈的党员和群众意见；每季度召开一次党员大会，加强党员的先进性教育，广泛听取党员的意见和建议，并向全体党员汇报本季度支部的工作情况。

战旗村在拥有郫县"先进基层党组织"、郫县发展农村新型集体经济"先进单位"、郫县农村新型治理机制建设"先进单位"、郫县村级公共服务和社会管理改革"先进单位"等殊荣后，2011年又被评为"全国文明村镇"、"全国计生协会先进单位"、郫县"先进基层党组织"。2016年，成都市委组织部授予战旗村"双强六好基层示范党组织"称号。2017年，中共四川省委、四川省人民政府授予战旗村"省级四好村"称号，四川省村社发展促进会授予战旗村"四川百强村"称号。战旗村承办"四川村长论坛"后，获得"四川村长论坛承办贡献奖"。

（三）选贤纳能，重视干部队伍建设

为推动落实乡村振兴战略，建立一支强有力的村（社区）干部团队，创新实施"三步工作法"。一是四种渠道"找人才"。坚持党管干部原则，通过谈话推荐、组织推荐、公开邀请、个人自荐四种方式，拓宽人才发现渠道。二是四种方式"识人才"。坚持"公平公正、公开透明"原则，注重"政治标准"，通过座谈交流、结构面试、公开演讲、综合考察等方式精准识别人才。三是四种方式"育人才"。通过实岗任职、挂职锻炼、跟班学习、专业培养等方式为人才提供机会和平台，为乡村振兴事业提供人才保障。通过多轮筛选最终选聘后备干部6人，其中村委会4人，四川战旗乡村振兴培训学院2人。

郫都区委、区政府始终牢记总书记嘱托，全面落实"五大振兴"总体部署，牢牢抓住乡村人才振兴这个关键，经省民政厅和成都市相关单位批复同意，自筹资金、自主经营、自治管理、自负盈亏，创新开办了四川战旗乡村振兴培训学院，面向农业农村第一线和最基层村级党组织负责人及村（社区）干部，着力培养现代化职业农民、职业经理人、新型市场主体，打造立足成都、辐射全省、面向全国的乡村振兴教育基地，新农人学习成长基地和乡村振兴战略研究、交流、展示、推广基地。

战旗村采取开办乡村振兴培训学院、村民讲习所等形式，邀请领导干部、专家学者集中对村干部、广大村民进行教育培训，切实提高了干部群众推动农村改革发展的能力和素质。大力实施村民艺术素养提升行动，推进战旗飘飘等文化综合体建设，提振农村精气神。推动乡风文明建设，培育挖掘新乡贤人才。与此同时，持续开展"我为战旗增光彩、大学生进农家"活动，推行"村—社会组织—社工志愿者"模式，畅通智力、技术、管理下乡通道，努力汇聚各方力量，为乡村振兴提供了强有力的人才支撑。

（四）民主治村，共创共享经济发展

战旗村对于涉及村里的重大事务，真正坚持了"有事多商量，遇事多商量，做事多商量，商量得越多越深入越好"。集体资产如何处置，集体经营性建设用地是否入市、怎样经营管理，这些都由村民代表大会集体决策；入市的方式、途径、底价，都由村民代表民主协商；入市后土地收益的分配和使用，都按照全体村民同意的分红方案执行。村里建立党务、村务、财务公开栏，村里的大小事项都在这里及时公开，接受村民监督，党支部和村委会随时做好反馈和解释工作。

2003年以后，战旗村开始创新农村治理结构的试点工作。2009年，通过民主选举方式，建立了村决策机构和监事机构，初步构建了村级决策、执行、监督相对分离、相互制约的组织体系。采用全体村民票决的方式，通过了村民自治章程及村民议事会会议细则等各项制度，制订了村集体经济发展规划，实现了村民会议、户代表会议、村民议事会会议的"三会"制度，并建立和完善了集体经济独立法人治理机构，使经济组织真正成为产权明晰、权责明确、管理科学的法人实体和市场主体。村上重大问题的决策，由以前的征求群众意见变为群众直接参与，由以前的干部议决变为了群众票决，村民主监事会真正成为村内重大决策的"评判人"、村民利益的"守护神"和基层民主科学管理的"推动者"。

民主治村对于农村社区实现自我管理、自我约束有着较大的推动作用，战旗村通过多项措施探索出了一条民主管理之路。一是建立起了"一

核多元"共建机制。建立以党总支部为核心,采用合作共治的管理模式,探索出了党总支部领导权、村民代表大会决策权、村委会执行权、村民监督委员会监督权、集体经济组织独立经营权"五权分立"的运行方式,各司其责,各尽其职,促进了民主管理、民主治村良性发展。二是推行网格自主化管理。建立了"党支部+社区+单元"的运行管理模式,设置10个网格,每个网格由党员、议事会成员、新乡贤组成,发挥群众主体作用,强化社区自治管理。从2018年初开始,为落实制度规范建设行为,战旗村两委依托专业资源,经过梳理发展历程中关于集体建设用地确权办法、"三固化四包干"等17个制度、机制与办法,汇编《战旗村制度汇编》。

通过基层结构的治理,完善和落实了村党总支部的决策权、村民代表大会的议定权、村委会的执行权、群众的监督权和村级集体经济组织独立的经营权,形成了完整的村级事务决策链和工作链,实现了党组织作用发挥与村民自治的有效衔接,为战旗村经济发展与社会和谐提供了坚强支撑。

战旗村村民议事会成员管理办法

1. 村民议事会人员组成

村民议事会成员,由各村民小组有选举权的村民从本小组议事会成员中选举产生。村民小组议事会成员,由本小组有选举权的村民选举产生。

2. 权利和义务

议事会成员享有以下权利:

(1)参加议事会议,提出村民议事会、村民小组议事会职责范围内的议题。

(2)就议题充分发表意见,进行表决。

(3)就涉及本村、小组利益的事项,向村民委员会提出咨询,并要求答复。

议事会成员应当履行以下义务:

(1)模范遵守宪法和法律、法规、村民公约。

(2)按时参加会议,遵守议事规则。

（3）保持与村民的密切联系，全面、真实反映村民意见建议。

（4）及时贯彻上级政策，执行上级决定，带头做好所在院落环境卫生，遵守城市管理规定，弘扬乡风文明，传递正能量。

（5）带头执行并教育、引导村民执行村两委决定以及村民（代表）会议和村民议事会、村民小组议事会决定，跟踪了解决议执行情况。

（6）尊重其他议事会成员发表意见的权利。

（7）每名议事会成员直接联系普通群众不少于10户，每年走访不少于4次，广泛收集意见建议，认真记好民情日记和走访日记。

（8）自觉接受村民监督。

3. 负面清单

严禁发生以下行为：

（1）违法用地、违章搭建、盗挖砂石、偷倒建渣。

（2）吸毒、打架斗殴。

（3）发表与身份不相符合的言论并造成较大影响。

（4）引入与产业发展规划不相符合的企业（项目）。

（5）优亲厚友、假公济私、拉帮结派、勾兑企业围标。

（6）侵吞公家财产、虚报冒领各级补助。

（7）不赡养父母，不教育、不抚养未成年子女。

（8）从事其他违法犯罪活动。

（五）村级公共服务与社会管理

图8-2 战旗村党群服务中心

战旗村的信息服务在2000年就开始了，信息服务让村民开了眼界。近年战旗村信息服务站在县镇相关部门的关心和支持下，广泛开展信息培训和信息服务，提高了信息技术应用水平。信息服务站及时下达国家政策法规，公布村党务、村务、财务和村情动态，以科技手段促进社区文化建设和"三新"活动的开展，为推进战旗村物质文明和精神文明建设提供了强有力的技术支撑。

1. 领导重视，专人负责

为了确保信息服务站示范工作的顺利开展，村班子统一思想，专门成立了由村党总支书记任组长，村班子成员为组员的信息化建设领导小组，组长负责全面协调工作，班子成员负责具体落实，并由专人负责具体的事务，包括系统的日常维护和产业科技需求信息、农业生产信息、村务信息、电子商务信息、乡村旅游信息，以及生活需求信息等网站信息内容的更新等。为了科学经济地进行信息化建设，领导小组多次召开会议，商讨信息化建设的各项工作内容。同时村社干部纷纷深入农户，上门宣传，做好发动工作，并积极带头学习、使用。上级有关部门领导也多次到村进行有力的指导。

2. 拟定制度，规范管理

为了加快建设步伐，规范管理，研究制定了一些规章制度，并严格按规章制度办事，推动战旗村信息服务站常态化建设。

3. 开展的主要工作

及时发布村党务、财务及村情动态信息200余条，信息收集50条，信息提交160条，信息反馈200次，信息传播40次，开展科技服务43次，农业科普宣传15次。免费为用人企业单位发布招工信息10余次。

4. 取得效果

转变观念，丰富生活。村民通过村信息服务平台，足不出户就可查看用工信息，足不出村就可办理就业手续。为农民朋友架起了走向世界的桥梁，从相对封闭的农村走向丰富多彩的世界，更多地了解外界，为移风易俗、转变观念发挥了重要作用，也大大丰富了百姓的文化生活。村民足不出村就能及时了解党和政府的方针政策，不断地改变着农村百姓的生活方式和生产方式。促进社区"三新"活动的开展，推动战旗村精神文明建设，并顺利通过全国文明村的验收。

战旗村的信息服务拓宽了农民致富渠道。村民和种植大户通过科技信息服务平台了解农产品、种子种苗市场信息，发布产品供应信息，获得病虫害防治知识，改变了传统的生产经营方式，拓宽了致富渠道。

战旗村的信息服务实现了农业远程监控管理。通过在战旗村蔬菜专业合作社田间设置的视频装置，坐在办公室就能查看田间蔬菜的生长情况，便于及时对蔬菜进行管控。同时大大增加了战旗村蔬菜专业合作社无公害蔬菜生产的透明度。

战旗村的信息服务提高了战旗村的对外宣传形象。战旗村不停地及时更新信息内容，网站的点击率一直居于全县之首。通过这一平台，得到了国务院参事、国家、省市领导的关爱。同时吸引了全国各地的朋友前来参观学习。2019年，来自全国各地的考察团达100余批次。

按照便民、高效、规范的要求，战旗村建立完善了村级公共服务组织，形成"全程代理，限时办结，全方位覆盖"的公共服务体系。同时按照公共服务和社会管理"六步工作法"，开展日常服务和管理。一是做好宣传动员，采取召开村民会议宣传、入户发放资料、张贴宣传标语等形式，广泛地宣传村级公共服务和社会管理改革工作的目的、意义，做到家喻户晓；二是广泛征求群众意见，采取召开院坝会、发放问卷调查表、10人联名提案等形式，就村级公共服务和社会管理实施方案、实施项目广泛征求群众意愿，充分听取民意；三是形成议案，按照绝大多数群众普遍受益的原则，将村民提出的实施项目或意见、建议进行梳理汇总，通过召开村级组织联席会议，拟定提交村民议事会议讨论表决的议案；四是议决公示，召开村民议事会对村级组织联席会议提交的议案进行充分讨论、投票表决通过，形成会议纪要，并以社为单位对实施方案、会议纪要和实施项目进行及时公示、公告；五是组织实施，由项目实施或供给主体具体负责实施，并全程接受民主监事会和群众的监督；六是社会评价，组织村民或村民代表对已实施完毕的公共服务项目的服务质量和效果进行评价，评价结果与公共服务项目资金补助和村两委成员年终考核挂钩。通过以上六步工作法，在社区建起来标准化卫生服务站、便民服务站，并在文化大院建立完善电子阅览室、书画室、排练厅等以群众参与为主的服务体系，基本实现村民就医、办事不出村，全村农村公共服务水平有了明显提高。

三、文化：乡风文明

"仓廪实而知礼节，衣食足而知荣辱。"如果生态宜居是乡村振兴的底色，那么乡风文明就是乡村振兴的灵魂。乡村振兴不仅要让农民的钱包鼓起来，让农民居住的环境美起来，还要让农民的脑袋"富"起来。"战旗飘飘映农庄，领袖嘱托记心上。乡村振兴做示范，村规十条强保障。"这首小诗道出了战旗村认真贯彻落实总书记"农村精神文明、文化生活也要搞好"重要指示的决心，他们坚持繁荣乡村文化，使乡村软实力不断得到增强。

在文化活动方面，村党总支常抓文化建设，经常组织开展大型群众性文娱活动，如"春节联欢""庆五一""庆七一""高校＋支部＋农户·大学生进农家"等大型活动，丰富群众精神文化生活，同时提高群众的思想素质。

战旗村的阳光战旗般激跃

文佳君[①]

村里的唐大爷咯咯地笑起
他那没有门牙的嘴巴把欢喜送得更远
田埂上一双双小脚在晃动
孩子们托腮打量着油菜花
蜜蜂在花朵间飞来飞去
纳鞋底的赖大娘穿针引线
她把泥脚杆穿了700年的鞋子
做成了36道工序，36度的体温

多好的日子，温暖回归为热度
公元2018年的2月12日
习主席带来"金山银山"的真经
从此，我的战旗村
绿水青山还原为山水
它们成为阳光的绘画板

---

① 文佳君：当代实力诗人，成都文学院签约作家。出版诗集《果然》《迎面而来都江堰》等。

>   我的战旗村哟
>   每一个村民在今天
>   激动成了激跃的战旗
>   吼一嗓子就是奋进的号子
>   唱一嗓子就这梦里的谣曲
>   号子哟　谣曲哟
>   都是耕耘人舞起的梦之节奏
>   更是竖起战旗的更大愿景哟

（一）三化同步，筑文化建设之基

一是通过对接标准化，提升文化基础设施建设水平。战旗村围绕群众基本文化权益，按照设施布局、土地使用、建设规模、设计和施工规范及技术要求等标准，规划新建各类公共文化设施。2009年建成标准化卫生站，2012年建成战旗幼儿园，2015年制定环卫制度，2017年集中村里生活废弃垃圾实行垃圾分类，2018年先后完成了村史馆、综合文化服务中心建设，2018年5月建成战旗农民夜校。

二是通过落实均等化，提高群众文化生活质量。"现在村子里，我们村民也能享受到跟城里人一样的文化体育活动了。"村支书高德敏谈到战旗村的文化设施建设，满是自豪。2015年开始，战旗村整合党建、民政、妇联、共青团、文化、体育、社区教育等资源，设置了舞蹈室、国学教室、手工教室、图书室等，配置了图书、电脑、音响等设备，增设室外文体活动广场，并配置了LED、音响、体育健身器材等，每天免费向全体村民开放。组织开展各类文化活动，满足了村民日常文化活动需求，丰富了人们的精神世界和精神生活。

三是通过推动社会化，为发展增添活力。"2006年村里来了一批大学生，他们与村民同吃同住同劳动，为村里的孩子们辅导功课。"28岁的战旗村党总支委员易奉阳回忆道。那一年，战旗村两委与西华大学合作，开展了"大学生进农家"活动，校村结对共建、大学生进农家、大学生与农户结对子，360名大学生进到村民家里，同吃同住同生活。"高校+支部+农户"的模式让战旗村荣膺2006年"中国十大政府创新典型"，同时作为一种传统在战旗村保留了下来。在易奉阳看来，这个连续10余年没间断过的大学生进村入户活动，对整个战旗村的影响是十分深远的。2016

年，战旗村引入"同行社工"等社会组织，定期开展国学诵读、文艺表演、百姓讲堂等活动。社会文化组织的参与和社会文化的注入，为丰富战旗村群众文化生活、推进文化建设起到了不可替代的作用。

（二）三圈融合，拓文化发展之路

一是立足核心区，成功打造公共文化服务圈。2016年以来，战旗村先后承接了"首届四川村长论坛暨村社发展大会"文艺演出、郫都区社区优秀文艺节目比赛唐昌片区复赛、"2018中国丰收节·战旗诗歌汇"、"乐动郫都"全民健身第二季健康绿道跑走活动、"郫都区走基层文化惠民"活动等系列活动，参与群众10000余人次，在展示战旗风采的同时，丰富了群众文化生活。战旗村的乡村文化服务圈作为基层公共服务"升级版"，从文化设施配置、功能改造升级和经费投入等多个方面倾斜，形成"一室多点"的公共文化服务圈。倡导文化建设主体多元化，促进了文旅融合型社区文化模式，体现了公益性、便利性和开放性，营造了多风貌的乡村文化"微型景观"。

二是面向新社区，成功建设乡风文明生活圈。战旗村坚持乡村文化引领，推进产业服务型、文化融合型社区建设，设立了综合性文化服务中心，还将规划建设乡村影院、儿童书屋等多种基础配套设施，为群众提供更为完善精细的文化生活服务。

三是探索新业态，成功营造文化产业生态圈。乡村振兴，不但文化要振兴，产业也要振兴。2012年6月，战旗村引入的妈妈农庄项目投产。在文创产业支撑上，2018年战旗村开始着力打造十八坊特色街区。通过不断探索创新，战旗村将文化"组合拳"打出了新意、打出了特色，初步形成了具有战旗特色的文创产业生态圈。

（三）三体联动，强文化惠民之感

一是以群众为主体，让群众成为文化建设发展的主角。在战旗村，每逢元旦、春节、五一、国庆等重大节日，村委会都会在广场举办大型文化活动，内容都是在村上征集的自编自导的节目。特别是正月初一，会有写春联、送"福"字、猜灯谜、拔河、踢毽子等趣味有奖活动；还会组织煮汤圆，村民一起吃汤圆，感受浓浓的年味儿。

二是以战旗农民夜校为载体，培训了优秀的文化服务人员。战旗农民夜校开设了古筝、中国舞、音乐鉴赏、太极、播音主持、广场舞、美食技能、布鞋制作、蜀绣等课程，在丰富村民文化生活、提高村民艺术素养的同时，还将文艺培训、技能培训与非物质文化遗产传承、民间手工技艺推广、作品回收、就学就业相结合，通过这样的特色服务，村民享受到更实用的优质公共文化服务，让村民倍感"文化惠民"的温暖。成都市非物质文化遗产"唐昌布鞋"的传承人赖淑芳赖大姐，在农民夜校平台开设特色培训班，教村民唐昌布鞋的制作工艺，目前已经有数十名学员能够独立完成制作，其中更是不乏残疾人士，帮助他们重新找回了生活的自信。

三是打造志愿者服务联合体，推动战旗文化发展。提到战旗志愿者，就不得不提到响当当的巾帼志愿服务队，队员是由14名来自基层的妇女干部、热心公益的妇女群众、乐于奉献的妇女党员组成，平均年龄40岁。她们在战旗村生态环境保护、乡风文明建设、弱势群体关爱等方面发挥了巾帼志愿服务的独特作用，参与了"情暖母亲节·关爱女性健康"公益活动，服务了"女性创业进乡村，共话振兴聚战旗"创业女性资源对接座谈，深入战旗家庭和姐妹中宣传环境治理、亲子教育、帮贫助困、文化宣传等丰富多彩的巾帼志愿服务活动10余次，用自己的志愿行动为村民们带去欢乐和温馨。

（四）乡村旅游文化活动

1. 薰衣草节

妈妈农庄是四川第一家规模化薰衣草基地。每年夏天薰衣草开花的时候，薰衣草节都会如期到来。自2012年以来，薰衣草节已经举办八届，成为战旗村著名的旅游活动之一。

2012年6月20日，四川花卉生态旅游节分会场暨郫县薰衣草生态旅游节在战旗村妈妈农庄正式启动。

2013年5月24日上午，由四川省林业局、四川省旅游局主办，中共郫县县委、郫县人民政府承办的2013四川花卉生态旅游节分会场暨郫县第二届薰衣草生态旅游节开幕式，四川花卉生态旅游形象大使"花仙子"选拔总决赛在战旗村"第五季·妈妈农庄"草坪广场内隆重举行。本次薰衣草生态旅游节以"美丽中国·生态天府·花香郫县"为主题，以节庆文化活动为平台，充分展示郫县花卉旅游业发展的新气象、新变化、新形象，进一步提升郫县薰衣草旅游的知名度和美誉度。

2014年5月18日上午，由四川省生态旅游协会、四川省旅游协会、成都市林业园林管理局和成都市旅游局主办，中共郫县县委、郫县人民政府承办的2014四川花卉（果类）生态旅游节暨郫县第三届薰衣草生态旅游节在战旗村妈妈农庄隆重开幕。本次薰衣草旅游节以"水润蜀都·生态郫县"为主题，并借以5·19中国旅游日这一良好节日契机，在妈妈农庄举办了一场别具魅力、盛大隆重的开幕仪式。

2. 草莓采摘体验

2013年，战旗村已经大量种植草莓，2014年又成功扩种冬草莓200亩。依托专业合作社，积极开展园区机耕路和沟渠建设；为实现园区规模发展，合作社争取"标准园"专项资金30万元用于冬草莓种植园修建机耕路和沟渠，该项目的建设为战旗村整体农业规划起到了推进作用，为草莓园区灌溉、排水、采摘、运输提供了基础保障。

2014年12月30日上午，由成都裕祥农业科技有限公司主办的唐昌镇第二届新年精品草莓采摘体验游开幕式在战旗村裕祥草莓基地内隆重举行，来自成都市及周边各地游客纷纷前来参加庆祝，郫县及唐昌镇相关部门领导到场。开幕式上，成都裕祥农业有限公司总裁余建康、战旗村党支部书记高德敏分别讲话，郫县旅游协会会长徐良宣布开幕式正式开始。整场新年精品草莓采摘节以"游川西特色人文古镇 品绿色生态精品草莓"为主题，以节庆文化活动为平台，让广大游客在观赏精彩文艺演出的同时，享受精品草莓采摘，体验旅游乐趣。

3. 战旗村举办春节游园活动——欢天喜地贺新春

2015年春，正月初一上午10点，唐昌镇战旗村文化广场早已人山人海，大家喜庆洋洋期待春节游园活动的开始。此次游园活动参与面广、内容丰富多彩、游戏趣味横生，是村民群众喜闻乐见的活动类型。

4. 战旗村精品杜鹃展

2015年4月18日—5月20日，由中国花卉协会杜鹃花分会主办的精品杜鹃展，正式在战旗村展开，此次参展花卉有上万株的品种。"蜀国曾闻子规鸟，宣城还见杜鹃花。一叫一回肠一断，三春三月亿三巴。"这首李白的诗句给我们带来了杜鹃花的气息。那光彩夺目、鲜艳欲滴的杜鹃，姹紫嫣红。那数不尽的花朵，把枝丫团团围住，一簇簇，像是小小的火焰。

5. 战旗村"七夕"之夜

2018年，由郫都区旅游协会主办，唐昌镇餐饮旅游协会承办，以"精彩战旗·大美唐昌"为主题的传统七夕文化节，在郫都区唐昌镇战旗村乡村十八坊、唐昌花田广场、横山花湖三大地点隆重举行。

"七夕"主会场设在战旗村乡村十八坊。文化节不但有相亲活动、乡村音乐会，还在坊里设立了许多传统七夕小游戏，投壶、猜灯谜、捏泥人等。郫都区旅游协会和唐昌餐饮旅游协会希望能够通过这种方式，弘扬中国传统文化，整合唐昌旅游资源，做响七夕文化旅游产品，推动文化旅游发展，助推乡村振兴，增加城乡居民收入。

6. 中国丰收节·战旗诗歌汇

经党中央、国务院批准，自2018年起，将每年农历秋分设立为"中国农民丰收节"。这是第一个在国家层面专门为农民设立的节日，用以提升亿万农民的荣誉感、幸福感和获得感。2018年9月23日，由中共成都市郫都区委、成都市郫都区人民政府主办的战旗诗歌汇在唐昌街道战旗村隆重举行。

2019年9月23日在战旗村举办"中国农民丰收节四川省庆丰收活动启动仪式"。启动仪式与郫都区战旗村庆丰收活动一并举行，由郫都区具体承办。启动仪式活动将按"六个一"的形式举行，即一个启动仪式、一批具有庆丰收民俗特色的休闲观光农业线路推介、一个网络丰收节活动、一个"庆丰收、迎国庆"摄影作品展、一个"庆丰收、消费季"嗨购季和优质特色农产品展示、一个"大地欢歌·丰收印象"——田园文化展示。

7. 诗说·精彩战旗活动

2018年9月28日上午，由政协成都市郫都区委员会主办，中共成都市郫都区委宣传部等协办的"诗说·精彩战旗活动"在唐昌街道战旗村隆重举行。唐昌街道战旗村是全国文明村、四川省集体经济"十强村"，是率先推行农村产权制度改革试点村，展现出产业兴旺、生态文明、社区和谐、生活幸福的美丽乡村画卷。为进一步提升乡村文化振兴战略，以人才振兴助力乡村振兴，成都市郫都区政协举办以"诗说·精彩战旗"为主题的诗歌征文活动，以表现新时代美丽乡村的新风貌、新品质、新诗意。

8."举战旗·扬国粹"川剧梅花奖获奖者精品演出暨川剧脸谱展

2019年10月19日上午,第七届中国成都国际非物质文化遗产节郫都区分会场,"举战旗·扬国粹"川剧梅花奖获奖者精品演出暨川剧脸谱展隆重举行。郫都区区委常委、区宣传部部长尹贤鹏等领导专程前来,与众多郫都区观众一起观看演出,并对众多川剧艺术家们的精彩演绎表示热烈欢迎。演出在国家一级演奏员陈德厚领衔演奏的川剧锣鼓套打《春色满园》中拉开大幕。演唱阵容强大,名家云集,精彩纷呈。国家一级演员、中国戏剧梅花奖"二度梅"获得者陈巧茹演唱《死水微澜》片段,国家一级演员、中国戏剧梅花奖获得者王玉梅演唱《思凡》片段,国家一级演员、中国戏剧梅花奖获得者崔光丽演唱《御河桥·游园》片段,此外,国家一级演员马丽演唱《劈棺》片段,国家二级演员叶长敏、文冬分别饰演《人间好》《八阵图》,国家二级演奏员邹孔昭演奏京胡,并由优秀青年演员李玲琳长绸伴舞,优秀青年演员薛川、邓方园饰演《拿虎》,整场演出在川剧绝技《变脸吐火》中落下帷幕。

(五)体育文化娱乐活动

由于生活条件逐步改善,战旗村体育娱乐活动也丰富起来。除了一般乡村都有的健身设施、舞蹈歌舞队之外,战旗村还举办承办了大量体育文化娱乐活动。这不仅带动了战旗村村民参与体育文化娱乐的积极性,还开阔了村民的眼界,丰富了他们的生活。

成都市郫都区坚定不移推进绿道建设,大力实施"绿道+"行动,叠加体育运动、休闲游览、农业景观等功能,战旗村也不例外。2019年6月3日,四川省成都市"世界自行车日"暨天府绿道自行车骑行活动在各具特色的天府绿道沿线同步拉开帷幕,其中主会场设置在战旗村,骑行绿道长6.3公里。

2019年8月6日,四川省文化和旅游厅艺术处与四川省剧目工作室联合举办四川省"不忘初心、牢记使命"文艺创作大采风活动启动仪式在战旗村举办。启动仪式上,文艺家代表们纷纷表示,要积极拥护响应习总书记"不忘初心、牢记使命"重要指示精神,坚持以人民为中心的创作导向,珍惜参加"不忘初心、牢记使命"活动机会,努力创作,推出一批接地气、传得开、留得下的优秀作品。

2019年8月23日,四川电视台公共乡村频道主办的《乡村好声音》

郫都赛区"50进4"的比赛在战旗村完美谢幕。4组选手（分别是来自郫都区的牟秋林、退休工人王长春、乡村振兴文化艺术团的李峰、战旗景区讲解员杨静苇、乡村振兴学院的许超帝、战旗村村民王玉凤、中国邮政唐昌分局曾熙童）将代表唐昌、代表郫都一起去四川电视台继续和其他五个赛区诞生的最终选手进行比赛。

2019年10月27日下午，第12届中国音乐金钟奖"金钟之星"进社区惠民演出会在唐昌街道战旗村精彩上演。演出在成都市文化艺术学校的舞蹈《英姿》中拉开序幕。随后，本届金钟奖获奖选手相继登场，带来精彩的视听盛宴。本届声乐金奖得主李鳌、赵越、李思琦、周璇、李勇君、王一凤等倾情演绎多首耳熟能详的经典歌曲。

四、生态：生态宜居

"生态宜居"是"四川省绿化示范村"战旗村始终如一的追求。走进战旗社区，一派生机盎然，俨然走进了一处现代生态田园村庄，这里生态底色更亮丽、生态经济更蓬勃、生态环境更宜居。这源于战旗村牢固树立"绿水青山就是金山银山"理念，守住生态底线，围绕景区创建，坚定不移走好绿色生态发展之路，将全村建设为大美的生态公园。

图8-3 生态宜居的战旗

战旗村的居住条件，很多城里人都羡慕。2006年启动整理复垦村民原有的宅基地、院落，"置换"9000多万元资金，安置村民及基础设施建设；2007年8月21日，新型乡村社区动工修建。2015年，启动污水处理站设施老化改造和战旗村垃圾收运工程的项目建设，"两栋四分法"的分类方法也从农户开始同步实施。2016年，村上关闭化肥厂、砖厂、预制厂等共8家企业，并严控村内养殖场规模，规定每场养殖数量不得超过10头，污染源得到充分治理。而今，柏条河生态湿地，特色林盘，横山村、战旗村田园综合体及条条绿道有机串联，5000亩大田景观就在我们身边。

牢牢把握城乡融合发展要求，找准定位，用好区位，抓好生态环境保护，凸显乡村经济价值、生态价值、社会价值、文化价值。城市与乡村是相互依存、相互促进的生命共同体，发展中要有各自的定位，彼此融合而保留差异，互促互进，共生共存，才能形成平等互利的良性互动。保护好农村生态环境，田园风光、湖光山色、秀美乡村就可以成为聚宝盆。

（一）壮士断腕，选择绿色发展

对村域内的高耗能、高污染企业，战旗村积极引导企业进行技改节能减排，对达不到要求的企业建立退出机制。战旗村以壮士断腕的决心坚决关闭经济效益较好但污染严重的铸铁厂、化肥厂和养殖场，为日后建设"五季·香境"商业综合体、四川战旗乡村振兴培训学院等三产项目，实现战旗村产业升级创造了条件。2014—2015年，战旗村先后关闭域内5家高污染、高能耗企业，环保达标指数进一步提高，为战旗村绿色发展能级提升打下了坚实基础。

（二）实行"最严格"的管理，守住青山绿水

战旗村拥有良好的生态本底和优美的田园风光，同时作为成都市饮用水源保护地，村域内水资源丰富，河渠众多。水源保护、生态环境建设攸关发展大局，是战旗村生态建设的重中之重。战旗村通过"一企一档"、环保咨询、专题培训、印发资料、制作警示牌、设立宣传点等方式扩大宣传面，进一步提高了村民及企业的环保意识。大力推进全村生活垃圾分类处理工作，加大天府水源地保护力度，高标准打造大田景观，建成了生态绿道和柏条河生态湿地，初步形成了生态格局。如今，战旗村正在打好环

境保护总体战。推广绿色防控技术、测土配方施肥技术，减少农药化肥使用量；强化露天焚烧秸秆管控，确保秸秆综合利用率达96%；强化科学规划和管控，确保现有湿地草地、水系、湖泊、林地、田地等不被破坏；强化制度和工程措施，确保污染零排放，全面保护好大气、水和土壤生态本底。

（三）倡导绿色生活方式，打造"绿色战旗"

随着农民生活消费水平的提高、农业生产方式的改变，农村生活垃圾产量越来越大，垃圾处理问题矛盾日益突出，战旗村随即开始行动。建立村民文明卫生公约和"门前三包"责任制，鼓励村民按照公约严格执行，维护战旗村环境卫生。按照"两栋四分法"的分类方法、"垃圾不落地"的转运方法、设置有机堆肥池就地资源化利用方式，实现全村生活垃圾投放、收集、运输、处置全过程、全链条分类。为了改善村民的生产生活条件，让村民舒服地生活在一个优美的环境中，战旗村与企业按照各50%的比例投入资金进行基础设施建设。战旗社区启用后，战旗村先后投入100多万元对道路、渠系以及地下管网进行改造建设。为了进一步完善卫生环境制度，战旗村村委成立了由20多个中老年人组成的环卫小分队，制定详细合理的环卫清扫制度，采取"户集、村收、镇处理"的方式，集中处理村内的生活垃圾，切实做到了战旗村"三清三改三化"（"三清"，即清垃圾、清路障、清庭院；"三改"，即改水、改厕、改路；"三化"，即绿化、净化、美化）。环卫工程的实施，彻底改善了战旗村的居住环境，带动了社区投资环境的优化，极大地增强了村庄的吸引力。

战旗村村民文明卫生公约

1. 每天对自己房前屋后的卫生进行清扫，对房前屋后的杂物进行清理，并摆放有序。不乱扔、乱倒家庭生活垃圾，及时将家庭生活垃圾倒入指定的垃圾桶或垃圾池，并进行垃圾分类处理。

2. 不在社区公共区域晾晒衣物、鞋子。不在阳台可视范围内晾晒内衣内裤，禁止在自家门前摆放拖把、鞋子等物品。

3. 不在社区内乱搭乱建。阳台改建和房屋风貌改造需报村管理委员会。车辆按规定停放在指定地点，不乱停乱放。社区内的大货车统一停放在大停车场。

4. 爱护社区公共卫生，不乱画、乱写，不乱扔烟头、纸屑和杂物。禁止在社区池塘内捕鱼。

5. 遵守指定地方经商的规定，经商期间自觉爱护环境卫生，及时对经营场所环境清扫，不乱排生活污水入雨水沟渠。

6. 社区内禁止栽种藤蔓蔬菜和秸秆类植物，且蔬菜品种高度不能超过1.2米，蔬菜采摘后的菜叶和菜秆，应自觉切碎后撒在菜园里面。

7. 对不遵守村民文明公约的人员（劝导五次以上人员），对其本人给予一定的经济处罚（处罚金额50~200元），情节严重者（例如：砍伐树木的），处以500元以上罚款，处罚金从当年的分红、医疗保险、老年钱中扣除。

8. 每月最后一天为全村清洁卫生日，以社区为单位，每户人需自觉参与。每季度进行卫生评比，评选星级卫生文明组和文明户。

战旗村"门前三包"责任制

1. 包环境卫生：负责门前地面及楼道保洁，及时清除痰迹、污物、废弃物和积水；将垃圾倒入垃圾箱内；制止和劝阻随地吐痰，乱扔瓜果皮核、烟蒂、纸屑等行为；污水不得随意倾倒，餐厨垃圾不得直接倒入垃圾桶内，严禁污染道路。

2. 包绿化管理：负责管护好门前树木、花草和绿化设施；禁止种植超过1.2米的高架蔬菜；禁止攀折树木、践踏草坪、损坏花草树木和绿化设施及擅自占用绿地等行为。

3. 包容貌秩序：负责维护好门前的清洁；不擅自设置户外设施，不倚门设摊、占道经营；制止乱摆摊设点、乱堆杂物、乱搭乱建、乱拉乱挂、乱贴乱画、乱停车辆等违章行为。

（四）农民居住社区化

对于环境舒适、空气清新、闲适恬静的美好乡村，人们都有一种莫名的向往。战旗村上风上水的天然生态环境和优越的地理区位，为其提供了发展乡村绿色休闲产业的绝佳条件。但是长期以来，战旗村民集中居住的街道缺乏规划，房舍大部分年久失修，村容环境散乱，通行条件差，"露天厕、泥水街、水井、鸡鸭院"，给农民的生产生活带来诸多不便。

随着收入的增加和生活水平的提高，战旗人对居住环境也提出了更高的要求。为了改善群众生产生活条件，让全村群众生活在一个优美的环境当中，战旗村实施了"亮化工程"，统一改造村民集中居住的街道、房舍。为充分利用当地有限的土地资源，给人们营造一个舒适的居住环境，战旗村两委在征得农民同意的前提下，决定建设新社区，让原先分散居住的农户实现社区化集中居住。新社区主要是采用市场的方式，利用城市建设用地增减挂钩的方法，引进业主投资新建。通过拆院并院整理复垦面积440.8亩，用于安置村民及建设基础设施土地215亩，可实现整理置换挂钩土地面积225.8亩。这样，全村节约出近300亩宅基地还耕，加上城市建设用地出让收益的补偿，每户村民平均只需再添1.4万元就建起了新社区里的新居。

2007年8月21日，战旗村新型社区正式奠基动工。战旗村新型社区采取两种方式进行建设——统规统建和统规自建。根据规划，新型社区规划人口3000人，总占地面积315亩。其中一期占地215亩，投资9500余万元（含全村基础设施配套建设），入住人口1655人，新型社区共修建低层别墅式楼房401套，建筑面积7.45万平方米，修建公寓式多层楼房171套，建筑面积1.45万平方米，修建幼教、商业、管理等功能配套房0.24万平方米。

战旗村属于城郊型农村，距离成都市中心城区通达度高，村内按照新川西民居加徽派建筑风格，统一规划和建设了农民居住小区，建筑错落有致，道路宽敞整洁，设施配套完整，田间地头农作物生机盎然，呈现出美丽的现代田园风光和乡村风貌。2009年战旗新型社区已初基本建成。2009年4月10日通过民主的方式，一次性成功地分房。至此，战旗村村民彻底告别"脏、乱、差"的生活环境，开始过上"出门见花草，在家能上网，喝水靠自来，煮饭用燃气"的城市生活。

（五）公共服务均等化

农户搬入新居后就可使用光纤、自来水、天然气等清洁能源，享受幼儿园、市场、超市等完善的公共服务配套设施。加强道路、渠系及地下管网设施建设，建立村与企业各按50%的资金比例投入基础建设，村、企业先后投资100万元，对村社道路和沟渠进行改造。铺设柏油路面10公里，完成水利"三面光"工程3000米；实施广播电视"村村通"工程，完成全村广播电视和网络光纤覆盖；建成卫生、计生服务站1个；为保持村容村貌整洁，战旗村通过健全环卫工作机制，制定环卫清扫制度，落实采取"户集、村收、镇处理"的方式，集中处理村、社生活废弃垃圾；战旗村村委还投资筹建了一家大型乡村购物超市——摩尔阳光百货，紧邻便民中心与卫生站，其装修风格颇具川西民居特色。超市内商品齐全，生活日用品、食品、调味产品、饮料、居家小五金商品等应有尽有，很好地满足了村民的日常消费需求；战旗村卫生站设有诊断室、治疗室和药房，按照成都市村级卫生站的建设标准，配备了专业乡村医生，负责战旗社区常见疾病的治疗和预防，负责对传染病疫情、食物中毒等事件的初步核实和处置（如登记造册、实时报告等）。此外，村卫生站负责发放预防接种通知单，掌握0～7岁儿童免疫接种情况，并每月到卫生院核对，完成和协助卫生院、社区卫生服务中心对辖区内结核病、艾滋病、糖尿病、高血压、重性精神病人的入户随访，并做好随访记录；为了让全村人民共享发展成果，战旗村从2005年起，村集体每年每人平均发放40元的以工补农款，大力支持农业发展。全村村民的农村新型合作医疗保险也由村集体承担，60岁以上的老人每年发给160元的养老补助，给入托儿童人均补助60元，逐步提高了村民的福利待遇。

大力构建健康和谐社会。战旗村引入了专业社工机构，提供优质养老服务。组建"红色调解队"，化解矛盾纠纷，营造良好村风。培育社区志愿公益服务组织，倡导志愿服务。开展评选活动，弘扬社会正能量。

五、社会：产业兴旺

作为排在乡村振兴战略首位的"产业兴旺"，是实施乡村振兴战略的首要任务和工作重点，更是乡村振兴的基础和保障。只有做大做强做优乡村产业，才能保持乡村经济发展的旺盛活力，为乡村振兴提供不竭动力。

（一）勇于开拓创新，重视村集体经济发展

一是通过统筹土地资源，提升农业产业化发展水平。战旗村发展最初的一步，也是最重要的一步，是创新土地经营，充分发掘土地价值。2006年以来，战旗村紧抓成都市委"统筹城乡"机遇，在大力推进新农村建设的基础上，组建了村级经济组织——战旗农业股份合作社。同时确立了"村—企—农"互动的村集体经济发展新模式，采取入股保底、二次分红

的方式，实现村民人均年收入增长1500余元。

二是开展集体经济股份量化改革，推进"三区"联动发展进度。战旗村充分运用农村产权制度改革成果，以村集体经济股份量化改革为基础，推进"园区＋景区＋社区"联动发展。组建了战旗村集体资产管理公司，对集体资产、资源进行了全面清理和股份制量化。依托农村集体经营性建设用地改革，采取村民自主商议入市方式和收益分配方式。通过入市地块商业服务综合体项目建设，同步推动"乡村十八坊""郫县豆瓣非物质文化遗产展示区"建设，推进"园区＋景区＋社区"联动发展，创建了AAAA级景区。

（二）运用农村产权制度改革成果，推进现代农业发展

战旗村农村产权制度改革按"自主、自治、自愿"的要求，战旗村采取"宣传动员—摸底调查—公示阶段—确权颁证"等工作流程，积极开展产权改革工作，探索农业股份经营新模式，农户以确权后的土地承包经营权入股，村集体注入资金50万元，组建了战旗农业股份合作社。通过"800元/亩保底＋利润的50%二次分红"的办法，合作社已集中农户土地2000亩，采取合作社发展示范项目和引进产业化龙头企业等方式，建设战旗现代农业产业园，实现农业集体化集约化发展。

合作社利用确权后的村集体资产作抵押，由政策性担保公司担保、县财政给予3年贷款贴息，向银行融资贷款150万元投入实体化项目建设，建成15亩的现代化蔬菜育苗中心、6000平方米的无土栽培示范项目、400亩的无公害时令蔬菜种植基地，已引进榕珍菌业、北京方圆平安等3家农业产业化龙头企业入住园区，流转合作社的土地近1800亩，启动了"第五季·战旗田园村"等"一三互动"项目建设，为"京韩四季""丹丹调味品""鹃城豆瓣"等安德川菜产业园区龙头企业提供原材料，初步形成龙头企业带动时令蔬菜规模化、标准化生产的现代农业发展模式。战旗现代农业产业园区企业和基地已吸纳1300名农民务工就业，人均月收入达1300元上，实现了农民就地就业持续增收。战旗集体经济股份合作章程规范了合作社的运行机制。

（三）多维跨界融合，促进传统农业焕发新机

一是推动"农业＋旅游"深度融合，因地制宜创建特色产业项目。成

立四川花样战旗旅游景区管理有限公司，引资7000万元打造集酒店、文创、娱乐、购物为一体的特色"香境"商业街，建设农民幸福家园、市民休闲公园、游客度假乐园，并建成战旗"第五季·妈妈农庄"AAAA级景区，目前"第五季·妈妈农庄"已经开园，观花、赏花的游人络绎不绝。

二是推动"农业+互联网"深度融合，打造产业创新经营模式。利用京东云创对先锋萝卜干、即食香菇等系列产品进行"梳妆打扮"，利用大数据，根据消费者需求进行精准生产、精准投放，单位售价达到了15元/斤，是以往的3倍。通过"人人耘"种养平台为城市高端消费群体与农场搭建桥梁，以绿色高端农业和体验农业推动农业经营模式创新，短短半年时间，消费用户达到3万余人，营业收入破1000万元。与"猪八戒网""天下星农"等知名品牌营销公司合作，云桥圆根萝卜进军北京盒马生鲜超市，并成功出口日本。

三是推动"农业+文创"深度融合，进一步整合资源、拓展农业功能。将农业资源、历史文化资源交融，培育具有战旗特色的文创品牌，打造战旗村乡村振兴典范。以"工匠精神"开发文创产品、引进文创项目、打造名品名作，建设乡村十八坊体验中心和郫县豆瓣非遗制作展示基地，将创意、科普、体验等元素融入其中，拓展酒醋、豆瓣酿造等传统工艺价值空间。

四是推动"农业+教育"深度融合，提升群众技能水平，为乡村振兴发展提供人才支撑。战旗村与郫都区国投合作建设的四川战旗乡村振兴培训学院已于2018年8月17日取得四川省民政厅核发的民办非企业单位登记证，四川战旗乡村振兴培训学院经四川省民政厅正式批准成立，由四川省农业农村厅主管，具有独立法人资格。由四川省郫县建筑工程公司承建的四川战旗乡村振兴培训学院大楼核心教学区于2019年1月中旬正式投入运营。

（四）延长产业链和价值链，形成多元发展格局

一是延伸农产品加工产业链条，不断提升农产品附加价值。战旗村成功招商引进中延榕珍菌业、浪大爷等农产品生产加工企业6家，建立自动出菇车间等多条自动化生产线，不但提高了农产品生产自动化水平，还有效提升了农产品附加价值，年产值达3亿元。

二是着力提升农业价值链，发挥农业科技的巨大作用，积极发展绿色

高端种植业。

三是主动营销、积极推广，将战旗村特色农产品推出去，努力压缩中间环节，争取增加农民收入，让农民和农业企业享受实实在在的获得感。在 2018 "成都造·中国行" 北京站郫都区专场活动中，四川蓝彩虹生态农业有限公司、郫都区崇宁萝卜干专业合作社等 5 家战旗村及唐昌街道农产品企业向全国乃至全世界推广优势产品，其中，四川蓝彩虹生态农业公司与北京金荣客咖啡公司签订达 500 万元的供货协议。

（五）建立蔬菜专业合作社

战旗村于 2008 年 10 月成立蔬菜专业合作社，也相应成立了蔬菜协会，协会开展了多方面的活动，为战旗村的蔬菜栽种、发展起到了很大的作用。遵循"依法、有偿、志愿"的原则，2008 年 11 月，战旗村村集体出资 50 万元和 20 余户村民以土地承包经营权入股，共同组建战旗村土地股份合作社（工商命名为郫县唐昌镇战旗蔬菜专业合作社，2017 年 10 月更名为成都市郫都区战旗蔬菜专业合作社）。2009 年 9 月，合作社集中流转郫县唐昌镇战旗村土地 1097 亩，其中承包给种植大户 700 亩，余下的 397 亩土地经过复垦、整理全部由合作社种植高端设施蔬菜，397 亩中含育苗中心 15 亩，全部为钢架设施大棚，采用漂浮育苗法即用液体培养基质育苗。所育种苗能够满足以战旗村为核心，辐射周边 3000 余亩蔬菜种植量。380 余亩的新品种蔬菜种植中心为简易大棚，主要种植苦瓜、冬瓜、莲花白等优质品种蔬菜，采用套种、间种等方式进行种植。现在郫县唐昌镇战旗蔬菜专业合作社已安排当地劳动力 100 人，带动了当地农户致富增收。

合作社不断探索，勇于创新，坚持走具有农业特色产业化发展的道路，建成农业产业化项目——成都榕珍菌业有限公司，公司总占地 300 余亩，已实现投入 9000 万元。公司引进规模化的流水生产线，实行标准化流程管理，启用严苛的质量管理体系，打造西部首家食用菌标准化、规模化、周年化的食用菌工厂化生产基地。产品种类包括杏鲍菇、真姬菇、滑菇、猪肚菇、猴头菇、鸡腿菇、金针菇等，年鲜菇产量达万吨，增加就业 500 余人，土地收益人均增加 1500 元。

2010 年，合作社与北京东升农业集团合作，建成"第五季·妈妈农庄"。项目主要以蔬菜的种植采摘、薰衣草花田观光、婚庆、会议培训为主要内容，2010年首次开园就接待了40余万游客，增加了土地收益，拓展了农民的就业面，农民收入呈多元化发展。

经过近十年的发展，至2018年12月，合作社集中土地1670亩，现有农户513户，社员1650人，全村97%村民加入了合作社。合作社在建设发展中，建立健全了章程和财务管理、成员管理、盈余分配等制度，定期召开成员大会、理事会和监事会，积极推行民主管理，加强社员监督。政府项目、资金扶持，成员平均享受；年终盈余按照约定分配；提取盈余公积金，建立市场风险防范与保障机制，降低成员风险损失。合作社现有管理人才2名，其中技术负责人1人；基地种植人员10人，开沟作业专业人员2人；农残检测设备1套，农产品质量安全追溯设备计算机、软件一套，发电机1台，抽水机3台，开沟机3台，太阳能频振式杀虫灯30盏，现代化机械装备水平明显提升。截至2019年12月，合作社总资产785万元，其中流动资产364万元，固定资产315万元，无形资产56万元，总收入858万元。多年来，合作社的发展得到了各级党委政府的支持和肯定，2010年被评为"市级示范合作社"和"市级龙头合作社"，2011年被评选为"省级示范社"，2011年被评为"国家级示范合作社"，2016年被评为"四川省先进农民专业合作社"。

六、四川战旗乡村振兴培训学院

（一）四川战旗乡村振兴培训学院综述

2018年2月12日，习近平总书记亲临成都市郫都区战旗村视察，殷切嘱托"要继续把乡村振兴这件事办好，走在前列，起好示范"。郫都区委、区政府始终牢记总书记嘱托，全面落实"五大振兴"总体部署，牢牢抓住乡村人才振兴这个关键，经省民政厅和成都市相关单位批复同意，自筹资金、自主经营、自治管理、自负盈亏，创新开办了四川战旗乡村振兴培训学院，面向农业农村第一线和最基层村级党组织负责人及村（社区）干部，着力培养现代化职业农民、职业经理人、新型市场主体，打造立足成都、辐射全省、面向全国的乡村振兴教育基地，"新农人"学习成长基地和乡村振兴战略研究、交流、展示、推广基地。

2018年6月份开始，战旗村原郫县润源铸造有限公司开始拆迁，正式在原址上筹备建设战旗村乡村振兴培训学院。2019年2月12日，四川战旗乡村振兴培训学院全面建成并运营。从沙西线延长线一侧大门进入战旗村，直行数百米，穿过一个路口，右边即是战旗乡村振兴培训学院。学院前巨石上横刻着"四川战旗乡村振兴培训学院"几个鲜红的大字，石头前方竖起三根旗杆，上面飘着三面不同颜色的旗帜。进入正门，是一池塘庭院，池塘间一座木亭，上书"知行亭"。两旁有楹联曰："求知有道，向学斯成学；践行无迹，知难已不难"。池塘前方为学院的综合大楼和多功能厅。学院一期占地18亩，建筑面积6500平方米，现拥有多功能厅1个，培训室7个，会议室2个，接待厅1个，沉浸式教室1个，录播室2个，能同时容纳1200人培训学习。

四川战旗乡村振兴培训学院是经四川省民政厅正式批准成立，由四川省农业农村厅主管，具有独立法人资格。

（二）四川战旗乡村振兴培训学院功能

学院秉承"走在前列，起好示范"的校训，着力打造最接地气、最有特色、最具实效的乡村振兴人才教育培训典范和全国最具影响力和知名度的乡村振兴人才培育、实践指导、政策研究、智库咨询、孵化创新基地。

1. 学院培训主体

学院培训主体包含基层干部能力提升、干部群众素能提升、新型职业农民培养、农村劳动技能人才培养、农村电商人才培养、乡村旅游经营型人才培养、乡村社工人才培养、乡村振兴巾帼力量培养、农村青年人才培养、乡村规划师培养等全方位培训提升。面向农业农村第一线和最基层村级党组织负责人及村（社区）干部，着力培养现代化职业农民、职业经理人、新型市场主体，打造立足成都、辐射全省、面向全国的乡村振兴教育基地，乡村振兴战略研究、交流、展示、推广基地，致力于"新农人"培训教育，解决"种田者能"的问题。

2. 学院建设运营

学院采取市场化+公益性模式。按照"党委领导、市场运作、社会参与"原则，探索培训学院建设运营新模式。战旗村以28亩集体建设用地作价入股，与区属国有公司共同成立合资公司，投资5000万元高标准完成乡村振兴培训学院硬件建设,资产收益由国有公司与战旗村集体经济组织按股分成。学院经四川省民政厅批准成立,是具有独立法人资格的民办非企业社会组织,积极对接市场需求,参与市场竞争。坚持开放办学、上下联动,聚合区委党校、驻区高校和全区 191 个新时代农村讲习所、农民夜校等培训资源,构建立体化教育培训体系,实现对农村各类人才全覆盖、高频次培训。

3. 学院师资开发

学院采取专业化+乡土化模式。按照"最接地气、最有特色、最具实效"的精准定位,聚焦探索乡村振兴重点领域,坚持理论指导与实践创新相结合,构建"大专家+兼职讲师+土专家"的特色师资队伍体系。与清华大学、同济大学、四川农业大学、西南大学、四川省社科院等高校、科研院所建立战略合作联盟,引进组建"温铁军工作室",邀请中国乡村建设研究院院长李昌平等 10 余名专家学者担任客座教授,聘请四川省、市党校和涉农高校教授 50 余人担任兼职讲师。坚持从实践中及时发现并遴选优秀村支部书记、致富能手、专业技能人才、专业型干部组建"乡土讲师团队",精准对接培训对象包括乡村居民对互联网应用、手机使用、慢性病管理等迫切需求。聘请战旗村党总支书记组建"高德敏工作室",选育先锋村支部书记、青杠树村支部书记、"黑籽儿"社会服务中心党总支书记等"土专家"60 余名本土优秀人才,围绕集体经济发展、文化引领乡村振兴、乡村旅游发展和社区发展治理等乡村振兴重点工作,通过案例解析、现身说法,分享成功经验和实践体会。

4. 学院课程开发

学院采取特色化+订单式模式。坚持需求导向,积极开发具有郫都特色、符合基层实际系列课程,提升培训内容的针对性和实践经验的可及性。联合清华大学等高等院校和专家团队,到区内 10 余个乡村振兴示范村蹲点调研,深入挖掘农村土地改革、田园综合体建设、基层党建等方面先进经验,编写完成《乡村振兴的郫都实践案例集》;联合四川农业大学编写完成《郫都区乡村振兴战略推进产业兴旺四个体系建设》;联合四川省社会科学院、西部民生研究院等科研院所编写《财富郫都:产业融合——郫都区乡村产业振兴探索与实践》《和谐郫都:社区营造——郫都区乡村社区营造探索与实践》《风采郫都：人的现代化——郫都区乡村人才振兴探索与实践》《弄潮郫都：土地改革——郫都区农村土地改革探索与实践》《大美郫都：川西林盘——郫都区川西林盘申遗的探索与实践》《活力郫都：金融深化——郫都区推动资本下乡的探索与实践》等特色化教材，形成"政策解读＋经验模式＋典型案例"的教材体系。根据培训对象个性化多样化需求实施"订单式"培训，联合四川农业大学、西华大学等院校，开设创新"乡土再造与文化转型""农商文旅体融合发展""基层党建与集体经济发展""土地改革与产业升级""人居环境与生态文明建设"等12个培训主题课程，推出精品班、特色班、精英班系列套餐。2019年9月8日举办的新时代村庄与集体经济转型高级研修班，吸引了来自全国各地的200余名基层干部参训。

5. 教学模式

学院采取互动式＋体验式模式。改变"台上讲、台下听"传统教学培训方式，采取小组讨论、学习活动、交流发言、学习游戏等多种互动教学方式，充分调动学员的积极性、主动性。在郫都区战旗村、青杠树村、彭州市宝山村、崇州市竹艺村、蒲江县明月村等乡村振兴"明星村"建立实训基地，在丹丹豆瓣、榕珍菌业等龙头企业建立现场教学点，把课堂搬到田间地头、林盘院落、工厂车间，让学员现场感知乡村振兴各领域的改革发展成效，在基层一线的生动实践场景中交流互鉴、提升能力。

6. 成果扩展

学院采取育人才＋强产业模式。坚持人才培育助推农业农村现代化方向，提高全员劳动者素质，推动农村一、二、三产业融合发展，促进产业发展和社会进步相融相长、耦合共生。特别是在农村人才培育上，坚持以"前厂后校"模式开展人才订单培养，以"引企入校"模式开展靶向技能提升，提高人才培育精准度和可及性。针对村民居家灵活就业多、就业技能水平不高等现实特点，常态举办蔬菜种植、乡村旅游、蜀绣等专业技能培训班，与淘宝大学合办电商培训班，累计培训"三农"人才1.8万人次，培养种植能手、乡村工匠860人，培育新型职业农民500余人、农民创客1000余人，落地落实《成都市郫都区乡村振兴特色产业（10+3）发展纲要（2019—2023年）》，培育壮大蜀绣、盆景、郫县豆瓣等十大特色产业，完善科技创新、智能农机、冷链物流三大支撑体系，助推乡村产业振兴。

学院自2019年2月12日正式建成投运以来，累计举办全国各地培训班184期，培训2.5万人次。被列为国家乡村旅游人才培训基地、半月谈基层治理智库基地、四川省社科院科研教学基地、四川省交通厅培训基地，多次承办全国乡村旅游（民宿）工作现场会等重大活动。

第九章

战旗启示录

从 40 年前农民吃不饱,到现在注重健康养生;从住没有墙壁的茅草屋,到现在家家户户住联排别墅;从 1978 年创办 12 家村办集体企业,到 2017 年实现集体资产 4600 万元……这个面积仅 2.1 平方千米的小村落浓缩了我国农村改革的壮阔历史。改革开放 40 余载,中国农村换新颜。战旗村,乘改革东风,抓开放机遇,呈现了一幅壮丽的乡村改革画卷,如同一面旗帜飘扬在成都西北角,引领着成都现代农业发展的方向。

战旗村的经验启发我们:没有带头人的创新理念,就没有村庄的创新发展。创新是引领发展的第一动力,更是一种责任和能力。在实现乡村振兴的道路上,战旗村领导因地制宜,探索出一条适合战旗现状的发展之路。

一、乡村振兴"八"字经验

2018 年 2 月 12 日,习近平总书记视察战旗村时称赞"战旗飘飘,名副其实",要求战旗村在实施乡村振兴战略中继续"走在前列,起好示范"。在战旗村全面实现乡村振兴的过程中,形成了"领、创、改、治、富、美、育、文"这八字经验,使得战旗村在政治、经济、文化、社会、生态这五个方面实现了质的飞跃。

(一)聚焦"领"字,抓好党支部建设

战旗村始终坚持村党总支"核心引领"作用,大胆创新改革,推动产

业升级，带领群众增收致富，充分发挥基层党组织战斗堡垒作用。"火车跑得快，全靠车头带。"战旗村党总支始终把党建工作放在首位，以党建引领政治建设、经济建设、文化建设、社会建设和生态文明建设，充分发挥党支部的战斗堡垒作用和党员的先锋模范作用。全面增强党组织的战斗力、组织力、凝聚力，充分发挥支部带动作用。战旗村坚持把党支部建在集中居住区、集体经济组织、民营企业和产业链上，强化党组织在各个方面的引领力和凝聚力；建立了以党总支为核心，自治组织、集体经济组织、便民服务组织、社会组织协同配合的"党建引领，共治共建共享"的基层治理机制，充分发挥党总支的政治引领作用，带动自治、法治、德治有机结合，同向发力；高效落实"三固化、四包干"，及时解决好群众关心的"大事""小事"，凝聚民心民意，逗硬落实"三会一课"、民主评议、民主生活会等制度，全面提升组织力，实现组织振兴。

1. 创新基层党组织设置方式

秉承"组织建在产业上，党员聚在产业中，农民富在产业里"的理念，在村党总支的领导下，在中延榕珍等企业设置4个党支部。充分发挥党组织"产业富民、改革兴村、服务便民、生态宜居、乡风文明"的引领作用，筑造"一强五引领"的坚强基层战斗堡垒。战旗村党支部先后获得"全省创先争优先进基层党组织"、"全市先进基层党组织"、成都市"双强六好"基层示范党组织等荣誉称号，并于2018年2月，得到习近平总书记"这里的'火车头'作用，做得很好"的高度评价。

2. 创新基层党员管理

创新推行"三问三亮"党建工作机制，全村83名党员对照反思"入党为什么？作为党员做了什么？作为合格党员示范带动了什么？"，共查找出宗旨意识、党性修养、理论学习等方面问题表现171条，每名党员因问施策，主动联系服务3至10户农户，将服务群众的过程转化为推动整改落实的过程；狠抓党员"亮身份、亮承诺、亮实绩"，通过悬挂"党员户"醒目标牌、设立党员示范岗等亮身份的方式，发挥党员的模范带头作用，组织全体党员开展政策宣讲等"六项党员公开承诺"，推行"群众点评、党员互评、组织总评"工作制度，将守诺践行情况作为党员民主评议重要内容和提拔任用重要参考。

3. 提升基层党员服务能力

战旗村党总支着力提升党员政治素质和服务素质，扎实开展党小组"三会一课"教育学习、网络党校学习。实行"党员夜校"每周一小讲、每月一大讲、每季一测试、年终一考评，全年举办党员夜校 12 期。创新设立健康操、书法等文化素养课程和布鞋、蜀绣等地方特色产品制作等实用课程，培育学员 800 余人次。建立健全并严格执行《村社干部管理办法》和《村社干部联系群众办法》，用制度规范村社干部行为，督促引导全村党员不断提升党性修养和工作能力。

（二）聚焦"创"字，抓好产业兴旺

坚持以构建产业生态圈、创新生态链的理念组织经济工作，大力推动农业转型升级、创新发展，夯实乡村振兴物质基础。

乡村振兴，产业兴旺是基础。没有发达的产业，广大村民致富增收就沦为一句空话。战旗村以建设现代农业产业体系为根本，不断夯实筑牢富民基础。一是聚焦农业供给侧结构性改革，不断孵化新的产业形态和发展模式。凭借国家双创示范基地的平台优势，与"猪八戒网""天下星农""人人耘"等知名企业合作，运用大数据、移动互联网等新技术，实现线上线下精准营销。对云桥圆根萝卜、唐元韭黄、新民场生菜、先锋萝卜干、即食香菇等绿色有机农产品进行包装设计和精准营销，云桥圆根萝卜还成功出口海外。二是优化产业结构，促进农村一、二、三产业融合发展。战旗村以原生态农业种植业支撑农产品加工业发展，以特色农业引导加工与休闲旅游、文化、教育、科普、养生养老等产业深度融合。在民事民议民决的基础上，依托土地股份合作社，将全村的耕地进行集中，统一对外招商、统一竞价谈判、统一管控形态，引进妈妈农庄、蓝彩虹蓝莓基地，发展体验农业、观光农业，实现了 1930 亩土地规模化耕种、景观化打造。充分挖掘本土资源，建设了"乡村十八坊"和"郫县豆瓣博物馆"，将传统工艺以全新的观光形态展现，实现农副产品加工生产与旅游观赏的有机统一。

当前，战旗村的发展面临区域发展空间严重不足尤其是土地要素严重稀缺以及生态保护方面的严格限制，要打破现实的双重制约，就必须转变发展方式，实现产业转型，闯出一条新路来。战旗村积极探索新的发展模式，探索村合作社和村级公司直接参与市场竞争的自主经营模式，变"固定收租"为"主动创收",通过入股经营、自主开发、直接挂牌等方式建设乡村振兴培训学院、乡村十八坊、五季香境等项目,着力建设农商文旅体融合发展,涵盖人文休闲核心区、浅丘运动康养片区、田园之翼、林盘之翼等"一核一片两翼"的大战旗景区,打造集考察研学、参观游览、休闲娱乐、商务会议、文化体验为一体的休闲目的地、全国乡村振兴引领示范点。

1. 创新"孵化链"

发挥国家双创示范基地品牌效应,通过平台孵化、科技孵化,不断催生新产业新业态新模式。引入有甲骨文从业经验的创客秦强,搭建"人人耘"种养平台,通过一端连城市高端消费群体,一端连农场,以绿色高端农业和体验农业推动农业经营模式创新。发挥新技术对高端产业的支撑作用,汇菇源通过与四川省农科院合作,采用技术融合的方式培育出川西平原特色的黄色金针菇等优质菌种,产品进军海底捞火锅,实现包揽销售,年产值上亿元。

2. 创新"加工链"

运用新技术、新设备提升加工生产效率,植入新元素丰富加工生产外延,不断提升生产加工质效。聚集中延榕珍菌业、浪大爷等农产品生产加工企业6家,建立自动出菇车间等多条自动化生产线,实现了标准化、智能化、高效化生产,年产值3亿元。建设乡村十八坊体验中心和郫县豆瓣非遗制作展示基地,将创意、科普、体验等元素融入其中,拓展酒醋、豆瓣酿造等传统工艺价值空间。

3. 创新"营销链"

坚持以消费需求为导向,做大做强天府水源地公共品牌,运用大数据、物联网等新技术,实现线上线下精准营销。与知名品牌营销公司合作,对云桥圆根萝卜、唐元韭黄、新民场生菜等绿色有机农产品进行包装设计和精准营销,云桥圆根萝卜卖到了北京盒马生鲜超市,并与日本BFP株式会社签约,成功出口日本。利用京东云创对产品进行"梳妆打扮",根据消费者需求进行精准生产、精准投放,先锋萝卜干卖出了猪肉价,500克15元的价格是以前的3倍。

4. 现代农业产业园建设

土地制度改革是建设现代农业产业园的基础。土地流转制度、集体经营性建设用地入市制度、宅基地及农房有偿使用等制度为现代农业产业园建设创造了条件。战旗村在2001年就将两个队的土地进行了承包，当时的村书记准确把握了历史趋势，抓住外出务工土地闲置的牛鼻子。2010年，战旗村利用土地综合整治中预留的23.8亩集体建设用地及周边农业用地，以作价方式入股与企业合作，建设休闲观光农业基地，发展休闲旅游。2015年，战旗村将13.447亩闲置集体经营性建设用地出让给四川迈高旅游公司，为战旗村休闲旅游街区建设创造了条件。

组建股份合作社、促进土地规模经营是建设现代农业产业园的关键。从2001年到2006年，战旗村基本上实现了土地集中经营。为了确立农民权利的法律地位，2009年，战旗村集体实施了农业土地确权的措施。遵循依法、自愿、有偿原则，采取农民以土地承包经营权入股、村集体以注入资金折股的方式，探索组建"村企农三合一"农村土地股份合作社。通过合作社集中土地流转，采取对外招商和自主开发等方式，发展现代农业，实现土地规模化、集约化经营。

聚焦"空间重构"、健全农村规划体系是建设现代农业产业园的引擎。以"城乡融合，多规合一，集约节约"思路，编制乡村振兴战略实施总体规划，重构乡村空间结构和经济地理，推动各类用地功能融合，确保乡村振兴产业用地。以功能区建设理念重塑乡村经济地理，打破街道（镇）、村行政空间界限，规划建设安德、唐昌街道幅员面积118平方千米"绿色战旗·幸福安唐"乡村振兴博览园，重点建设以唐昌战旗为核心的五村连片区域，加快建成人文休闲核心区、浅丘运动康养片区、田园之翼、林盘之翼等"一核一片两翼"大战旗景区，着力打造一批文旅小镇、体验小镇和田园综合体，全面构建农商文旅体融合发展生态圈，打造农民的幸福家园、市民的休闲公园、游客的度假乐园。

聚焦"动能培育"、推动产业融合发展是建设现代农业产业园的根本。承接川菜产业基地辐射，为丹丹调味品、鹃城豆瓣等龙头企业提供原材料，形成了农副产品产、加、销一体化。搭建高端农产品供给与高端农业消费需求对接平台，提升农产品竞争力。践行"土地改革+"理念，统筹推进新村建设、生态保护、产业融合发展，构建多元化投资机制，通过土地制度改革，盘活了资源，吸引社会资本投资乡村，发展了一批"农业+

旅游""农业+文化""农业+双创"的新产业新业态，区域特色业态创新呈现，土改的裂变效应日趋凸显。

探索利益联结机制、保障农民持续增收是建设现代农业产业园的持久动力。在提升土地流转效益过程中，郫都区在战旗村成功探索出土地租赁价格"随行就市"和"多元分配"管理模式，即每年按照土地综合效益调整租赁价格，在3~5年的过渡期内，按照每亩每年增加10%的比例提高租金，5年后进入盛产期，按20%左右的比例递增租金，到2022年每亩土地流转租金达2500元。同时，土地租金收入除每亩1000元的"保底分红"外，超出部分的50%进行"二次分红"，余下的50%留作合作社集体经济滚动发展，避免"分光吃光"。积极促进小农户和现代农业发展有机衔接，引进四川迈高旅游资源开发有限公司入驻参与村镇开发建设，引导村集体、农民将集体和个人资产、劳动力技术通过评估折价入股，按比例收益分配。在具体操作中，要求企业与农民签订协议，按照"保底+溢价分红"分配办法"带农民入市"，并确保农民利益不受损。

（三）聚焦"改"字，抓好农业农村改革

战旗村的历史就是一部改革史。战旗村紧紧抓住政策机遇，以改革为突破口，全面盘活沉睡资产，着力推进农村资源入市、城市资本下乡，激发转型发展的内生动力，实现了产业得发展、农村得治理、农民得利益。

2007年，战旗村被成都市列为首批农村新型社区建设示范点和"土地增减挂钩"工作试点村。战旗村牢牢抓住此次政策机遇，按照"政府引导，农民主体，规划先行，市场运作"的思路，整理置换土地440.8亩，并将其中208亩集体建设用地用于新型社区建设。2008年4月，投资9800余万元，建筑面积达9.14万平方米的新型社区建设工程全面竣工，1561位村民乔迁新居。共建别墅式低层楼房401套，公寓式多层楼房171套，以及幼儿园等2700平方米公共配套及商业用房，建筑总面积达9.14万平方米，入住人口1561人。同年，战旗村被省委农工办列为"2008年四川省新农村建设试点示范村"。

2008年，战旗村在"创新农村基层治理机制"改革试点中，将村党支部、村民大会（代表会、议事会）、村民委员会、村务监督委员会和村级经济组织（村合作社、村投资管理公司）的权责进行明晰规范，实施支部的领导权、村民大会的决策权、村委会的执行权、村务监督委员会的监

督权、集体经济组织的经营权"五权分离",形成了"大家的事我关心,集体的事我参与"的"民事民议、民事民定、民事民评"的村级民主自治新机制,村级管理"决策更科学、执行更顺畅、监督更有力",干群关系更加和谐融洽。2009年,战旗村被成都市委、成都市政府确定为"村级公共服务和社会管理"改革试点村。

党的十八大以来,战旗村以农业供给侧结构性改革为主线,深入实施农村集体产权制度、耕地保护补偿制度、农地流转履约保证保险制度、农村产权交易等重大改革,不断释放改革动能,改革成效持续显现。2015年,战旗村抓住被确定为农村集体经营性建设用地入市改革试点机遇,以每亩52.5万元价格将一宗13.4亩集体经营建设性用地成功出让,敲响了全省农村集体经营建设性用地入市的"第一槌",战旗村由此实现资源变资产、资金变股金、农民变股东的蝶变,向资本下乡、人才进村、市场主体再造目标迈进一大步。

改革只有进行时没有完成时。接下来,战旗村要在农村土地改革、农村金融改革等方面发力,积极探索城乡生产要素双向流动改革和集体经济组织成员动态调整机制,向改革要活力,向改革要动力,争当改革的排头兵。

1. 深化农村土地制度改革,盘活沉睡资源

战旗村共清理出集体建设用地近200亩,集体资产估值超过2亿元,通过入股经营、自主开发、直接挂牌等方式建设乡村振兴学院、乡村十八坊等项目,其中,由迈高公司投资7000万元建设的川西文化旅游综合体已建成开街。统筹集约用好承包地,在民议民决的基础上,依托战旗土地股份合作社,将全村的耕地进行集中,统一对外招商、统一竞价谈判、统一管控形态,引进妈妈农庄、蓝彩虹蓝莓基地,实现1930亩土地规模化、景观化打造,成功打造AAAA级景区,打通了农业内外,连通了城乡两头。

2. 深化农村金融改革,激发农村发展活力

搭建村级"农贷通"金融服务平台,有效畅通农户、企业、银行对接渠道,利用土地承包权、建设用地使用权、生产设施所有权等各类产权抵押融资6000余万元。其中"第一槌"入市项目用集体建设用地抵押,获得成都农商银行贷款授信1500万元,实际贷款410万元;村民朱建勇将

其 173 平方米农房进行抵押融资，获得贷款 15 万元。

3. 深化农村集体产权制度改革，保障村民财产权利

战旗村于 2011 年完成资源、资产、资金清理，到 2015 年，又通过民主的方式确定 1704 名经济组织成员，将集体资产股份量化到每名成员，并形成长久不变的决议，真正实现集体经济组织成员和集体资产股权"双固化"，彻底解决农民进城的后顾之忧。村民肖静宜外出读书将户籍迁移到成都市区，仍然保留其集体经济组织成员身份，享受到成员待遇，有效地保障了农民的财产权利。

（四）聚焦"治"字，抓好治理有效

战旗村将"三治"（自治、德治、法治）与"三共"（共建、共治、共享）融为一体，贯穿乡村振兴的全过程，使农村经济发展和社会治理成为相融互动、平衡推进的自然过程，推动农村治理体系和治理能力现代化在战旗村落地生根。

1. 构建产村相融的基层治理体系

坚持"先说断后不乱"，先依法制定规则，再推行资源、资产、资金依规盘活流通，构建村支两委、集体经济组织、农业合作社、专业协会多元共治＋村民自治工作格局。为管理好村集体资产，维护全体村民的合法权益，战旗村组建村集体资产管理公司，制定严格的管理制度，用利益链接的办法调动入股村民人人参与管理、监督，保障村集体资产管理安全平稳高效。探索建立起了与现行政权结构、社会结构、经济结构和组织体系相适应的产村相融的基层治理体系。

2. 自治法治德治相融互动推进基层治理

发展基层民主，必须适应基层实际，顺应群众需要，切实把协商民主落实到基层决策管理的各个方面。完善和落实基层民主科学决策制度，让农民自己"说事、议事、主事"，增强推动改革的凝聚力。坚决依靠群众，着力提高农民综合素质，强化乡村振兴人才支撑。强化党领导下的农村基层民主建设，以扩大有序参与、推动信息公开、健全议事协商、强化权力监督为重点，完善基层民主制度，丰富基层民主协商的实现形式，真正做到"村里的事村民商量着办"。战旗村创新"民事民议、民事民管、民事

民办"制度、规范议决公示、社会评价等六个民主议事程序，组建新型社区业主委员会和物业管理自治组织，制定符合村情的村规民约并坚决执行，推进基层自治。试点推行村级小微权力清单制度，通过"清权""晒权""束权"，细化明确村（社区）干部权力"边界"及决策程序，与村警务室、法律援助室、党员工作室共建法治信访中心，推进基层法治。广泛开展乡村道德评议、心理辅导引导、"善行义举"推荐等工作，以群众纠纷评理团、村级心理辅导站推动社会共治，推进基层德治。近两年来，全村未发生一起治安案件，无一例越级群体上访，群众满意度达到95%以上，村民的安全感显著提升。

3. 智慧管理服务提升公共服务水平

着力优化服务设施，提升社区管理服务能力。战旗村及其周边已配套区第二人民医院、小学、幼儿园等功能性设施，辐射周边西北村、火花村等区域。设立战旗便民服务中心，村民足不出村就可办理社保等116项服务内容，搭建"一核三站"（党群服务中心，卫生服务站、便民服务站、金融服务站）综合服务体，实现"一门式办理"、"一站式服务"。探索开展了"点对点"居家养老、托幼托老等个性化服务，通过"15分钟公共服务圈"推动村民共享优质高效服务。

（五）聚焦"富"字，抓好生活富裕

战旗村历届村两委都将发展壮大集体经济、提高村民收入作为首要任务，以总量带增量、以集体带个体，积极拓宽增收渠道、精准施策帮扶，实现全体村民增收致富。

2015年，战旗村在对全村清产核资股份量化的基础上，组建了战旗集体资产管理公司对集体资产进行运营管理，同时制定并实施了《集体经济组织成员认定办法》，认定全村1704人为村集体经济组织成员，并以家庭为单位颁发股权证书。习总书记在视察战旗村时说："你这里是人人参与人人入股啊，大家有获得感。"

"大河涨水小河满。"集体经济壮大，村民也享受到了发展的红利。战旗村根据实际，制定了一套集体经济收益分配办法，使集体收益更多更好地惠及广大村民。战旗村将每年集体经济收益的50%留存用于再发展，30%用于村民福利，剩下的20%以现金的形式分红。自2005年起，村民新型合作医疗保险由村集体承担，同时村集体每年向普通村民、60岁以上老人发放数额不等、逐年递增的补助。2011年，实施城乡居民基本医疗保险后，除保留老年补助外，村民的基本医疗保险仍由村集体承担。2017年每个村民通过集体经济得到的现金分红达到了500元。

1. 坚持发展壮大集体经济

改革开放以来，战旗村先后创办了机砖厂、酒厂、豆瓣厂等12家村办集体企业，因所有权、经营权混乱，导致资产流失的情况日益严重。2004年，为改变这个局面，战旗村通过联合、兼并、出售以及资产重组、破产清算、购买小股东股份等方式对企业进行改制，成立成都集凤实业总公司，理顺了产权关系，避免了集体资产流失，当年实现集体收入50万元。2015年，又在全村清产核资股份量化的基础上，组建战旗集体资产管理公司，对集体资产进行管理运营，同时完善企业产权制度和法人治理结构，建立现代企业管理体制，采取入股、租赁、承包、托管等方式，实现多种形式经营。2019年底，全村集体资产达7010万元，实现集体经营性纯收入621余万元。

2. 积极拓展增收渠道

坚持产业联动促增收。大力推进土地规模化经营，引进的蓝彩虹等农业企业5家，培育专业大户30余户，500余名村民在家门口实现就业，全村有劳动能力的劳动力转移就业率达98%以上，总体就业率达99%以上。鼓励农民创业促增收。依托农民夜校等载体，有针对性地开展农村创业人才、服务人才培训，走出一条以创业促就业、以就业带增收的发展道路。努力促进财产性增收。着力盘活农村土地、集体资产和闲置农房，组建战旗现代农业股份合作社，农户每亩每年保底租金收入720元，并与合作社实行利润对半分红。试点宅基地制度改革。以前无价无市的农村闲置房屋一下变成了"香饽饽"，房屋价格从每平方米2000元上涨到每平方米5000多元，可以说现在战旗村民家家都是"百万元户"。

3. 因户施策精准增收

参照精准扶贫模式，通过对全村农户每年的收入总量、收入来源、收入构成、增收途径、增收举措、增收目标等进行按户精准分析，逐户制定精准增收方案，建立工作台账，将增收工作落实到每户，落实到每个人。按照"不落下一个，实现户户高标准奔小康"的目标，落实"一户一策一帮扶"的措施，加大困难群体的帮扶力度，全村低保户 7 人、残疾 32 人、院外五保户 1 人全部纳入村干部一对一帮扶范围。2019 年，战旗村人均可支配收入达 31460 元。

（六）聚焦"美"字，抓好生态宜居

战旗村牢固树立"宁要绿水青山，不要金山银山""绿水青山就是金山银山"的理念，多渠道打通"绿水青山"向"金山银山"转化的通道，坚定不移地走出了一条绿色生态发展之路。

战旗村近年来大力推进全村级垃圾分类处理工作，加大天府水源地保护力度，高标准打造大田景观，建成了生态绿道和柏条河生态湿地，初步形成了"田成方、树成簇、水成网"的生态格局，一幅"岷江水润、茂林修竹、美田弥望、蜀风雅韵"的锦绣画卷正在徐徐展开。

战旗村正处在一个充满机遇的时期，正处在一个大有可为的时期，正处在一个发展超越的关键时期。战旗村将一如既往地坚决贯彻习近平总书记到战旗村视察时的重要指示，在上级党委和政府的大力支持下，加快建设和谐幸福美丽新乡村，继续"走在前列，起到示范"，力争为全国的乡村振兴事业贡献更多的战旗智慧和战旗经验。

1. 优化规划建设理念

与中国建筑设计院、同济大学研究规划院等合作，按照"一村一风格、一片区一特色"思路，以战旗为核心，将周边火花、金星、横山、西北四村进行"一盘棋"统筹规划。在编制规划中，将乡村总体发展规划、土地利用规划与产业、生态、基础设施、公共服务等进行多规合一，实现"一张蓝图绘到底"。与深圳上启艺术合作，在坚守耕地保护、生态环境等"刚性红线"基础上，柔性植入时尚、艺术等元素，让战旗规划建设有灵魂、有活力。

2. 发展绿色高端产业

"宁要绿水青山，不要金山银山"，战旗村原铸铁厂，年税收接近千万，但污染严重，群众意见很大。2016 年，经村集体商议后，以壮士断腕的决心对其进行了关闭，同时还关闭化肥厂、规模养殖场等 8 家企业。这是村集体经济转型发展过程中遭遇的一次阵痛，但为第五季香境、乡村振兴学院等三产项目的建设腾出了空间，实现了资产增值裂变。2016

年，战旗村与山东寿光蔬菜产业集团、中铁建昆仑投资公司洽谈，打造"两线一团精彩连连"乡村振兴体验精品路线，建设800余亩绿色有机蔬菜基地，加快推动村集体经济转型升级。成立"绿色战旗"品牌创新中心，打造绿色共享产业。成功引进优质文旅项目，发展绿色旅游项目。建成四川战旗乡村振兴培训学院，全国乡村旅游培训总部落户战旗村，已开展各类培训102期。创办蔬菜种植、花卉种植等农业企业和合作社30余家，新增市场主体80余个，促进居民从传统农民向产业工人转型，促进绿色产业转型增收。

3. 营造优美宜居环境

制定出台"五个不"（不砍一棵树、不采一粒沙、不填一座塘、不断一条渠、不损一栋古建筑）管理办法，守住生态底线，发展"美丽经济"。坚持公园城市建设理念，再造大地景观，通过锦江绿道、战旗绿道、横山绿道将周边火花村、西北村特色林盘，柏条河、柏木河湿地，横山村、战旗村田园综合体有机串联起来，建设1000亩高标准农田，实行水旱轮作稻鱼共生，打造5000亩大田景观，塑造"田成方、树成簇、水成网"的乡村田园锦绣画卷。

4. 全面整治人居环境

一是推进农村人居环境整治。广泛发动群众，自发对各自院落进行清扫保洁，将垃圾转运到街道垃圾清运点，每户缴纳"卫生费"，聘请本社群众为保洁员，清扫公共区域，收集转运垃圾，确保保洁长期有人管。二是推行垃圾分类处理和回收利用。试点"垃圾银行"，以智慧居家馆为主要载体，购置垃圾处置专用设备，按照银行"储蓄"模式，激励和引导全村群众主动参与垃圾分类。三是推动产业植入。壮大集体经济，提振群众"在家做生意"的信心，帮扶各住户植入家庭产业，促进居家就业增收。

（七）聚焦"育"字，抓好人才振兴

战旗村坚持人才内培外引，建立健全人才培育使用机制，形成了战旗人才"聚宝盆"效应，为战旗村的发展提供了强有力的人才保障和智力支持。鼓励青少年"走出去""请回来"。鼓励战旗村青少年入学深造、积极参军，并建立相关机制吸引"功成归来"，吸收进入党员干部队伍，进入集体公司，在各个层面参与战旗村建设，为村集体发展做贡献。引进发挥新乡贤作用。战旗村制定《战旗村乡贤参事会章程》,组建战旗村乡贤参事会和新乡贤人才库,充分发挥新乡贤在矛盾化解、致富带动、正面激励等方面的作用,助力全村建设发展。

1. 重"培植"建"梯队",育好激活本土能人

以四川战旗乡村振兴培训学院、新时代乡村振兴讲习所、农民夜校等平台开展群众喜闻乐见的活动,分类培育布鞋匠人、竹编艺人、蜀绣达人等"土专家"、"田秀才"、"农能人",并纳入"战旗乡土人才库",形成本土人才梯队,已通过平台培训7期1500余人。组建由战旗村老党员、本土企业法人、外来投资人才、乡村志愿者等组成的战旗乡贤参事会,积极为战旗发展建言献策。

2. 筑"凤巢"搭"舞台",引进留住优秀人才

构建柔性人才招引机制,瞄准战旗乡村规划、特色产业发展、品牌打造等领域,制定出台人才引进补贴、住房、医疗、子女教育等精准的吸引能人政策,为新乡贤等优秀人才营造自然舒适的创业置业环境和无微不至的服务,吸引一批优质外来人才,培育成为新村民、新乡贤。从甲骨文公司返乡创业的秦强,看好郫都区乡村发展的良好机遇,带领20多名大学生创建全国"互联网+共享农业"互动种养平台。打好"乡情牌",架设"连心桥",留住一批本地优秀人才扎根战旗投资创业。曾在红原创业的"金针菇种植能手"李宗堂,看到了家乡创业的良好环境和美好前景,怀揣着对家乡养育感恩之情,毅然选择回乡创业,先后创办远近闻名的"中延榕珍""汇菇源"两个食用菌工厂化生产企业。

3. 聚"合力"强"融合",盘活人才"一盘棋"

构建"战旗需求"对接专业人才资源匹配平台,坚持"引、育、用、管"原则,推进"四新联培",充分发挥战旗新型职业农民、新型农业职业经理人、新乡贤、新村民的作用,常态化开展农民实用技术、实践技能操作等培训教育,培养出职业经理人5名、本土专家8名。通过因材施教,"面对面""手把手"指导,打通农村人力资源开发"最后一公里"。

(八)聚焦"文"字,抓好乡风文明

认真贯彻习近平总书记"农村精神文明、文化生活也要搞好"重要指

示,乡村振兴不仅要塑形,更要铸魂。战旗村狠抓文化建设,大力涵养乡风文明,不断增强乡村软实力。精神文明建设上,建成"文化大院",组建少儿舞蹈队、老年腰鼓队、青年歌手演唱队、篮球队、乒乓球队,丰富群众精神文化生活。同时充分发挥社会主义核心价值观引领作用,制定村规民约,广泛开展"乡村文明进农家""五好家庭""十佳文明示范户"等创建活动,文明新风蔚然形成。习总书记在视察战旗村时指出,"你们是全国精神文明先进单位,这一点不简单",并要求战旗村"还要继续发扬光大、再接再厉"。

1. 注入时尚文化

每年利用暑期与西华大学、西南交通大学等高校共同开展"高校＋支部＋农户"结对共建活动,10余年共计组织500余名大学生开展"1位大学生+1户农户"进村入户活动,以新知识、新理念引领战旗村民开拓创新。引入深圳上启文化,定期开展艺术乡村系列文化活动,建成"战旗飘飘"等一批文化服务设施,不断丰富村民文化生活。邀请万山河、李伯清等知名艺术家在战旗创办工作室,注入"新乡贤"独特的文化内涵,引导村民向上向善。

2. 弘扬耕读文化

建好战旗文化礼堂、新时代农民讲习所,持续开展"家风家教家训""大健康"等培训活动。实施乡村民风廊、文化廊、文化院坝打造工程,自发组建文工团、老年歌舞队、腰鼓队,常态化开展"传承巴蜀文明·发展天府文化"百姓大舞台巡演活动。与成都市同行社会工作服务中心合作,推广"村＋社会组织＋社工＋志愿者"模式,让国学教育进村入户,村民家家都有《三字经》《增广贤文》等国学经典。积极评选推举道德、文化明星,评选出"新乡贤"12名,文明户50户,2018年开展"好公婆、好儿媳、好邻居",道德之星,文明之星评选活动,让耕读传家、父慈子孝的良好乡风、家风、民风得到传承弘扬。

3. 树立文明新风

推动德治与"共治共建共享"相融互动,制定《战旗·村规民约十条》,将社会主义核心价值观、传统优秀文化、法治文化融会成心口相传的"战旗快板"。健全乡村道德评议机制,实施乡风文明"十破十树"行动,以家风培养、乡贤回归等共建诚信重礼、尚法守制等良好风尚,以村规民约共治大操大办、重殓厚葬、封建迷信、聚众赌博等陈规陋习,共同营造与邻为善、以邻为伴、守望相助的良好风气。村支部书记高德敏带头摒弃大操大办陋习,其母亲过世时,自觉控制操办规模,全村丧礼操办费用明显降低,有效遏制农村陈规陋习的蔓延态势。

4. 建全国游学基地

战旗村成功创建"全国中小学生研学旅行基地",与专业机构合作开展青少年实训活动,2019年1—5月累计接待10余万人次。该基地是由四川省郫都区教育局、郫都区唐昌镇人民政府、唐昌镇战旗村、四川西部教育研究院、成都四季行学教育咨询公司共同打造的面向中小学生开展校外研学实践活动的基地。基地主要特征是中国乡村振兴的新典范——郫都区战旗村——所进行的农民土地集体经营制、农民土地流转保险制、村民委员会自治制、村集体经济合约制,对中国农村经济社会的促进,乡村新业态、乡规民约、敬老孝亲风尚都令全国人民称赞,该研学实践基地对中小学生认识新农村业态,感受新农村生活,体验新农耕文化,热爱新农村建设,产生对农民职业的理解、支持和尊重情感,具有重大意义。

该基地的课程以乡村振兴为主线,着眼于基地本身的人文风俗、现代农业、传统工艺、生态环保、智能科技等资源进行开发,同时将郫都区区域内的先锋村、农科村、望丛祠、子云亭、唐昌文庙、工业机械博物馆等资源纳入课程开发范畴,也将郫都区域外的都江堰等纳入基地课程开发范围,形成了以战旗村基地为基点,以"战旗村+"为特征的课程模块。

全国游学基地实体化运作,激励战旗村进一步创新产品线路,将游学和研学做精做细做优,全力打造游学和研学品牌,让更多的青少年了解战旗村、走进战旗村来开展研学探索,让战旗村的古村文化得以广泛传扬。

二、战旗十大工程纪实

(一)"火车跑得快,全靠车头带"——战旗村党建引领工程纪实

"火车跑得快,全靠车头带",在乡村发展和振兴中,正是有了好支

部、好支书这个"火车头"作用，才引领着战旗发展，才有了今天的"强""富""美"。

1. 夯实根基，建强组织体系

"党的力量来自组织，党的全面领导、全部工作要靠党的坚强组织体系去实现。"尤其要把基层党组织体系织密建强，把党的执政大厦根基筑牢夯实。

党组织战斗堡垒咋打造？战旗村支部书记高德敏说："我们主要是通过改进党支部和党小组设置方式，开展'三问三亮'活动加强党员管理，借助'固定党日'、农民夜校加强教育培养等措施，建强基层战斗堡垒。"

支部建在产业中，党员聚在产业中。"求木之长者，必固其根本。"必须大抓基层党组织建设，在村党总支领导下，先后设立了榕珍菌业支部、农业合作社支部、集凤公司支部和社区支部 4 个党支部，包括 7 个党小组 78 名党员。"只有扎根群众的沃土、产业的沃土，党组织这棵大树，才能枝繁叶茂。"

抓好"三问三亮"，加强党员管理。习总书记充分肯定战旗村："村党支部的'三问三亮'抓得很好，共产党人的作用要发挥出来。"2017 年底起，战旗村党总支推行"三问"、抓实"三亮"党员管理活动，全村 78 名党员对照反思"入党为了什么？作为党员做了什么？作为合格党员示范带动了什么？"通过"三问"，共查找出宗旨意识、党性修养、理论学习等问题 171 个；推进党员"亮身份、亮承诺、亮实绩"，悬挂"党员户"醒目标牌 78 个，设立党员示范岗 4 个，组建党员志愿服务队 6 支，组织党员亮出承诺 78 个，通过"群众点评、党员互评、组织总评"方式亮出实绩。

利用"固定党日"、农民夜校，加强党员教育培养。据总支委员林根治介绍，仅 2018 年党总支累计开展党员大会 12 次、支部会 17 次、党小组会 10 次、党课 8 堂。2018 年 5 月，以农民需求为中心的战旗村农民夜校开班办学，夜校秉承"以业富人、以技助人、以文化人"的思路，整合资源，搭建了以党校和社会机构的专业平台，推行"学、产、销"运行模式，量身定做培训"菜单"，采用固定课堂、实训基地、坝坝会相结合的方式，开展党性教育、产业发展、创业技能、素养提升、文明传播、文体活动、健康卫生、法治教育等培训开课 229 次，培训学员 3460 人次，进一步历练了党组织的组织力，助推了乡村全面振兴。

完善制度体系，推行网格管理。从 2018 年初开始，为落实用制度规范建设行为，战旗村两委依托专业资源，经过梳理发展历程中关于集体建设用地确权办法、"三固化四包干"等17个制度、机制与办法，汇编《战旗村制度汇编》。

2. 党建引领，实施乡村振兴

基层党组织强不强，关键看重大任务抓落实。"落地才能生根，根深才能叶茂。"

产业更兴旺。现在榕珍菌业一家农业龙头企业，规模化、工厂化、标准化生产食用杏鲍菇，占地300亩，年产值上亿，解决战旗村及周边村400多名劳动力就业；建成绿色有机蔬菜种植基地800余亩，组建2个蔬菜专业合作社，引入京东云创平台、"人人耘"智慧农业，培育省市著名商标品牌3个；引进培育满江红等16家企业，延伸产加销链条；建成AAAA级景区，实现农商文旅融合发展。

环境更宜居。战旗村的居住条件，很多城里人都羡慕！2006年启动整理复垦村民原有的宅基地、院落，置换9000多万元资金，安置村民及基础设施建设；2007年8月21日，新型乡村社区动工修建。2015年，启动污水处理站设施老化改造和战旗村垃圾收运工程的项目建设，"两栋四分法"的分类方法也从农户开始同步实施。2016年，村上关闭化肥厂、砖厂、预制厂等共8家企业，并严控村内养殖场规模，规定每场养殖数量不得超过10头，污染源治理得到充分解决。而今，柏条河生态湿地，特色林盘，横山村、战旗村田园综合体及条条绿道有机串联，5000亩大田景观就在村民身边。

经济有实力。2019年底，全村集体资产达7010万元，实现集体经营性纯收入621余万元，村民人均可支配收入31460元。盘活农村土地、集体资产和闲置农房，组建战旗现代农业股份合作社，农户每亩每年保底租金收入720元。不仅如此，战旗村还做到了养老保险应买尽买，60岁以上的老年人每月村上还额外补贴50元，80岁以上的老年人每月额外补贴100元，100岁以上的老年人每月额外补贴300元。

办事更方便。如今，村民足不出村即能享受116项服务。返乡大学生高雪说，社区党群活动中心里有便民服务站、村级卫生站等服务设施。便民服务站可以办理医保、社保、水电气缴纳等116项服务事项，村民在家门口就能享受到优质便捷的服务，配套小学、幼儿园等功能性设施，村警务室、法律援助室、党员工作室和共建法治信访中心等自治法治德治相融互动，推进基层治理体系基本建成。

如今，战旗村党支部牢记嘱托，主动担当，已成为群众的"主心骨"，切实增强了组织力，走在了把郫都区打造成全国乡村振兴示范区的前列。

（二）持之以恒，做好农村土地改革大文章——战旗村农村土地改革工程纪实

战旗村，持之以恒做好农村土地改革这篇大文章：探索出了利用土地搞自主开发，依靠土地出租收益，依托土地作价入股等经营方式，试点农村集体经营性建设用地入市出让。

1. 清产核资、三定摸底，清理核实入市资源

2015年初，全国人大常委会正式授权全国33个县（市、区）开展农村土地制度改革三项试点工作，郫都区被确定为集体经营性建设用地入市改革试点。"听到这个消息非常高兴，感觉机会来了。"高德敏回忆，他马上就跑到国土局，想要主动争取试点。不料国土局工作人员一句话就把他打懵了。"你说要入市，你有多少家底？"什么是集体经营性建设用地？有多少"家底"？对于这个问题，当时高德敏回答不上来。

好在随后在自然资源部举办的培训会上，上述疑问被弄清楚。国家明确，只有在1999年1月1日前形成的现状用途为工矿、仓储、商服等三大类用途的土地才能被确定为集体经营性建设用地。

概念明确了，但摸清家底的过程依然不简单。从2015年3月开始，郫都区国土、规划等有关部门，在全区范围内组织大范围的摸排认定工作。遵循"符合规划、用途管制、依法取得"总体要求，坚持农村资产"多权同确"，由专业技术人员、基层村委和村民代表组成清产核资工作小组，在2011年已经完成的农村集体产权确权登记颁证成果基础上，对战旗村集体所有的资源性资产、经营性资产和公益性资产等各类资产进行全面清理核实公布，清理核实到位、股份量化到位、股权证颁发到位。按照农村集体经营性建设用地的概念，坚持"定基数、定图斑、定规模"，界定筛选出符合入市条件的建设用地共206亩。

最终按照"先易后难"的原则，优先选择土地权属清晰、区位条件较好、产业基础较实的土地先行开展改革试点，战旗村13.447亩土地被优先选中。

2. 还权赋能、明确主体，土地率先入市

土地可以入市了，终于可以"嫁"出去了，但改革如何实施等系列问题又摆在了战旗村面前。

经充分研究，采取以2011年4月20日为准，按照"生不增死不减"的原则，共锁定确权人口1704人为集体经济组织成员，并将村集体资产均分持股。

2011年，战旗村利用土地综合整治预留给村集体经济组织的23.8亩集体建设用地，以50万元/亩作价入股，与北京方圆平安集团和四川大行宏业集团合作建成"第五季·妈妈农庄"项目。

2015年8月12日，经全面动员宣传，召开村民代表大会，同意成立战旗村资产管理经营的经济组织，并由34个集体经济组织成员和1个授权委托成员（代表剩余成员）共同出资注册了"郫县唐昌镇战旗资产管理有限公司"，公司参照现代企业基本结构，村议事会成员作为公司发起人，村两委会为公司董事会成员，村主任为董事长，党总支部书记任总经理，村务监督委员会成员任公司监事会成员，村集体将资产注入该公司，并授权公司进行管理和经营。公司注册资本1704万元，其中村主任作为授权代表，出资1670万元，其余34人每人1万元。

3. 统筹兼顾、利益共享，着眼长远发展

全体村民共同关心的问题："土地入市了，怎么样保障资金的充分使用？"村民有一个共同的愿望，那就是"不要分光吃光"。

按照"同权同责、多方兼顾、保障公平"原则，制定实施针对外部分配的"分级调节"和针对内部分配的"二八原则"。"分级调节"即在核算土地增值收益金征收比例上，结合基准地价、规划用途以及入市方式的差异实行分级划分计提，商服用地按成交价的15%~40%计提。"二八原则"即坚持"自主决策、着眼长远"理念，将土地净收益的20%用于集体成员现金分红，80%作为村集体公积金、公益金等，避免分光吃光，保障村民长远生计。

通过首宗土地入市共获得价款收益705.9675万元，以商服用地15%的标准计提土地增值收益调节金105.89万元后；其余按20%的货币分红给股东520元现金；30%的公益金用于为股东购买新农合医疗保险、养老保险以及给老人发补助；50%作为公积金交由资产管理公司统一运营，用

于集体股权增厚、经营性项目再投入等，全面保障了村民利益，充分实现了"不要分光吃光"的愿望。

4. 盘活土地、激活项目，战旗发展再加速

通过农村产权制度改革和土地入市等一系列的变革，2017年战旗村集体资产达到4600万元，集体经济收入达462万元，村民人均可支配收入达26053元，人均年收入增加800元左右，极大提升了获得感。

2018年，战旗村从来没有像今天这样被中央和省市区委高度关注，从来没有像今天这样面临这么多的机遇条件。

2018年2月12日，习近平总书记视察战旗村，向郫都人民展示了亲民爱民的领袖风范，给予了巨大关怀，寄予了如山厚望和良好期许，并作出"走在前列，起好示范"的重要指示。

2018年，独具川西民居风格的"第五季香境"旅游商业街区建成开张，这是农村土地制度改革试点以来全国第一个以集体经营性建设用地入市为依托的田园综合体项目。

2018年，战旗村农民夜校开班办学，"以群众需求为中心，整合资源，搭建平台，通过以业富人、以技助人、以文化人，助推乡村振兴，提升基层党组织组织力"的办学宗旨在此彰显。

2018年，利用战旗村土地，自主开发的培育、传承、发扬民间传统技艺的农旅项目——乡村十八坊营业。

2018年，以土地及附着物作价入股方式建设的"四川战旗乡村振兴培训学院"获省民政厅批准并开班办学，为坚定不移地建成全国乡村振兴示范区奠定了人才培训基础。

（三）让人民群众有实实在在的获得感——战旗村农村居民收入增长工程纪实

让人民群众有实实在在的获得感，是战旗村在实现乡村振兴过程中重点关注的。习近平总书记在四川视察时强调，党的十九大提出实施乡村振兴战略，这是加快农村发展、改善农民生活、推动城乡一体化的重大战略，要把发展现代农业作为实施乡村振兴战略的重中之重，把生活富裕作为实施乡村振兴战略的中心任务，扎扎实实把乡村振兴战略实施好。

农业强、农村美、农民富，是农民获得感和幸福感的关键所在，也是

乡村振兴关键所在。战旗村立足整体规划，以技兴农，以业惠农，着力推进农业供给侧结构性改革，大力发展现代化农业，促进产业融合，初步实现了战旗村村民的就业和增收。一家家现代化农产品企业、一栋栋川西特色民居、一辆辆家庭轿车……使战旗村的"面子"亮了起来，村民的"里子"也鼓了起来。

1. 改革兴村——提升村民获得感

提到改革兴村，战旗村高德敏书记这样说道："我们非常重视农村改革工作，我们也尝到了改革的甜头。2017年，我们村集体资产达到4600万元，村集体年收入462万元，村民充分享受到了集体经济给大家带来的实惠，对我们党总支更加信任，对我们工作也更加支持了，我们工作起来也更加有底气了。"

战旗村坚持以农业供给侧结构性改革为主线，深入实施农村集体产权制度改革、耕地保护补偿制度、农地流转履约保证保险制度、集体资产股份制、农村产权交易等"五项改革"，通过推动资源变资产、资金变股金、农民变股东，实现资本下乡、人才进村、市场主体再造，促进农村资源入市、城市资本下乡，激发转型发展的动力，初步实现了产业得发展、农村得治理、农民得利益。

"这样做的好处显而易见，1704名村民都领到了1700多元的分红款。"高德敏说，战旗村把土地整合起来，引进产业，避开了一家一户单打独斗的短板，让农业实现规模化、产业化、现代化发展，实现了农业现代化、农村城镇化和农民居民化。

2. 绿色产品——让村民双份挣钱还顾家

"杏鲍菇的市场行情非常好，我们每天大概发货40至50吨，春节期间我们也在加班生产。"榕珍菌业员工陈泽芳说，她对自己的工作很满意，"在家门口上班，又能挣钱又能照顾家。"

战旗村把大力发展农业生产力摆在突出位置，鼓励发展规模种植、农产品加工业，推进生产、加工、营销等一体化发展，延伸价值链，做强做优绿色产品品牌。建成绿色有机蔬菜种植基地800余亩，培训农业职业经理人76人，发展农民专业合作社3家、家庭农场4家，培育包括满江红在内的著名商标3个，实现了适度规模化经营全覆盖。

在战旗村，村民既是股东可以拿到分红，还可以再打一份工。战旗村引进的产业，为村民提供了大量的工作机会，村民们在家门口就可以实现就业，实现了劳动力从自耕自种向产业工人转变。

优质的农产品让战旗村的产业逐渐兴旺，更为企业招引创造了条件。2010年，郫县满江红调味食品有限公司在战旗村投资建厂，开始蜀酱和郫县豆瓣的研发与生产。在战旗村生产经营的几年时间里，郫县满江红调味食品有限公司先后在四川、甘肃、山东等地建立了多个辣椒基地，种植辣椒近2万亩，带动农户达5000户，让战旗村的产品走出四川，远销全国。

3. 产业融合——让收入"持久续航"

战旗村把大力发展农业生产力、推动产业兴旺摆在突出位置，打造观光旅游农业，培育乡村发展新动能。从引进食用菌生产、农副产品加工等16家企业，到引进"互联网+共享农业"互动种养平台等新业态；从建成绿色有机蔬菜种植基地、特色花卉种植基地，到建成创AAAA级景区"妈妈农庄"；从以草莓、蓝莓采摘等项目为主的休闲观光农业发展格局，到正在打造的"第五季香境"特色商业街和"乡村十八坊"等乡村旅游综合体项目，为村民致富增收提供了长效保障，让更多村民享受到产业发展带来的成果。

4. 技能培养——让收入再上新台阶

2018年3月，战旗村全面摸清辖区范围内可利用的培训资源，创新创业资源，建立就业创业服务工作台账。一是针对性地组织创业意愿强、有一定文化基础和经济头脑的村民参加创业培训；二是围绕街道产业特色组织各类劳动者参加多种形式的就业技能培训。

战旗村村民杨开琼，2018年初报名参加特色餐饮技能培训。在创业导师和专业机构的帮助下，创办出极具本地特色的"战旗狗蹄粽"并注册商标、开设门店，实现线上接单、线下发货、门店同步经营的生产链，突破了过去家庭作坊式生产经营的老路子，月收入5000元以上。

"黄姐家常菜"的优秀学员黄学兰夫妇，2018年4月报名参加中式烹饪短期培训班，在授课老师的肯定和工作人员的鼓励下，将自家原本简陋的小面馆拓展为餐饮小店。目前，"黄姐家常菜"在战旗村小有名气，月收入上万余元。

依托农民夜校等载体，战旗村有针对性地开展农村创业人才、服务人才培训，开展培训7期共计1500余人，480多户办理了工商营业执照，利用12套闲置的农房办起了农家客栈……

回望来时路，改革再出发。

"我们的目标是，三年后实现村集体经济收入1000万。"高德敏说，战旗村一定牢记习近平总书记深切嘱托，为乡村振兴夯实物质基础，让老百姓土地入市有收益，企业工作有收入，集体经济有分红，技术提升有实效，拥有实实在在的获得感和幸福感。

（四）绿水青山就是金山银山——战旗村生态建设工程纪实

"生态环境是关系党的使命宗旨的重大政治问题，也是关系民生的重大社会问题。"习近平总书记在全国生态环境保护大会上的重要讲话，是新时代推进生态文明建设和生态环境保护工作的根本遵循和行动指南。

"生态宜居"是"四川省绿化示范村"战旗村始终如一的追求。走进战旗社区，一派生机盎然，俨然走进了一处"现代生态田园村庄"，这里生态底色更亮丽，生态经济更蓬勃，生态环境更宜居。这源于战旗村牢固树立"绿水青山就是金山银山"理念，守住生态底线，坚定不移走好绿色生态发展之路，将全村建设为大美的生态公园。

1. 去污存绿，坚持绿色发展

战旗村原铸铁厂，年税收近1000万元，作为战旗历史悠久的"老字号"企业，曾经为战旗的乡村建设和社会发展做出过卓越的贡献，但由于发展方式粗放，在长期发展的同时，企业环境欠账，也背上了沉重的包袱。2016年村集体将其关闭，同时还关闭化肥厂、砖厂、预制厂等8家企业，并严控村内养殖场规模，规定每场养殖数量不得超过10头。这是战旗村集体经济转型发展过程中的一次阵痛，战旗村借此思考新的产业发展方式，闯出了一条新路。

着眼"绿色生产"，聚焦农业供给侧结构性改革，提高优质农产品供给能力和产业发展质量。

协调"绿色融合"，优化产业结构，促进一、二、三产业融合发展。以原生态农业种植业支撑农产品加工业发展，以特色农业引导加工工业与休闲旅游、文化、教育、科普、养生养老等产业深度融合。

推动"绿色创新"，紧跟时代步伐，孵化新的产业形态和发展模式。与知名企业合作，运用大数据、物联网等新技术，推动实现精准营销。

着力"日常治污",积极开展燃煤锅炉淘汰及清洁能源改造工作,完成村内商户和居民燃煤锅炉"煤改气、气改电"改造;加大扬尘治理,安排洒水车每日对重点地段进行3次洒水扬尘治理;实施道路硬化、绿化带提档降土、树池覆盖、裸土覆盖"四大工程";加强禁烧巡查监管机制,2017年未发生一例在田间焚烧农作物秸秆的现象;制定出台"五个不"管理办法,守住生态底线,守护村民家园。

优化"农村环境",完成对战旗村污水处理站设施老化改造和战旗村垃圾收运工程的项目建设,率先落实农村垃圾"户集、村收、镇处理",切实做到"三清三改三化",让村民有一个舒心的环境。

2. 推行"强势"管理,守青山护绿水

郫都区是成都最重要的水源保护地,承担着全市86%的供水任务。战旗村地处都江堰自流灌溉核心区,也是重要的水源保护地之一。

良好的生态环境、优美的田园风光、饮用水源保护地是战旗村的一大特色。推进水源保护和生态环境建设攸关发展大局,在战旗村生态建设的过程中,始终将其作为重中之重。

战旗村认真贯彻落实"河长制"工作要求,按街道统一部署,结合战旗村实际情况,建立了相应的河长制工作管理体系,在实际运用中不断探索、改进,总结了不少好的经验和做法,使得河长制在战旗落地为"河常治"。

根据网格化监管体系建设要求,战旗村合理划分监管片区,实行定区域、定人员、定职责、定任务、定奖惩"五定"原则,构建起覆盖全村的饮用水源环境监管网格,主动对接街道、部门对饮用水源环境的指导和监管。截至目前,开展水源保护区巡查共计800余次,全面完成水源保护监管任务,自来水六厂、七厂水源地水质达标率100%,辖区内未发生影响水源地水质的污染事故。

如今,战旗村正在打好环境保护总体战。推广绿色防控技术、测土配方施肥技术,减少农药化肥使用量;强化露天焚烧秸秆管控,确保秸秆综合利用率达96%;强化科学规划和管控,确保现有湿地草地、水系、湖泊、林地、田地等不被破坏;强化制度和工程措施,确保污染零排放,全面保护好大气、水和土壤生态本底。

3. 坚持绿色生活理念，创建生态战旗

广场上，村里的讲解员杨明学正在为一个参观团介绍战旗经验。

2006年，杨明学从宜宾江安县嫁到战旗村，这个外来媳妇还清楚地记得，当时的战旗村村民大多还处于散居中，院落之间全是泥巴路，"晴天一身灰，雨天一身泥"是常事。大多数村民没有环保意识，露天焚烧、污水直排让人们生活在恶劣的环境中。现在环境好了，路修好了，村子里水、电、气、光纤全通了，生活也越来越方便。

村民生活消费水平的提高和农业生产方式的改变，使得村里的生活垃圾量越来越大，垃圾处理问题日益突出。针对这类问题，战旗村立即采取相关行动，例如"两拣四分法""垃圾不落地"……

农户按"能否腐烂"和"能否卖钱"对生活垃圾进行一次分拣初分，分成"干垃圾"和"湿垃圾"两类，村卫生保洁员利用两格式分类收集。另外，农户前端分类出的"能卖钱的""有害的"垃圾也通过"智慧居家馆"进行积分兑换礼品。"干垃圾"中剩余的其他垃圾按"户集、村收、镇运、区处理"模式，由唐昌街道转运至区生活垃圾中转站，再由区生活垃圾中转站外运至市生活垃圾固废处理场（厂）无害化处理。

通过"两拣四分法"，既解决了农户一次分类不到位的问题，又减少了末端处理垃圾的总量，还实现了资源化利用。这种分类方法易学易用、易记易分，适合战旗村的实际。

除此之外，取消居民居住点垃圾收集桶，实现垃圾投放、收集全程不落地。对农户每日家庭前端分类情况按照"好、中、差"进行检查评定。设置垃圾分类评比榜，对农户每日垃圾分类评定情况进行公示，每月评选10户农户实施奖励。对家庭分类差的农户，组织村、社干部和志愿者上门进行宣传指导，营造了"垃圾分类人人参与，共建共治共享"的良好氛围。

冯家祥说，以前路边、沟渠里很多垃圾，村民家门口农具乱摆放，家里也不整洁。现在走在村子里，很难看到路上有垃圾，人们养成了好习惯，扔垃圾的时候会分类放进去，这也是一种好风气的养成。

"我们的家乡在希望的田野上，炊烟在新建的住房上飘荡，小河在美丽的村庄旁流淌……"战旗广场时常播放着这首脍炙人口的金曲，这也是新时代战旗人民对未来美好生活的憧憬和祈盼。如今碧水蓝天的画卷已在战旗定格，人们完全有理由相信，经过战旗村民辛勤耕耘，"绿色战旗"

一定会生根开花结果!

(五)"三治"合一,夯实乡村基层治理——战旗村"三治"建设工程纪实

2016年10月,温馨的阳光打在战旗村会议室的墙壁上。

28名议事会成员齐聚这里,一场关于"柏条河水源保护带建设议定项目"的讨论在这里拉开序幕,有成员建议"修建柏条河边3社至8社的巡查道路",也有建议"打造柏条河生态保护带的绿化景观",大家各抒己见,最后投票表决(26票赞成)修建巡查道路。

在发展中,战旗村始终将"自治""德治"与"法治"彻底贯穿,像这样的村级事务,村民们都会通过各种渠道参与讨论、建言,为实现最真实的"自治"贡献智慧。

1. 德治为根,高校结对育新民

德治是基础,为根。"来的时候感觉两周时光会很长,走时却感觉仿佛昨天才刚报到;还没来得及道声感谢,还没来得及说声再见,就要离开这片挥洒过热情与汗水的土地了。"面对热情淳朴的战旗村民,高校志愿服务团队的队员们总有些不舍。

炎炎夏日,来自诸多高校的14名大学生组成志愿服务团,深入唐昌街道战旗村开展社会实践活动,助力乡村振兴。事实上,这并不是第一次有大学生进村。早在2006年,西华大学师生走进战旗村,与村民同吃同住同劳动,探索形成了"高校+支部+农户"志愿服务模式,高校、村支部和农户紧密结合起来,校地融合共发展,为今天的战旗实现乡村振兴奠定了坚实的基础。

2. 法治为基,普法熏陶润人心

法治是保障,为基。"随风奔跑自由是方向,追逐雷和闪电的力量……"

2018年3月26日上午10点,战旗村文化广场上,一首热情四溢的歌曲《奔跑》拉开了郫都区"法律服务进社区"法治文艺巡演的序幕。来自郫都区司法局、郫都区检察院、郫都区公安分局的司法行政工作者、检察官和人民警察们自编自演,将法律知识融入歌曲、评书等文艺节目,送法进战旗,为干部群众带去一场法治的视听盛宴。

"同志,我的车被追尾了,现在还在修理厂,因为工作原因,这几天都是打车的,那这个车费是不是该对方出呢?"村民罗大哥满怀疑惑地向在场的法律服务工作者问道。这时,法律咨询处越来越多的群众上前咨询法律问题,法律服务工作者们也耐心解答群众疑问。

结合实际,区司法局在战旗村农民夜校成立了法治教育组,协调优势资源,开展针对性强、形式多样的法律服务活动,不断提升村民群众法治素养,强化战旗村法治建设群众基础。

协调四川永辅律师事务所、四川秉济律师事务所免费担任战旗村法律顾问,以实际行动践行律师事务所社会责任,从合同审查、纠纷调解、法治宣传、法律咨询等方面提供全面、优质的法律服务。

3. 自治为本,村民议事促和谐

自治是目标,为本。"自从有了议事会,'一言堂'变成了'议事堂'。"党支部书记高德敏说,"以前就算几十万的开支,自己也可以一个人说了算,但现在涉及的大事小事都会通过议事会商议决定。"

时任郫县组织部副部长张兴泉说:"郫县过去也建立了户代表会议这样的村一级组织来讨论事务,但户代表常常由村支书、村主任指定,村委会在某种程度上能够左右会议,而村民议事会成员全部由村民民主选举产生,村民具有绝对的话语权。"从2010年3月开始,郫县按照成都市基层民主政治建设的要求,在全县开展了村民议事会的组建,战旗村迅速选出了35位村民作为议事会成员。

议事会监督项目实施,村干部工作更好开展。首先,以2011年4月20日锁定的战旗村集体经济组织成员共1704人为股权主体,每人出资1万元入股,于2015年8月注册成立郫都区唐昌镇战旗资产管理有限公司。然后,以现任的议事会成员35人作为公司发起人,其他集体经济组织成员的股份由公司董事长(村支部书记)代表,村民代表大会授权该公司对村集体资产和资源统一经营管理。

高敏德说:"从新村房屋如何规划建设、集体土地是否入市到成立集体资产管理公司,都是在村党支部引导下,村民自主协商决定的,有效避免了矛盾纠纷。"通过发展村民议事会,规范运行机制,理顺了村级组织之间的关系,既提高了村民对基层自治组织的信任度,又使民主议事在农村全面铺开,促进各项基础设施、公共服务和社会管理项目进展顺利。

"城市与乡村要同步发展,农村的发展不单是产业发展,不单是物质文明，精神文明、文化生活也要搞好。"总书记的讲话，高德敏记忆犹新。他说，在实施乡村振兴战略中，战旗村充分尊重群众主体地位，充分调动民众积极性，发动村民参与村里的公共事务，形成"民事民议、民权民定"的管理机制，实现了乡风文明、治理有效的目标。同时，村里还引入"成都市同行社会工作服务中心"等社会组织，开展国学诵读、文艺表演、百姓讲堂等活动，培育形成了友善淳朴、守望相助、尊老爱幼的战旗新风尚。

（六）服务新升级，生活更安逸——战旗村公共服务提升工程纪实

"你们的生活让城里人羡慕。"2018年2月12日，习近平总书记来战旗村视察时，不由地发出感叹。

党的十九大报告中指出，"要完善公共服务体系，保障群众基本生活，不断满足人民日益增长的美好生活需要"。从无到有，从差到优，走进如今的战旗村，漂亮的川西联排特色民居，整洁优美的街道，让人仿佛置身于某个城市花园。广场前，熙熙攘攘的人群里，不时有人前往战旗便民中心，或咨询，或办事，你来我往，忙得不亦乐乎。健全的服务设施，完善的便民服务，智慧宜居的新型社区，战旗村的老百姓们也过上了"城里人"的生活。回顾昨天，战旗村在方便村民、提升公共服务上确实做足了功课，下足了功夫。

1. 合理规划——完善社区服务设施

只有打造持续保障和改善民生的民心工程、根基工程，才能真正把民生实事办在村民们的心坎儿上。随着成都市作为全国统筹城乡综合配套改革试点，战旗村从2007年开始推进以社区卫生服务站、便民服务站、文体活动中心、幼儿园和党群服务中心等为主要内容的新型社区建设，方便村民办事、购物、就医、举办文体活动等。

2009年初战旗新型社区基本建成，水、电、气、网，以及污水处理等生活配套设施一并完成，幼儿园、卫生站、便民服务站、商店等一系列的基础设施一应俱全。为了保持干净整洁的社区环境，战旗村还特别聘请了专业保洁公司。至此，战旗村村民彻底告别"脏、乱、差"的生活环境，开始过上"出门见花草，在家能上网，喝水靠自来，煮饭用燃气"的

城市生活。

战旗文化大院是战旗村新农村文化活动主阵地，始建于20世纪90年代，由原来的迎龙山庄改造而成。2008年"5·12"大地震受损后，在县委、县政府（当时为郫县）的支持下，花了近180万元进行重建。文化大院建有文化长廊、文化广场、篮球场、健身路径、图书室、电子阅览室、村民舞蹈室、会议室（村民议事室）、农业专家大院、培训室等文化体育教育服务设施，全天候免费向村民开放。定期举办村民联欢晚会、趣味运动会、百姓故事会等文体活动，先后举办过"大学生进农家"、"同一首歌"分会场、"李伯清散打故事会"等文化盛事，成为战旗村新农村精神文明建设的特色品牌。

村民们能享受到如此优越的现代设施所带来的方便，还得依靠战旗村充足的资金作保障。除国家每年的公共服务资金补助外，战旗村同样每年都会从村集体经济收益中抽取30%用于村公共服务硬、软件的维护更新，提档升级。

如今的战旗村，给人们呈现的是干净的街道、整饬的联排民居、错落有致的绿化带以及幼儿园、医疗站、便民服务站、超市等一应俱全的现代小镇，村民们办事、购物、就医基本可以在村里解决。

2. 以人为本——满足村民服务需求

"文医生，你看我肩膀痛咋个办？""先做个推拿理疗。"在战旗村卫生站里，类似这样的对话场景村医文良全每天都会经历。他说，2009年村里升级卫生站，新增了注射室、中医理疗室、智慧诊疗系统，实现了小病不出村。同时，还配置卫生技术人员2人，以满足战旗村辖区村民的基础诊疗需求。村级卫生站的建设，只是战旗村打造"15分钟便民生活圈"的举措之一。家门口就医、购物、办事……这样全方位的便民服务环境，也得到了习近平总书记的连连称赞。

自2009年战旗新型社区配套功能房建成后，按照"资源整合、系统集成"的思路，战旗村完成了"一核三站"综合服务体（党群服务中心、卫生服务站、便民服务站、金融服务站）、警务室等基本公共服务平台规范化配置，形成镇事村办、全程代理、限时办结、全方位覆盖的基层公共服务体系，基本实现了"进一道门、找一个人、办一切事"的目标。

据郫都区公安分局治安管理大队教导员李勇介绍："以前，战旗村与周围四五个村'共享'一位社区民警，因为任务繁重，导致警务工作的展开不够细致。自从战旗警务室成立以后,村民们办理居住证、临时身份证等证件再也不用跑县城,来回要少走近 60 公里的路程。"

为满足村民对美好生活的追求,方便村民各项事务的办理,劳动保障工作站、电商服务站、农村产权交易服务站、"微信服务平台"等也应运而生,村民足不出村,即可享受各种便捷服务。2018 年,由郫都区第二人民医院提供的家庭医生签约服务更使得战旗村村民在家就能享受到优质的医疗服务,小病不出村,大病不出镇,不断满足人们看病就医的获得感、幸福感和安全感。

3. 智慧宜居——打造美好乡村社区

良好的治安环境是确保村民安居乐业的重要条件。由于战旗村实行集中居住,改变了以往分散居住方式。因此,构建一套完善的治安维护体系非常重要,这也成为战旗村村两委重点关注的民生工程之一。

2010 年初,经过村委研究决定,由村委出资在村内设立 110 警务室和治安巡逻队,24 小时轮班制,不间断进行巡逻,确保村民在遇到危害自身安全或者村庄集体利益的事件时,能够方便及时地报警并取得帮助。随着战旗村现代观光农业的发展,战旗村的治安维护任务加重了,村委第一时间对治安人员进行补给,并对相关的设施设备进行了更新换代,以满足新环境的变化,让游客玩得开心,玩得舒心,玩得放心。

新型社区启用后,为了进一步完善卫生环境制度,战旗村村委成立了由二十多人组成的环卫小分队,制定详细合理的环卫清扫制度,采取"户集、村收、镇处理"的方式,集中处理村内的生活垃圾,切实做到了战旗村"三清三改三化"。环卫工程的实施、垃圾分类处理的落地,彻底改善了战旗村的居住环境,带动了战旗村乃至全区社区投资环境的优化,极大地增强了村庄的吸引力。

在战旗村展示厅里,一块巨大的 LED 屏被"分割"为多个"方块",每一"方块"上正实时播放着田间地里农作物和家禽的生长、生活情况,随意点开一个,就能详细观看动植物的生长态势。这就是被称为新产业新业态新模式的"人人耘"种养平台,一种以绿色高端农业和体验农业为主的创新性农业经营模式,为城市高端消费群体与农场搭建了桥梁。战旗村在打造智慧社区过程中,充分利用"农业+互联网"产业融合这个平台,"京东云创"等网络平台的入驻,极大地拓展了村民视野,丰富了他们的生活。

统筹城乡发展，战旗村正以独特的优势不断拉近和"城里人"之间的距离，村民的日子越过越安逸。

（七）乡村振兴，重在人才支撑——战旗村人才队伍培育工程纪实

党的十九大报告明确指出，要"培养造就一支懂农业、爱农村、爱农民的'三农'工作队伍"。习近平总书记指出："要推动乡村人才振兴，把人力资本开发放在首要位置，强化乡村振兴人才支撑，激励各类人才在农村广阔天地大施所能、大展才华、大显身手，打造一支强大的乡村振兴人才队伍。"可以说，乡村振兴关键在人，核心是人才。

乡村振兴首先是人才的振兴，乡村人力资源开发是乡村振兴的第一要务。战旗村在发展历程中，十分注重人才的发掘和培养，以干部队伍建设为优良传统，以农民夜校助推技能培训，以"传、帮、带"实现引领带动，努力破解人才制约瓶颈，助力乡村振兴。

1. 坚持选贤用能，任人唯贤

"你现在是大名人啰！"在郫都区，人们碰到战旗村党支部书记高德敏，总会友好地跟他开玩笑。的确，自从2018年2月12日习近平总书记来战旗村视察乡村振兴后，这个全程操着四川话陪同介绍的村支书一下广为人知。

"这是一辈又一辈战旗人传承和积攒起来的，不是我一个人的功劳。"高德敏这样真诚地回应来自周围的赞美。

习近平总书记说"火车跑得快，全靠车头带"。作为火车头上关键的一环，基层干部队伍功不可没。翻开战旗村的发展历史，总会发现一代又一代战旗人敢想敢干、锐意进取的身影。历任老支书在工作和生活中不断地去发现并培养年轻优秀的接班人，组成了一支战斗力强的基层干部队伍。从战旗村成为建制村以来，没有一任村支书因为违法乱纪被查处，这是党建工作的胜利，也是战旗选贤纳能优良传统的胜利。正是这样一种选贤纳能的优良传统和干部队伍的接续奋斗，才让战旗村的战旗，始终在奋进中飘扬。

2010年，高德敏接过接力棒，成为战旗村第八任村支书。在党的引领下，坚持干部队伍建设，抓住新形势下土地改革的契机，2015年敲响

了全省农村集体经营性建设用地入市"第一槌",带领战旗村改革创新壮大集体经济,成为四川乃至全国乡村振兴的典范。如今,村支书高德敏在工作中也十分注重发掘优秀人才,不断完善人才队伍建设,给他们搭建能力展示平台,鼓励他们通过民主程序,加入党组织,充实到村两委班子,更好地为战旗村发展服务,助推乡村振兴再上新台阶。

2. 以技助人,农民夜校走出优秀学员

摸村情,开思路,做培训前的"明白人"。2018年初,战旗村两委配合区人社局首先围绕战旗村开展了大量走访调查,了解战旗村劳动力的文化程度、培训意愿和就业方向,摸清了村民的培训需求,分类建立台账,努力做到"内容明白"。其次,邀请专业人士到村宣传社会保险、医疗保险、就业创业等人社优惠政策,开展城乡居民养老保险政策解读、促进就业创业优惠政策解读讲座,同时组织村民现场实操、培训观摩和政策解答等互动交流活动,引导村民做到政策知晓、意愿清楚,乐于培训,在参培前做到"目标明白"。

巧规划,重特色,做培训中的"有心人"。按照郫都区委、区政府对战旗村文旅结合的发展思路,战旗村科学策划了以乡村旅游为核心需求的特色技能培训班。开设了以接待礼仪作为重点内容,提高战旗村餐饮旅游从业者的接待水平、文化素养和专业技能的"乡村旅游引导性培训班";结合战旗村打造林下经济工作思路,以有意愿创业的村民为重点的"创业+特色餐饮培训班"。通过创业指导和餐饮技能提升培训,充分激发村民创业意识,掌握特色餐饮创业所需的技能,并结合既有的培训政策,有针对性深化培训项目,成功组织开展了先缴费后申报培训补贴的"个人直补"中式烹饪培训班,系统学习中式烹饪15天,学员经考核达标后可考取国家职业资格中烹技能等级证书。

据统计,2018年以来,战旗村组织开展特色技能培训班3期,培训村民144人次,其中乡村旅游培训80人、"创业+特色餐饮"技能培训40人、"个人直补"中式烹调培训班24人。

助就业,帮创业,做培训后的"成功人"。战旗村对已在当地榕珍菌业、满江红调味食品有限公司等企业就业的村民50余人,开展员工在岗提升培训,提升他们的团队意识和职业素养,帮助其稳定就业。并在有未就业村民参与的培训课程结束后,现场对学员进行打分点评,优胜者可推荐直接与企业签订就业协议。目前,已有3名优秀学员实现直接上岗就

业，大大带动了村民培训的积极性。

在重视帮助就业的同时，战旗村还注重创业服务，帮助有条件的村民实现自主创业。

战旗"狗蹄粽"，现在已经成为战旗村一张美食名片。它的创始人是村民杨开琼。2018年初，她参加了"创业+技能"特色培训班，在学习过程中，她联想到自家祖传的包粽子手艺，认为自家包的粽子与众不同，配方独特，外观形同狗蹄，于是产生了创业的想法。在和创业导师交流沟通后，她将自家传统特色粽子正式命名为——战旗狗蹄粽。区人社局联系广告公司为她免费设计了品牌LOGO、外包装、微信推广、宣传海报等，并安排餐饮授课教师为粽子口味进行改良升级。目前，杨开琼在战旗村核心区域租了一间铺面，办理了营业执照和食品许可证，正式从家庭式小作坊转变为创业实体，月收入5000元以上。

战旗村在促进创业工作中，一是引导通过电商平台帮助创业，开展"走进互联网电子商务"专题培训班，邀请区内高校专业教师为学员讲授电子商务相关知识，在战旗村掀起"微创业"热潮；二是开展创业意识培训，帮助学员分析创业形势，选择创业领域，开展创业案例分析；三是强化精准服务，提升创业能力，安排创业导师与创业村民签订"创业一对一"帮扶协议，及时解决创业中遇到的困难，规避创业风险；四是积极探索"战旗村+高校"结合服务模式，将战旗村自主创业项目和区域内高校创业资源相结合，引导村民自行选择与高校导师、创业团队合作开展项目计划书的制定和创业项目推送等，促进成功创业和高质量创业。截至目前，战旗村已有47名劳动者参加了创业意识引导培训，13名优秀学员已实现成功创业。

3. 授人以渔，战旗能人的"传、帮、带"

"总书记都买了我们的布鞋哦。"谈起2018年2月12日，习近平总书记来战旗村视察时购买唐昌布鞋的情形，成都非遗文化遗产"唐昌布鞋"的传承人赖淑芳大姐历历在目，无比自豪。

作为成都市非物质文化遗产的"唐昌布鞋"，千层底儿，棉布面儿，不同于一般布鞋的是，带有经过砂边处理的毛边布鞋，需经过打布壳、裁剪、制帮、烘烤定型等32道工艺制作而成，有着耐磨、吸汗、环保等优点。然而，过去谈及700年的技艺传承时，她也曾像许多老手艺人一样，担心"后继无人"，甚至还有过关掉鞋店的想法。

转折出现在 2015 年和 2016 年，"唐昌布鞋"被列为县级、市级非物质文化遗产项目。作为市非遗传承人的赖淑芳开始会同成都纺织高等专科学校专家教授，对制作流程、工艺特色、品牌包装进行完善，又将唐昌布鞋制作流程归纳整理，在战旗农民夜校开设培训班，并在此期间，成功申报了市级"赖淑芳技能大师工作室"。

2018 年 5 月，战旗农民夜校"唐昌布鞋专项技能培训班"正式开课，学员包括中老年妇女和残疾人士在内数十人，赖大姐手把手地教他们制作唐昌布鞋。战旗村村民曾春燕本是一名残疾人，通过第一期"唐昌布鞋"制作培训后，现已掌握布鞋制作中的剪边和包盖板等技艺，具备独立加工制作的本领。目前，她在家加工制作，并以计件方式每月可获得劳动报酬 1300 元左右，这极大地增强了她继续参加培训、持续提高手工技艺的决心。现在，包括黄学兰、杨开琼在内的多个战旗村本土创业能手也纷纷加入到"传、帮、带"的行列中，他们用自己的热情和技艺去感染带动更多的战旗人。

人才兴则乡村兴。经过长期的实践和总结，战旗村在人才培育事业上取得了良好效果。下一步，战旗村将密切围绕未来发展规划，在如何做好厚植本土、招才纳贤上不断探索，努力让人才振兴支撑战旗村的乡村振兴。

（八）文化惠民，打造乡村文化振兴新样板——战旗村文化建设工程纪实

2018 年 2 月 12 日，习近平总书记在战旗村视察乡村振兴时讲道："农村的事它也不简单是产业的发展，也不简单是物质文明。精神文明要搞好，物质生活要搞好，文化生活要搞好。"

党的十九大提出"实施乡村振兴战略"，文化振兴是乡村振兴的题中之义，也是支撑乡村振兴的重要精神动力。战旗村按照有标准、有网络、有内容、有人才的要求，建立健全乡村公共文化服务体系，极大增强了村民的文化参与感、获得感和认同感，为战旗发展提供了精神动力和文化支持，实现村民对物质生活、精神生活和文化生活的多重满足。

1. 强化文化建设基础

2006 年，战旗村开展了"大学生进农家"活动，360 名大学生进到

村民家里，同吃同住同生活。"高校+支部+农户"的模式让战旗村荣膺2006年"中国十大政府创新典型"，同时作为一种传统在战旗村保留了下来。在易奉阳看来，这个连续10余年没间断过的大学生进村入户活动，对整个战旗村的影响是十分深远的。

2015年，四川省委办公厅和省政府办公厅印发《关于加快构建现代公共文化服务体系的实施意见》，对加快构建现代公共文化服务体系，推进全省公共文化服务标准化、均等化、社会化，提升公共文化产品和服务供给水平等方面做出全面部署。

战旗村围绕群众基本文化权益，通过健全文化设施布局、土地利用、建设规模、设计和施工规范及技术要求等标准，合理规划新建各类公共文化设施，多层次配套，对标化建设，满足村民日常文化需求，不断夯实文化建设基础。

2015年开始，战旗村整合党建、民政、妇联、共青团、文化、体育、社区教育等资源，设置了舞蹈室、国学教室、手工教室、图书室等，配置了图书、电脑、音响等设备；增设室外文体活动广场，并配置了LED、音响、体育健身器材等，每天免费向全体村民开放。组织开展各类文化活动，满足了村民日常文化活动需求，丰富了人们的精神世界和精神生活。

2016年，战旗村引入"同行社工"等社会组织，定期开展国学诵读、文艺表演、百姓讲堂等活动。例如重温《弟子规》《大学》《道德经》等国学经典，有助于形成友善淳朴、守望相助、尊老爱幼的战旗新风尚；将在家的中老年妇女组织起来，开展了一系列文化培训活动，培育出战旗村歌舞队、手工队等多支不同类别的文化队伍。现在，社会文化组织的参与和社会文化的注入，为丰富战旗村群众文化生活，推进文化建设起到了不可替代的作用。

2. 拓宽文化发展道路

围绕中心、服务大局是公共文化服务建设的主旨，现代公共文化必须瞄准现代产业体系和现代生活方式，起好舆论引导、艺术熏陶、服务引领和影响感染的使命功能。战旗村在文化建设的过程中，以人民群众需求为中心，拓宽了文化发展空间。

2016年以来，战旗村先后承接了各项文化活动，丰富了群众的精神文化生活。战旗村加强公共文化服务建设，提倡文化建设主体多元化，促进文旅融合型社区文化模式建设，营造了多风貌的乡村文化景观。

战旗村坚持乡村文化引领，通过设立多种基础配套设施，向群众提供更加丰富的文化生活。同时开展"身边好人""十佳文明户""五好家庭""好公婆""好儿媳""孝老敬老户"等多种文化评比活动，弘扬中华传统美德，营造孝老爱亲文明乡风。举办"人人争当战旗人，人人都是形象者"系列活动，充分发挥村民在社区治理中的自治作用，破除居民传统陋习，提升居民崇尚科学、向往美好生活的良好氛围。

实现乡村振兴，不仅需要从文化方面着手，还需要从产业方面进行建设。2012年6月，第五季·妈妈农庄项目投产，集观光农业、酒店、餐饮、会议会务服务、拓展训练、婚纱外景基地、婚庆整体服务、运动休闲、乡村旅游度假、当代艺术观赏为一体，是四川第一家规模化薰衣草基地，极具特色，填补了四川花卉生态旅游空白，成为郫都区乡村生态旅游的新品牌。

2018年战旗村开始建设"乡村十八坊"，"这个项目占地80余亩，将集中展示如酱油、美酒、豆瓣等18种特色产品的制作工艺、流程，在现场也能够买到这些手工品，增强游客的观赏性、体验感，也给了这些传统工艺更好的展示平台。"高德敏介绍说，"乡村十八坊"计划引进手工作坊、非物质文化体验为主的经营者，力争业态不重复。谈及项目未来发展，高德敏信心十足，"这个项目建成以后可以让更多传统工艺走出郫都，也将新增100多个就业岗位，促进村民增收，成为战旗村又一特色景点，助推旅游发展。"

3. 提升文化惠民水平

按照利民、惠民、富民的原则，依托公共文化服务提升，满足人民对美好生活的追求，战旗村不断探索创新文化惠民新模式，以春风化雨、久久为功的理念，切实增强村民的文化获得感、幸福感。

"总书记就是在这里向全国人民送福的"，高德敏清楚地记得，2018年2月12日，总书记视察战旗村时，看到广场上写福送福的活动，亲手写了"福"给全国人民拜年。在战旗村，每逢春节、中秋节等重大传统节日，都会举行大型文化活动，这些活动的开展，使人民群众成为文化活动的主角，从曾经的旁观者转变为今天的参与者和传递者。

战旗村农民夜校开设了相关文化课程，这些课程的开设不仅丰富了村民文化生活，还提高了村民文化素养。成都市非物质文化遗产"唐昌布鞋"的传承人赖淑芳大姐，在农民夜校平台开设特色培训班，教村民唐昌布鞋的制作工艺，目前已经有数十名学员能够独立完成制作，其中更是不乏残疾人士，帮助他们重新找回了生活的自信。据统计，2018年4月以来，战旗农民夜校已经开课100余次，近2000人次参加了不同主题班培训。

战旗村巾帼志愿服务队在战旗村生态环境保护、乡风文明建设、弱势群体关爱等方面发挥了独特作用，她们的志愿行动，也得到了周边越来越多人的认可和肯定。战旗村一直努力建设文化志愿者服务队伍，拓展公共文化自我服务功能，有效破解了基层公共文化服务体系小马拉大车的"窘境"，扩大了公共文化服务的参与面和影响力。

现在的战旗村，公共文化建设日趋成熟，人民的文化生活日益丰富。面对新世纪互联网时代，战旗人正思考如何加快推进"文化＋旅游""文化＋农业""文化＋商业"的"文化＋"发展新模式，加快文化品牌向文化资源、文化资本的转型深化，营造战旗文化发展新生态。

（九）共享"强富美"，融合发展催生新业态——战旗村农商文旅体融合发展工程纪实

2018年9月26日，中共中央、国务院印发的《乡村振兴战略规划（2018—2022年）》中明确指出，"培育农业农村新产业新业态，打造农村产业融合发展新载体新模式，推动要素跨界配置和产业有机融合，让农村一二三产业在融合发展中同步升级、同步增值、同步受益。"

蓝天白云，青山绿水，风和日丽。在战旗村"第五季·妈妈农庄"近600亩的蓝紫色薰衣草基地，游人如织，一派欣欣向荣的乡村"强富美"景象，赢得络绎不绝参观游客的称赞，这源于战旗村发展农商文旅体融合产生的新动力。

2011年，首届薰衣草文化旅游节在战旗举行，短短一个月时间，吸引了来自成都市及周边地市州的游客30多万人次，人数最多的一天达到5万多人。"妈妈农庄"是战旗村农商文旅体融合发展项目成功范例之一。

自2010年战旗村引进"第五季·妈妈农庄"第一个融合发展项目以来，坚持"基在农业、惠在农村、利在农民"理念，推动资源跨界配置、要素跨界流动和产业跨界融合，推动多业态打造、多主体参与、多模式推进，积极发展农产品加工、乡村旅游和休闲农业、农村电商、文创产业等产业融合。截至2017年底，战旗村已启动农商文旅体融合发展项目3个，

吸引社会资本 2.86 亿元，年接待游客达 40 余万人次，乡村旅游收入达到 100 余万元，成功打造国家 AAA 级景区。2019 年 3 月，成功创建 AAAA 级景区，实现了产业能级大幅提升、辐射带动作用显著、区域品牌影响扩大等综合效益。

1. 抓机遇，创模式，夯实融合发展基础

机遇总是青睐那些敢于先行的人，成功往往伴随那些勇于先试的人。战旗村人总是能抓住改革创造的机遇。

土地资源是农村发展的重要资源要素。如何盘活农村土地资源？如何利用盘活土地激活的资金流？如何将村集体诸要素整体盘活，融合发展？

战旗村人认真地回答了时代之问，抓住了解决问题的"牛鼻子"。他们抓住国家改革的重大机遇，通过盘活农村集体经营性建设用地资源和农用地资源，开展合作与联合经营，从而探索出了一条发展道路，为融合发展奠定了坚实的基础。

2011 年，战旗村就利用土地综合整治中预留的 23.8 亩集体建设用地及周边农业用地，探索以 50 万元/亩作价方式入股与北京方圆平安集团和四川大行宏业集团合作，建成战旗"第五季·妈妈农庄"和近 600 亩薰衣草基地，被誉为东方的"普罗旺斯"，成为远近闻名的休闲旅游景点。

2015 年，战旗村又抓住郫都区被列为全国土地制度改革试点的契机，将原属村集体所办复合肥厂、预制厂和村委会老办公楼的 13.447 亩闲置集体经营性建设用地，以 52.5 万元/亩的价格出让给四川迈高旅游公司，全村收益超过 700 万元，成功敲响四川农村集体经营性建设用地入市"第一槌"。

截至 2019 年，全村共清理出集体建设用地近 200 亩，集体资产估值超过 2 亿元，通过入股经营、自主开发、直接挂牌等方式建设四川战旗乡村振兴学院、"乡村十八坊"等项目，其中，由迈高公司投资 7000 万元建设的川西文化旅游综合体已建成开街。

2. 保绿水，护青山，严守融合发展本底

"绿水青山就是金山银山""发展不能以牺牲环境为代价"。发展旅游，一要生态好，二要环境美。守住了美丽乡村，就守住了融合发展的本底。

转型升级保生态，治理污染护环境。村原铸铁厂年税收接近 1000 万元，但污染严重，群众意见很大。2016 年经村集体商议后，以壮士断腕

的决心对其进行了关闭,同时关闭了化肥厂、规模养殖场等 8 家,为新产业新业态新模式的发展腾出了承载空间。

绿水青山引凤凰,乡村旅游惠民生。以三产旅游带动农商文体各行各业共同发展成为时代的呼唤。战旗村在治理污染的同时,积极推动"农区变景区、田园变公园",与山东寿光蔬菜产业集团、中铁建昆仑投资公司洽谈,于 2019 年 3 月成功创建 AAAA 级景区,打造"两线一团精彩连连"乡村振兴体验精品路线。

通过绿色发展、可持续发展,既保护了环境,又发展了经济,让战旗村人尝到甜头,他们还有更宏伟的计划,建设美丽乡村。计划通过锦江绿道、战旗绿道、横山绿道将周边火花村、西北村特色林盘,柏条河、柏木河湿地,横山村、战旗村田园综合体有机串联起来,建设 1000 亩高标准农田,实行水旱轮作稻鱼共生;打造 5000 亩大田景观,塑造"田成方、树成簇、水成网"的乡村田园锦绣画卷,实现以生态提升景观、以景观催生效益。

3. 打文化底,画创新色,融合绘制发展蓝图

绿水环绕的林盘,随风摇摆的竹林,白墙黛瓦的川西民居,千百年富饶安逸的川西坝子,农业文明滋润的都江堰精华灌区,催生处于其中的战旗村人特有的文化气质。文化是根,文化是魂,文化是美丽乡村千百年积淀的画卷底色。

战旗村坚持文化铸魂,将文化元素渗透融入产业发展、建筑风貌、公共空间等各个方面,营造乡土气息浓厚的特色文化氛围,彰显魅力独特的川西村庄聚落。

传承弘扬蜀绣、唐昌布鞋等特色手工艺品,通过创意化、艺术化设计,整合乡村中的稻草、泥土等乡土气息浓厚的元素,创造出有趣生动的旅游体验项目、景观小品、旅游商品等,展现历史文化与乡土特色,进而形成休闲聚落的特色品牌。

4. 深度融合,多维跨界,传统农业焕发新机

农业曾推动人类由蛮荒到文明,由居无定所到安居乐业,但随着时代更迭、新兴行业涌现,逐渐被边缘化、没落,甚至被有些人认为是夕阳产业。

习近平总书记指出:"让农业成为有奔头的行业。"推动农业与其他行业的深度融合和多维跨界成为实现这一目标的必由之路。

推动"农业+旅游"深度融合。四川迈高旅游公司投资7000万元打造集酒店、文创、娱乐、购物为一体的特色"香境"商业街,建设农民幸福家园、市民休闲公园、游客度假乐园。战旗村依托现有乡村十八坊、香境、绿道、湿地、妈妈农庄等,成功打造AAAA级景区。

推动"农业+互联网"深度融合。利用"京东云创"对先锋萝卜干、即食香菇等系列产品进行"梳妆打扮",利用大数据,根据消费者需求,进行精准生产、精准投放,单位售价达到了15元/斤,是以往的3倍。通过"人人耘"种养平台为城市高端消费群体与农场搭建桥梁,以绿色高端农业和体验农业推动农业经营模式创新,短短半年时间,消费用户达到3万余人,营业收入破1000万元。与"猪八戒网""天下星农"等知名品牌营销公司合作,对云桥圆根萝卜、唐元韭黄、新民场生菜等绿色有机农产品进行包装设计和精准营销,云桥圆根萝卜进军北京盒马生鲜超市,并成功出口日本。随着战旗产品在国内外消费群体中的影响力持续扩大,韭黄韭菜、蓝莓、食用菌、萝卜干、郫县豆瓣及系列复合调味品、休闲保健食品等农产品品牌的影响力持续增强。

推动"农业+文创"深度融合。将农业资源、历史文化资源交融,培育具有战旗特色的文创品牌,打造战旗村乡村振兴典范。以"工匠精神"开发文创产品、引进文创项目、打造名品名作,建设乡村十八坊体验中心和郫县豆瓣非遗制作展示基地,将创意、科普、体验等元素融入其中,拓展酒醋、豆瓣酿造等传统工艺价值空间。

推动"农业+体验"深度融合。紧抓大城市现代人的新时代新需求,以战旗村"推窗见景"的田园美景为"底色",鳞次栉比的川西新村风貌为魅力,充分利用区域地势独特性、历史文化吸引力、电商项目带动力等,结合战旗段绿道建设,积极发展自行车、热气球等运动项目,增加乡村旅游的休闲体验快感和体育运动乐趣,为城市居民提供更好的旅游体验。

5. 延产业链,提价值链,融合发展聚集财气

提升农业价值链,发挥农业科技的巨大作用,积极发展绿色高端种植业。汇菇源有限公司通过与四川省农科院合作,采用技术融合的方式培育

出具有川西平原特色的黄色金针菇等优质菌种，产品进军海底捞火锅，实现包揽销售，年产值上亿元。

延伸农产品加工产业链条，不断提升生产加工质效。集中延榕珍菌业、浪大爷等农产品生产加工企业6家，建立自动出菇车间等多条自动化生产线，年产值3亿元。

主动营销，积极推广，将战旗村特色农产品推出去。努力压缩中间环节，争取增加农民收入，让农民和农业企业享受实实在在的获得感。在2018"成都造·中国行"北京站郫都区专场活动中，四川蓝彩虹生态农业有限公司、郫都区崇宁萝卜干专业合作社等5家战旗村及唐昌街道农产品企业向全国乃至全世界推广优势产品，其中，四川蓝彩虹生态农业公司与北京金荣客咖啡公司签订达500万元的供货协议。

战旗村为传统农业装上"文创"的引擎，插上"互联网"的翅膀，借力"旅游"和"体验"而腾飞，融合发展，凤凰涅槃，浴火重生，呈现出一派"人气聚集、活力迸发、业态高端、生机盎然"的产业兴盛景象，为我国农商文旅体融合产业发展提供了可借鉴的模板和范本。

（十）扛起壮大村级集体经济的一面旗帜——战旗村农村集体经济壮大工程纪实

"我对你们的发展业绩感到赞叹，你们的集体经济发展得强，现在有几千万的经济收入，而且是人人参与，人人持有股份，有获得感，收入都是芝麻开花节节高。"习近平总书记对村集体经济发展给予了高度评价和深情嘱托。

从20世纪70年代投资建立全县第一个机砖厂到2019年集体经济达到7010万元，这背后是近50年始终传承和弘扬"敢于拼搏、勇于创新"战旗精神的奋斗史。

1. 改田地、打基础，抱团奋斗"起家底"

战旗精神是靠奋斗出来的，20世纪70年代以前的战旗大队，耕地质量差，多为下湿田，农业基础薄弱，田块高低不平，形状不规整，沟渠不畅，道路狭窄。在"农业学大寨"运动中，全村团结一心改造农业基础，村干部组织干、民兵连带头干、全村参与共同干，对下湿田进行水土改造，对不规整田块实施条田化整改，形成了"沟端路直树成行，条条大道新农庄"的农业基础,耕地实现大小二春两季耕种,粮食产量大幅提升,孕育了融入战旗人血脉的"敢于拼搏、勇于创新"的战旗精神,为发展集体经济奠定物质基础的同时,植入了抱团谋发展的基因。

2. 建土窑、办企业,产业联动"创家底"

1978年12月,党的十一届三中全会召开,作出实行改革开放的历史性决策。"春回大地满人间",改革春风吹遍神州大地,战旗村人血管里流动的是敢于尝试、勇于创新、善于经营的血液。战旗村迅速响应党的号召,大家集思广益,群策群力,决定先把村里的一个旧土窑当作试金石。说干就干,大家马上行动起来,村上到银行贷款,生产队筹集材料,村民出工出劳,全村奋战120天,终于把旧土窑改建成了机砖厂,每天可以出砖1万~2万匹——战旗村的集体经济开始萌芽了。

有了村级"当家"集体企业——先锋第一机砖厂,集体经济效益越来越好,村民们并没有浅尝辄止,而是拓展思路、继续奋斗,又建起先锋酿造厂、会富豆瓣厂、郫县复合肥厂、先锋面粉厂等企业,集体资产就像滚雪球一样越滚越大,鼎盛时期村上的企业达到了12家,很多村民都在村里的企业里找到了合适的工作,生活条件得到了初步改善。

3. 给股权、学经验,发展旅游"厚家底"

改革不仅需要勇气,更需要担当。在当时"一分了之"普遍做法的大背景下,战旗村党支部敢于并且能够坚守集体经济,为村民共同致富创造良好条件,显得难能可贵。

前进的道路并非一帆风顺。1994年,先锋第一机砖厂等5家企业通过改制,走上了股份合作制道路。但因改革经验不足、产权不明晰、管理经营不善等问题,改制后的集体企业变成了"四不像"。但他们没有在困难面前低头,村党支部坚信,只要走集体经济道路,就能带领全村人民走上致富的道路。于是,村两委做出了一个大胆的决定,由集体收回个人股权,战旗村稳稳地保住了集体经济的"家底"。

时光流转到2003年,村党支部带领村干部到华西村等地学习,这次学习让大家深受启发。回来后,在2003年、2006年两次探索推行土地整理集中,并抓住2007年农村新型社区建设示范点和"土地增减挂钩"试点机遇,整理置换出土地440.8亩,其中208亩用于村民新居建设,其余土地根据战旗村的特点与优势，通过多种方式吸引了榕珍菌业、妈妈农庄等大企业、大项目落户，开启了"一三联动、以旅助农"的发展新模式，乡村旅游业崭露头角，战旗村开始发生翻天覆地的变化。

4. 算清账、确好权，土地出让"活家底"

"产权不清，政经不分，责权不明，缺乏管理和监督"是农村集体经济组织中普遍存在的顽瘴痼疾。明确责权，清晰产权，只有这样，集体经济才能既走得快，又走得稳，才能让上级放心，同志们顺心，村民安心。

2010年，战旗村党支部认识到，算好集体经济这本大账，是有效推进集体经济改革的基础。2011年，党支部开始进行集体经济股份制量化改革，下定决心把过去存在的"糊涂账"算清楚。党支部带领村民制定了《集体经济组织成员认定办法》，并根据办法认定了1704人为集体经济组织成员；同时对土地进行权属调整，完成土地确权颁证；开展资源、资产、资金摸排清理……

基础性工作完成后，实现了成员身份清晰、土地权属明确的预期效果，为下一步开展农村集体经营性建设用地入市改革创造了先决条件，再一次活跃了集体经济家底。

5. 为人先、克难题，快速发展"强家底"

历史又一次选择了川西坝子的战旗村，选择了改革之初勇于尝试的先行者，改革之中善于经营的坚守者。

在此之前没有现成的经验可借鉴，还有大量的问题摆在面前亟待解决。比如，入市主体的资格如何认定？收益如何分配？什么是集体经营性建设用地？怎么样的操作才具有合法性？如何取得村民的大力支持？在这些问题面前，战旗人没有退缩，始终坚持党支部的引领，走集体化道路，发展农村规模经营，用集体的智慧和力量化解了一个个分散经营无法解决的难题，形成了加快发展的合力，战旗村的发展也驶入了快车道。

2015年9月7日，以每亩52.5万元、总价700多万元的价格，将一宗13.447亩集体经营建设性用地成功出让，建成全国第一例集体经营性建设用地商业综合体项目"第五季香境"，村集体经济一举突破2000万元，实现了资源变资产、资金变股金、农民变股东的蝶变。

战旗村在延伸产业链和提升价值链上采取了很多举措。建设四川战旗乡村振兴培训学院，为战旗乡村振兴的实现提供人才支撑；又通过引进妈妈农庄、榕珍菌业等项目，依托"第五季香境"建成体验式项目乡村十八坊，为游客提供全方位的旅游服务，让他们有更多的选择，以此来提升旅游价值链。

战旗村发展集体经济，农民不仅有土地出让租金分红、福利增加，还有在村里企业务工的工资收入，这让所有村民过上了正如习近平总书记赞叹的"芝麻开花节节高"的好日子。

第十章
挥动旗杆的领导者

自古以来，每一项变革政策的成功实施都需要天时、地利、人和的相互配合。在新时代，天时、地利都占尽了，人变成了关键因素。领导是在一定条件下，指引和影响个人或组织，从而实现某种目标的行动过程，其中实施指引和影响的人称为领导者。不管做什么，人都是关键因素，而作为领导者，更需要有长远的眼光和敢于创新的决心。战旗村乡村振兴的全面实现，除了国家政策的支撑之外，最关键的是真正实施这些政策，并把这些政策用活的人。

从1965年建村以来，战旗村在八任村支书的带领之下，不断变革，尝试新的发展方法，探索出一条符合战旗村特色的发展路径。《战旗村变迁纪实录》中记载着，战旗村"在推进社会主义新农村建设的实践中，认真领会中央'二十字方针'，总结出具有战旗特色的'八十字方针'，即'大力发展规模产业，打牢经济物质基础；努力拓宽增收渠道，增加村民经济收入；建设农村和谐文化，提高村民整体素质；改善村民生活条件，优化农村人居环境；依法加强社会管理，推进民主自治建设'，谱写了社会主义新农村建设的新篇章"。[①] 的确，这"八十字方针"对于战旗村乡村振兴的全面实现进行了简单总结，但是，真正带领战旗村实现乡村振兴的是这些"挥动旗杆的领导者"，正是这些"领导者"独具慧眼、不畏艰难、勇于创新，才使这一面战旗格外鲜艳，飘扬在神州大地。

---

① 屈锡华,胡雁等.战旗村变迁纪实录[M].成都：四川大学出版社,2014：3.

第十章 挥动旗杆的领导者

一、励精图治传承接力

"考察村庄,不能不考察村庄精英。"村党支部书记,作为农村基层组织的核心人物,对农村建设发展治理有着重要的作用。

战旗村自建村以来,从最初的蒋大兴到现任的高德敏,共经历8位村支书,正是他们的励精图治,才使战旗"农民的收入芝麻开花节节高,住房让城里人羡慕!"

原因何在?正如高德敏所说,"我们历任支部书记不搞家族制,我们是能者居上"。战旗村有一套自己的支部书记培养模式,一般选用治理能力强的村主任担任村支书。就这样,战旗村培养着一代代接班人,实现了村支书正常交替,同步实现了战旗的繁荣发展。

战旗村的领头人不仅能力强,还善于学习。他们时刻关注农村、农业,乃至整个社会发展的最新动态,通过"走出去、请进来"的办法,开阔了视野,创新了思路,学到了先进经验。比如,第五季·妈妈农庄和乡村十八坊,就借鉴了山东、台湾等模式。

正是不断地学习实践,使战旗村的发展永远保持进步,走在中国农村前列。2017年9月23日,首届四川村长论坛暨村社发展大会在战旗举行。

"火车跑得快,全靠车头带。"在乡村发展和振兴中,正是有了好支部、好支书这个"火车头"作用,才引领着战旗发展,才有了今天的"强""富""美"。

二、村支书访谈录[①]

自战旗村成立起,至今一共产生了8位支部书记。8位书记都是战旗村的精英,在他们的引领下,战旗村才能够发生翻天覆地的变化。农村精英在农村社会发展中起到了不可忽视的作用,他们掌握了一定的社会资源,具有一定的威望或者名誉,能够号召和动员农民。有这样一批农村精英在农村基层组织当中,可引领农村社会向前快速发展。

(一)第一任支书:蒋大兴(任职期:1965—1969)

中华人民共和国成立前的蒋大兴是一个普通佃农,曾做过长工,只读

---

① 屈锡华,胡雁等.战旗村变迁纪实录[M].成都:四川大学出版社,2014:85.

过两年左右私塾。就是这样一个没有什么文化的人，用他特有的智慧和努力，带领战旗村开始了艰苦的村庄建设路程，开始了战旗村的辉煌之路。

蒋大兴为村民服务从1952年开始，当时他在金星大队担任农会组长。1953年统购统销后担任过村主任和农业生产合作社主任。1954年大搞互助合作，蒋大兴的工作变得非常忙碌。1956年蒋大兴被选为金星大队村主任。在1965年开始的合大社潮流后，金星大队被分为金星村、向阳村、战旗村三个部分，经公开选举，由蒋大兴担任战旗村书记一职。

战旗村刚成立的时候，几乎是一穷二白，新上任的蒋大兴书记便带领大家修建了两间简陋的大队办公室，并且在当天选举产生了由五人组成的战旗村大队委员会。在蒋大兴担任村支书期间，有一次柏条河涨水，蒋大兴当机立断，带领大家打桩疏水，终于使得河下游的菜籽地免遭重大损失。

战旗村村名的由来与蒋大兴书记分不开。在战旗村并入金星大队之前，该地被称作集凤村（因流经当地的一条河流上有一座石拱桥——集凤桥而得名，现在集凤桥早已不复存在），战旗村从金星大队分离之后就名为集凤村。当时郫县三道堰被称为"战旗公社"，意为用战斗的旗帜引领前进，蒋大兴书记觉得很有意思，在一次聊天中跟村民提起："既然他们叫战旗公社，我们叫作战旗大队有啥不可以呢？"自此，战旗村这一响亮的名称一直沿用至今。

20世纪70年代初，蒋大兴因工作调动，负责管理油联厂，一干就是十年，直至退休。

（二）第二任支书：罗会金（任职期：1970—1975）

继蒋大兴之后，罗会金成为战旗村的第二任书记，肩负着战旗村建设发展承前启后的重要使命。在战旗村一无所有的情况下，罗书记面临建设战旗村、发展战旗村的双重困难。在罗书记的带领下，战旗村开始了一个从无到有、从有到优的发展阶段。

一无所有，白手起家。罗会金在担任战旗书记之前在金星大队任生产队大队长，在当时既缺钱又缺粮的艰苦条件下，罗书记上任后，开始提倡搞勤俭持家，一切以勤俭办事。

土地规划，创建良田。战旗大队从金星大队完全分出后，1968年，罗书记（时任大队长）首先带领村委对战旗村土地进行整理规划，提出了

"沟端路直树成行，条田机耕新农庄"的口号，将土地全部"条田化"，每两亩地划成一块田，晴天大干，雨天坚持干，经过大概三年时间，战旗村的土地都划成条田了，沟全部是直的。罗书记的努力并未停滞，继续带领群众开展了声势浩大的"农业学大寨"农田基本建设，经过近10年肩挑背磨的艰苦奋斗，提高了战旗村的土地耕作水平，为后来战旗村每年的粮食增产增收奠定了坚实的基础。

成立农机站，大踏步提升农业生产。在人民公社时期，由于对战旗村土地进行了统一规划，战旗村集体的粮食生产自此每年都会有结余。在罗书记的带领下，战旗村成了郫县粮食生产模范村，受到了当时县委、县政府的重视和表彰。为了进一步提升农业的生产效率，罗书记提出建立拖拉机站（又称"农机站"），带领群众用多余粮卖来的钱购买拖拉机。考虑到没有人会使用拖拉机，罗书记就专门派人去公社的拖拉机站学，进一步提高了战旗村粮食生产水平。此时，郫县乃至全国的大部分村庄仍然采用最为原始传统的农业耕作方式，生产效率和产量不高。

精神文明同步发展。在战旗村物质生活逐渐丰富的同时，罗书记并没有忘记文化生活的提高。20世纪70年代，罗书记带领战旗村积极组织开展形式多样的文化工作和民兵工作。这样的想法和行动得到了上级部门特别是县武装部门的高度认可和大力扶持，被评为了郫县民兵工作模范村。20世纪70年代初期，战旗村就试图实行农户的集中居住模式，后来因为种种原因，这件事情没有继续下去，但是这反映了战旗村村委会具有的前瞻性眼光。罗书记深谙战旗村的初期建设对于今后发展的重要性，他紧密团结战旗村群众，与村民同吃同住，一起挑起战旗村建设的大梁，为战旗村的后来发展奠定了坚实的物质和精神基础。

（三）第三任支书：李世炳（任职期：1975—1977）

李世炳书记在任期间，战旗村遭遇了一场突如其来的大火，这场大火对战旗村发展的打击不小。大家都很泄气，李世炳为了鼓舞大家，便提了一个口号——"烈火成灾何所惧，战旗地上绘新图"。大火过后，他带领大家修沟、修渠、改造低产田、重建家园，带领战旗村度过了那段艰难的日子。

修新村在李世炳任职期间是一件重要的工作。他与时任县委书记一起参观学习大寨后，李世炳回来就开始动员全村村民修建新村，首先就是到凤凰嘴（后改为向阳）开采石材，大概是战旗人这种对新生活的强烈愿望让当时的县委、县政府很受感动，决定大力支持战旗村的发展，一方面省委干校和县建委捐助了几吨钢材，另一方面县科研所的专家也把制砖机器搬到了战旗村，在战旗村开始试点挖窑烧砖。据李世炳介绍，战旗村民兵连后来联系上了成都军区后勤部，他们支援了三台砖机，开始生产砖材。为了制作预制板，省干校的工人下班后不休息到战旗村加班加点生产预制板，就是在这样艰苦的条件下，战旗村先后修建了三栋新房，大概是当时的四队和八队的20户人入住。新房子有点宽，前面有个小花园，每家还有个养猪养鸡的地方，非常方便。李世炳笑着说，这个新房子在当时的条件下，是非常好的。

据李世炳书记回忆，在1979年离开战旗村时他非常不愿意，因为当时战旗村正处在热火朝天的新村建设时期，所有人都干劲十足，他一直想按照原先的预想带领大家把新村修好，把战旗村的建设搞上去，后来因工作需要很遗憾地离开了战旗村。

（四）第四任支书：杨正忠（任职期：1978—1993）

杨正忠书记任职期间，脚踏实地、廉洁自律、心系群众，为战旗村的经济和社会事业发展做出了不可磨灭的贡献。

舍小家顾大家，一心为民谋利益。据一些村民介绍，杨正忠在担任书记期间，一直坚持先公后私，舍小家、顾大家，默默无闻，无怨无悔。只要村民有困难，他都能在第一时间得知并及时地给予帮助。杨正忠工作耐心细致，只要有村民反映问题他都会尽快予以解决，如果不能立即解决的，他也会与村民进行沟通，直到大家满意。杨正忠除了严格要求自己，诚心实意地为百姓办实事外，还特别注重基层组织的建设。他最大的特点是不搞一言堂，非常注重团结，甚至把团结作为凝聚力量的前提，常说团结是战斗力的源泉。在日常工作中，遇到事情都会征求村干部的意见，凡是重大决策都会事先征求群众的意见，所以在战旗村的决定执行力都非常强而有力。杨正忠书记在任期间，村里没有发生过一起村务工作的纠纷。

响应党的号召，推行家庭联产承包责任制。对于家庭联产承包责任制，战旗村有自己的苦衷。当小岗农民首创的家庭联产承包责任制在全国推广的时候，战旗村村民最初其实是反对的，在村里的方方面面也都有一些抵触情绪。据悉，当时决定是否执行家庭联产承包责任制时，杨正忠书记也是反对的。他在会议中给村民讲：战旗村不搞联产承包，大家有劲往一处使，粮食生产连年丰收，经济发展很好，但是国家有这方面的政策，战旗村还是得按照党中央的精神来办事。为了减少改革的阻力，按照县委的指示，杨正忠书记一方面组织党员干部学习有关家庭联产承包的文件精神，讲清其重要意义，统一大家的思想；另一方面，对于一些抵触思想比较大的群众，杨正忠书记亲自登门做思想工作。也正是在这种务实的工作态度下，战旗村于1980年正式推行农村家庭责任承包制。

抓经济促发展，创办集体企业。1978年，党的十一届三中全会召开后，集中精力搞经济建设成为各项工作的中心，战旗村开始探索自己的经济发展之路。由于有之前战旗小土窑的建设经验，杨正忠书记开始思考发展村集体企业。进入20世纪80年代，杨正忠书记采用滚雪球的方式，先后创办了战旗村铸造厂、肥料厂、砖瓦厂、凤冠酒厂等12家企业。战旗村今天所拥有的集体经济实力正是肇始于杨正忠书记任职的这个年代，可以说，杨正忠书记为战旗村的经济发展做出了不可磨灭的贡献。一个普通的川西农村，在没有任何资源的情况下，能建立起这么多集体企业，使村民过上富裕的生活极为不易。

重视教育事业。杨正忠书记不仅重视经济建设，教育也是他一直关注的工作内容。他在村民大会上常说，战旗村若是要发展，一定要把孩子教育好，孩子才是未来。杨正忠书记在任期间，利用村里的集体资金，多次翻修校舍，对于一些家庭贫困的儿童，还出资予以帮助。正如现任高德敏书记所说："杨正忠书记虽已远去，但是战旗村的村史上永远会为他留下重重一笔。"杨书记"一心一意为群众，急群众之所急，想群众之所想"的工作作风，就像风中摇曳的战旗，引领着战旗村走得更远。

（五）第五任支书：易奉先（任职期：1993—1995）

"我那时候，想法其实很简单，就是想怎么才能让老百姓好过，怎么才能成为万元户。"这是在专访老书记易奉先时，他对那个时代自己的工作提到最多的一句话。

1993年，杨正忠书记卸任后，易奉先从村主任当选为村支部书记。据易奉先自己介绍，自己在战旗村里当干部的历史自1968年便已开始。中专毕业之后他被分配到了郫县人民医院做医生，但由于对药品气味过敏，在1965年农业学大寨时期，村上搞动员大会时便又回到了村里。

1968年担任村生产队队长，1973年被选为支部副书记。在担任支部副书记时，分管战旗村所有的经济工作，包括养殖业、种植业在内的多种经营，他专门负责育粮、制种、培育样种。为了方便农田灌溉，1976年，由村集体出工出钱，易奉先带领全村人民深挖了两条沟渠，并且又修了一条6公里的公路。还建立了一个农机站，有7台拖拉机，一年大概能赚7万多块钱。战旗村在1968年创办第一个企业——小土窑，谈到创办小土窑的历史，易奉先说道："其实最开始，我们生产的砖瓦只是为了修建村上的大礼堂，后来多余的砖瓦就拿来对外销售，慢慢地发展起来了。最开始的时候，这个砖厂收入一般，只能解决村上几个劳动力，后来慢慢就发展壮大了。"

1977年，易奉先被选为村主任，在这个位置上一干便是15年，直到1993年被选为村支部书记。1978年，党的十一届三中全会召开后，集中精力搞经济建设成为各项工作的中心。战旗村也紧跟党中央政策，转变经济发展思路，开始大力发展经济，陆续创办了几个企业。1980年，考虑到郫县豆瓣在全国很有名，而且周围又没有村子搞豆瓣生产加工厂，战旗村便办起了先锋豆瓣厂。1981年，创办了酒厂。1982年，建了一个预制板加工厂。1983年，办起凤冠大曲酒厂。1987年，由于酒厂发展不好，遂又创办了铸钢厂。1988年，建了鹃城复合肥料厂，1990年创办了面粉厂。易奉先在任期间，总共办了11家企业。战旗村每年纯收入就有好几十万元。1994年，易奉先参加了由成都市市委组织的在深圳党校的学习，通过长时间地学习，他对股份制有了更多的理解，他回到战旗村之后，成立了集凤实业总公司。后来又将村里面的所有企业资产整理之后全部挂在集凤实业名下，村集体占51%的股份，村民等占49%。因此集凤实业便是战旗村村集体的大企业，全村人都有股份，每年各个企业挣的钱也都会给村民、工人分红。

回顾自己在创办这些村集体企业时遇到的困难和挫折，易奉先说："我们大队的人思想觉悟都比较高，又很团结，村民对村干部的工作比较支持，村领导班子也比较团结，所以还是做起事来比较顺利的，没遇到什么很大的困难。当然，办这些厂子不免还是会遇到很多困难，但这些都是可以克服的。"

在文化生活上，当时条件有限，战旗村村民的主要娱乐生活为跳舞。于是，村里成立了文艺宣传队，主要由27名多才多艺的下乡知青组成，为大家表演节目，组织村民跳舞。后来在知青返城后，文艺宣传队的传统也延续了下来，主要的成员演变为了战旗村村民。

对于现在的战旗村发展，易奉先常常与现任书记高德敏进行讨论，他非常关心村子的发展大计。在他看来："总的来说，现在战旗村的思路是正确的。老百姓住的条件很好，家家户户住进了连体别墅，生活条件、卫生条件搞得很好，各种公共设施也比较齐全，而且现在老百姓虽然不种田了，但收入还是可以的，老年人能保证每个月有500元钱收入。养老、吃饭的问题也就解决了。现在村委会这些领导的思路很好，要搞成农业观光公园，吸引全国知名大公司来投资，现在国家政策也是允许提倡的。这些想法相当正确，我给高德敏建议的时候就说，在党的政策指导下，你们大胆去干。"

易奉先早已经离开自己的工作岗位，但是对于战旗村的未来，他始终在思考。他说："首先，把农业观光公园搞起之后，再搞一个养老观光，建一个现代的养老福利院。我曾经去过温江那边的一个养老院，修建得相当不错。这是我的想法，我也给现在村上干部提到过，高德敏书记也觉得相当正确。其次，再把墓园弄起来了，把墓园这个经济做起来也是有发展前景。最后，就是要建设一个老年人休闲娱乐的场所，老年人可以在这里喝茶、下棋、打牌之类的，让老年人有更加丰富的娱乐生活，我们村子目前的情况是这种场所相对很少，老年人没法聚在一起娱乐、休闲。"

（六）第六任支书：高玉春（任职期：1996—2001）

"这样的选择并非仅仅是为了证明我自己。"唐昌镇委派高玉春担任战旗村书记时，正逢高玉春的事业如日中天，他在外面开企业办厂，而且效益非常好。高玉春回忆刘书记找他时，他并不愿意担任村支书，因为这无疑会使他在个人事业上少了一些精力和时间。后来经过慎重思考，高玉春觉得作为一名中国共产党党员，作为一名退伍军人，作为战旗村的村民，组织现在需要他，因此，他应该站出来。在个人与集体之间，高玉春义无反顾地选择了集体，不负众望地担负起上级党委赋予他的使命，挑起了让战旗村更上一层楼的重担。"这样的选择并非仅仅是为了证明我自己，无论从情感出发，还是从理性的角度考虑，我都必须做出这样的选择。"高玉春如是说。

民以食为天，兴办企业。1996年，高玉春书记刚上任时，村上的贷款已经达到几十万，经济形势不是很乐观。书记的理念就是"王者以民为天而民以食为天","仓廪足则知礼义，衣食足则知荣辱"。如果不能首先解决百姓的温饱，老百姓是不会响应你的号召的。在这一理念的指导下，加上当时村集体的经济形势恶化，高书记在已有企业的基础上，又兴办了一些厂子，比如豆乳厂、豆瓣厂、养猪场等。作为一名企业家出身的高玉春，在他的带领下，战旗村的这些厂子效益较好，吸引了村上100多人就地就业，一部分农民除了获得种地收入以外，还增加了一些务工收入。食品厂的盈利，不仅还清了战旗村之前的债务，还使得村集体有一部分的结余资金，这些资金为今后集体企业的发展和壮大奠定了基础。

"公司+农户"的产业化经营模式。高玉春在外调研的时候，无意发现重庆的涪陵榨菜卖得非常好，全国知名度非常高，尤其是产销一体化，农民种菜直接卖给当地的榨菜生产公司，当地农民种植榨菜的热情非常高，因此收入非常可观。这种产销一体化的模式引起了高书记的注意。在仔细调研榨菜项目之后，高书记自己出钱购买了种子带回战旗村。回到村里，高书记并没有直接用行政性的命令要求村民大面积种植，而是免费送给部分村民，鼓励他们尝试新事物，并承诺只要村民种植，他负责按照市场价进行收购。

战旗村每年有两季农作物种植，由于榨菜种植到收获的时间很短，正好在收割水稻和种植油菜之间，平时这段时间各家的土地都荒废了，如今高书记给村民承诺按照市场价格全部收购榨菜，所以第一年收成普遍都不错，凡是种植榨菜的农户平均收入增加了800元左右。有了第一年的试验，第二年种植榨菜的人就更多了，随后便逐渐成为当地的主要农作物之一。战旗村利用现有的豆瓣厂，直接对收购回来的榨菜进行加工销售，实现了产销一体化的农业产业化模式。

修楼修路造福百姓。学习先进一直是战旗村的优良传统，从李世炳书记的农业学大寨到杨正忠书记的联产承包学小岗，可以说这个村一直很善于学习而不是封闭保守。高玉春书记亦如此，虽然身处川西一隅，但是他并没有将自己的视野局限于农村，而是非常善于借鉴和学习。

高玉春认为，只有通过比较，我们才能认清自己存在的不足之处；只有站在一个较高的位置上，才能看到自己发展的差距；只有找准了前进的方向，在发展思路和发展战略上才不会有偏差。由于基础条件、地理位置等诸多方面的差距，无法照搬照抄人家的经验做法。因此高玉春一直很注重因地制宜，从本地的实际出发，融入"软经验"，比方说解放思想、振奋精神、发动群众、创造条件等，使"软经验"转化为"硬实力"。

1996年，上级领导组织各乡镇领导去马来西亚参观学习，当时村上只给报销5000元，其余花费只能靠自己解决，高玉春仍然积极争取名额，到马来西亚参观学习。这次外出学习，给高玉春的触动很大。一方面他看到别人的长处，发现了自己的不足；另一方面开始促动他寻找新的发展思路。回来之后，高玉春积极与村民和村干部交流心得体会，他办的第一件事情便是修建一栋办公楼。他说别的村里都有一栋相当规模的村委会办公楼，而战旗村集体经济也不错，村民生活条件也有很大的改善，但是一个像样的办公地点也没有。于是，1996年，高玉春启动了兴修办公楼的计划，一年左右的时间在战旗村修建了一栋三层的办公楼，耗费资金30余万元，办公楼内的具体设计就是模仿当时马来西亚一些村子的办公楼室内设计的。"5·12"汶川大地震期间，这座大楼没有受到任何的破坏，至今还屹立在战旗村村口，成为战旗村经济繁荣发展的一个象征。

在修建办公大楼之后，高玉春还想把群众的生活水平提高。他认为，如果战旗村按照当时步子继续向前发展，以后随着住房的集中，农村渐趋城镇化，来战旗旅游观光的人一定很多，那么游客对集餐饮、住宿、娱乐为一体的酒店需求必然会大增。于是，他高瞻远瞩，又兴修了轰动一时的迎龙山庄，占地20余亩，后来改建成为今天的"战旗文化大院"。

不仅如此，高玉春很重视基础设施建设，当时战旗村的道路沟渠等被"5·12"汶川大地震破坏比较严重，高玉春书记提倡"有钱出钱，有力出力"，号召大家将一些高低不平的街道用砖石砌筑，将村里通往田间的道路也进一步取直垫平，此举方便了村民的日常出行，村民们感到非常满意。

回顾走过的道路，高玉春没有后悔。他觉得自己作为一名基层的村干部，离老百姓最近，就应该心里想着老百姓、为老百姓着想，在书记的位置上，就必须给群众一个交代，要务实，要出成绩，要带领大家共同致富，虽然所做出的成绩与自己的目标还有些距离，但是他尽力了。在高玉春担任书记期间，战旗村在经济、社会各方面都取得了很大的发展，这也为战旗村以后的发展奠定了坚实的基础。

（七）第七任支书：李世立（任职期：2002—2010）

访谈记录：

问：李书记，您好！这次来对您做一个访谈，感谢您百忙中抽空接受我们的访谈。

答：不客气，有什么疑问，你们尽管说吧。

问：我们就是想对你们8位书记做一个采访，了解一下您任职期间发生的一些事情，麻烦您帮我们回忆一下。

问：您是什么时候开始担任村上干部的？

答：我当兵回来以后，那是1977年……但我觉得呢，我们村上的发展应该说主要分几个阶段，罗书记肯定给你们讲了，第一个阶段呢，是战旗村建村的时候，即农业学大寨的时期。第二个阶段应该就是那个包产到户时期。包产到户在我们村上是晚了一年，当时是1981年搞包产到户，当时我们村上经过民意调查大家都不愿意包产到户，罗书记给你们说没？当时只有三户人签字同意。

问：当时为啥子不愿意呢？

答：主要是我们原来在农业学大寨的时候，战旗村的粮食产量在全县都是比较高的。村领导到县上汇报情况，县领导晓得实际情况之后就表示：再看看。第二年村领导又去县上汇报工作，县领导就要求，必须包产到户。

问：再说说村里的企业吧，具体在哪年就有了12个企业？

答：具体可能在20世纪80年代的时候就有了12个企业。易奉先书记那时候在负责，他应该晓得。

问：12个企业都是做什么的呢？

答：重点还是农业嘛，肥料厂啊，包括工业运输公司、搬运公司。我们把5个比较大、效益比较好的企业进行改革，重组为一个股份公司，村上占50%的股份，这50%就是村集体经济，另外30%就是企业股份，还有20%就量化给个人，就是这些企业中的职工个人。

问：这些职工都是村里的人哈？

答：大部分是。

问：那有没有村民不在这些企业当中的呢？

答：有哇，村民不在企业当中的所占股份在集体的50%之中。职工股的20%就是按照参加工作的时间长短还有职称、贡献大小等来确定，所以这个是给个人的，但是个人要出1/3的钱来购买。

问：那集凤实业董事会由哪些人构成呢？

答：实际上基本是由村上的书记、主任来担任，一共有五个董事，五个企业里面产生了三个董事。

问：李书记您给我们介绍一下"大学生进农户"的活动吧。

答： 2006年我们战旗村举办的"大学生进农户"活动被评为全国十大政府创新典型。这次的活动是在县委宣传部的领导下，联合几所学校，积极开展"高校＋支部＋农户"大学生进农家活动。活动一共搞了5天时间，来360人。

问： 这些人是如何安排的？

答： 考虑到安全问题，每户住两个，共180户，其余的就集中在几个主要干部家里。学生开始来的时候村民敲锣打鼓欢迎，经过了5天的相处，走的时候，群众自发到村口送学生，很多人相拥而泣，场面十分感人。自从这次活动成功举办后，很多高校都纷纷与我们村联系。由于这次大学生进农户给我们带来的许多新观念和新信息，短短的几天里，我们村子里非常热闹，有村民形容就像是过年一样。但是大学生走了之后，村庄又恢复了往日的平静。有人开始给我建议，大学生进农户的活动应该坚持下去。所以，文化大院的想法才这样应运而生。通过这次活动，大学生进农户确实给我们带来了不小的改变，既然有人提建议将活动继续下去，这也引起了我们对于农村文化的思考：农村文化怎样开始，而且怎么开展起来？效果如何？首先要解决文化活动的场所问题。经过研究，对原先的一家企业场所进行改造、装修，给农民提供一个活动场所，就是现在的文化大院。我们是按照成都军区文工团的模式，组建了我们战旗文化团。后来，战旗村经过努力，成为成都市文化建设试点村。

问： 李书记，你们村的社区功能非常齐全，非常现代化。您当初是如何设计这一切的呢？

答： 我们当初对于社区规划花了很多心思。基本的想法有两点：第一，去掉农村搞规划。参照成都市小区规划模板，它的档次是中等偏上，上等偏下，保持20年不落后。目的既要让村民出得起钱，又要具有一定特色。第二，就按照连体别墅的结构进行建造，每户都配备车库。这些想法在当时村民并不接受，他们的疑虑也很多。例如车库的问题。当时村民认为车库没有用。我对群众做了很多解释工作，有车的肯定要有车库，没有车的就当作是杂物间。如今，大家都觉得当初这个设计非常好。另外例子就是卫生间。按照我的要求，卫生间在楼上一个楼下不少于3个，主卧一定要有卫生间。当时村民觉得卫生间太多很浪费，而且对于主卧一定要有卫生间的想法不理解。因为农村都不喜欢将厕所建在屋内。我们考虑是，农村的厕所发展经历了三个阶段：第一阶段是厕所不进户，第二个阶段是厕所进楼梯间，第三个阶段就是厕所进主卧。既然我们要求20年不落后，那么厕所一定要进主卧，并且楼下不少于3个。如今看来，这个想法也是非常不错的。

问：李书记您的工作思路相当清晰，您能谈谈战旗村未来还可能会遇到哪些问题吗？

答：目前来看，战旗村的各种经济关系错综复杂，农业公园、新成立的公司、集凤公司、农业股份合作社、战旗社区，首先要理顺这些关系。在成功的经验下，才能做好下一步的规划。战旗村既要解决弱势群体的问题，也要注意绝不走平均主义的道路。我们要坚持现有的农业股份合作社的模式：效率+分红。重点处理好公司如何运作、企业管理问题，在保底基础上努力做好二次分红工作，加大对于土地入股的流转管理。

问：今天非常感谢李书记百忙之中接受我们的访谈，再次对您表示衷心感谢，也祝福您身体健康，家庭幸福，生活愉快。

答：你们太客气了，跟你们一起讨论我也很高兴，如果还有什么疑问，可以随时联系我。

（八）第八任支书：高德敏（任职期：2010至今）

访谈记录：

问：高书记您好！这是我们第一次来到战旗村，你们战旗村的发展和取得的成绩让我们非常惊讶，我们很想了解一下这其中的一些情况。谢谢您百忙之中接受我们的采访，谢谢您！

答：好的好的，没问题！我一定积极配合大家的工作！

问：谢谢高书记！高书记，我们了解到战旗村从建村以来，一共产生了8位党支部书记，我们就是想对每一位书记进行一个访谈，了解一下每位书记在职期间都发生了哪些事情？战旗村又是如何一步一步发展到今天的？

答：这样的，我们战旗村1965年建村以来，确实一共有8任书记，其中，第三任书记杨正忠已经过世了，现在村上有7位书记，年龄最大的一位已经97岁了，呵呵！还有一位呢，家住郫县，我待会儿跟他联系一下，到时候让金社长带你们去，没问题的，其他几位都在村上，我也已经跟他们联系好了，你们可以直接去采访。

问：那太好了，非常感谢高书记，百忙之中接受我们的采访，非常感谢！

第十章 挥动旗杆的领导者

答： 没事。

问： 高书记，那您看这样好不好，刚好您今天有时间，您就先给我们讲讲您工作上的事情吧！

答： 可以，没问题！

问： 好的，那高书记您在担任战旗村村干部之前是做什么工作的？

答： 这个啊，我做的事可多啦！呵呵，我高中毕业后，没考上大学，刚开始就回家务农，后来又做过电工、修理工等多种工作。再后来我就自己创业，创办了自己的企业，也可以说我是做企业出身的。

问： 那高书记您是什么时候开始担任村干部的呢？

答： 其实我开始并没有担任村干部的想法，因为我自己也有企业，就是豆瓣厂，平时工作也挺忙的。后来李书记（李世立）找我谈，让我一起来管理村子里的事务。最初，我想我也没有村干部的工作经历，万一做不好怎么办？李书记鼓励我，让我放开手去干，他说我能把企业管理得这么好，管理村子也不会有什么问题。我慢慢也被说动了，这里毕竟是生我养我的地方，我当然也希望战旗村变得越来越好，大家越来越幸福，日子越来越红火，如果我能为战旗村的发展贡献我自己的力量，我觉得这比我办企业更有意义。后来大家都很支持我，2002年当选为村委会主任。

问： 高书记当村长，也说明村民都很有眼光啊，大家都相信你。

答： 当时选举的时候，我还是怕选不上，我自己就在想：你们选了我，是你们的福气；不选我，是我的福气。

问： 呵呵，为什么这样想呢？

答： 嗯，我觉得哈，选了我呢，我不会为了一些小恩小惠损失大家的利益，因为我有自己的企业，我不缺那点钱，我一定会全心全意为村民服务，尽职尽责，尽全力带领村民致富。如果不选我呢，我还可以专心搞我的企业，赚我的钱，对吧！所以说，既然大家信任我，选了我，我就一定不能辜负大家的信任，一定要实实在在地为战旗村、为战旗村村民做点贡献。

问： 呵呵，也对哈。那高书记，您给我们讲一讲您从担任村长至今，战旗村都发生了哪些大事情。

答： 好的，这个啊就多了。

问： 我们就是想了解你们战旗村的整个发展变迁历程。

答： 大事情嘛还真不少，如果从2002年开始算，战旗村做了不少事，比如企业改制、大学生进农家、村民集中居住。

问：哦，好的，那麻烦您把每一件事情都详细介绍一下吧。

答：嗯，那就先说说企业改制吧。我当村长之后，第一件大事就是协助李书记完成企业改制。当时，我们村委干部的想法和意见都还是比较一致的，我就觉得之所以要进行改制，最大的一个问题就是大家对于经营权和所有权的混淆，那个时候，完全不懂什么是经营权，什么是所有权，但是只有我跟高书记懂还不行啊，那些企业的厂长不懂，还有我们的村民也不了解。我私下问过一些村民，他们觉得，人家每年都给村里交钱，现在那些厂子就应该是他们的。企业改制当时真的是到了非改不可的时候，大量的集体资产流失，我们作为战旗村的主要干部，历史的责任落在了我们的肩膀上。当时整个村委的干部都思想一致了，就是要坚决推进企业改制。我们预想到了在企业改制过程中会遇到一些问题。因此，肯定不能盲目地改制，得有步骤和方法。整个村干部成员大家都很团结，每个人都在为问题的解决建言献策。2002年，我们就准备开始实施改制，第一步就要解决思想上的问题。要让所有的村民和厂长，把企业的经营者和所有者之间的关系弄清楚，弄明白。我们专门从高校请来企业管理方面的专家到村子上课，而且我们还把讲课的视频录制下来，发给村民，当时就讲了企业经营者和所有者的问题。村民们就逐渐开始清晰了。这个时候那些厂长坐不住了，一些人开始闹了，但是我们的意见非常的坚定，这些企业都是村集体的而不是你个人的，不管你反对不反对，村子都要收回来。其实呢，我们都是做企业的，这其中的道理也懂，你说人家辛辛苦苦经营企业，没有功劳肯定也有苦劳，干了这么多年的企业，你突然要从他手上拿回来，肯定一下子很难接受，这个是正常的。后来，我跟李书记商量用购买的方式，把他们手中的股份买回来。

问：购买？那他们愿意卖吗？

答：刚开始我们是想他们自愿的，如果他们愿意把企业交出来，村委就进行奖励。但是这个方法行不通，后来才想到进行股权购买这个方法。我们知道股权可以在内部进行流动，但是不能到外面进行交易，所以，我们就想着以村委会的名义出钱购买小股。我们当时就觉得购买只能慢慢进行，还不能大面积一下就铺开，我们开始先找一个企业进行试点，我记得第一个厂子就是砖厂。其实村民还是相信村委的，再怎么搞我们一帮人都是为村子的发展做事情。而且，我们出的转让价格合理，村民们还是愿意卖给我们，而对厂长他们的股份，如果愿意卖，我们肯定也一样购买。起初厂子还动员员工不要卖给我们，后来我们想了很多办法，比如说，只要你把厂子交出来,让村民把股份转让的合同签了,我们一次给你奖励,如果你不交,迟早我们都要把厂子收回来。就这样晓之以理,动之以情,顺利地把砖厂收回来了。

问:那改制期间您遇到了什么阻力吗?

答:阻力还真是不少。我们为此得罪了很多人,他们也想了各种各样的办法来阻止我们的改制。有一次上面还派来调查组调查李书记,但是后来证实这个事情纯属诬陷,也就不了了之。我跟李书记心里坦坦荡荡,因为我们不是为了一己私利,我们是在为战旗村老百姓做事情,即便在这个过程中受到一些村民的误解,只要这个事情是对的,我们受一点委屈算得了什么呢?我之所以当这个村长,我就不怕被误解,我一定要干出一番事业来。唉,不过这个过程确实还挺艰难,尤其是那些厂长的不配合。不过还好,最终,我们还是完成了企业改制。你们看看,如果我们当初没有改制,没有改制成功,你们不可能看到战旗村今天的村容村貌的,呵呵。

问:是的,战旗村现在看起来就不像是农村,这里住着比城市里面还要舒服,尤其是这里的环境,这里的空气好清新,是一个多好的地方。看得出来,高书记,您真是一位相当有魄力的领导,战旗村的人不会忘记您的啊!

答:你们言重了,这不是我一个人的功劳,这是我们整个村委共同的努力,尤其是李书记,我们工作配合得很默契,还有其他的村干部,都在整个改制过程中付出了很多的努力。而且,我们村的一些党员干部,在这里面起到了带头作用,他们都非常支持我们的工作,没有他们的努力,改制也不会取得成功的。

问:那对于战旗村的发展,您又是如何考虑的呢?

答:对于村子的发展,我们当时也是一筹莫展啊,就是不知道到底该如何走下去?没有方向,因为当时村子的力量有限,村委收回了所有的集体企业,一下找不到下个工作重点了。后来,在2006年我们举办了大学生进农户的活动。

问:听说那次活动还上了电视呢?您给我们介绍介绍吧!

答:我记得那是2005年的下半年,作为新农村建设工作的一部分,郫县县政府准备搞一次大型的大学生"三下乡"活动。我也是一个偶然的机会才知道有这么个事情。当时没有想那么多,就是想借这个机会,把战旗村宣传宣传。于是,借一次参加县人代会的机会,李书记向负责这一次活动的县委宣传部连部长表达了想承办这次活动的意愿,并把初步的工作设想详细地向连部长做了汇报。随后不久，连部长亲自到战旗村做了调研，对战旗村的"乡村文明、村容整洁"给予了高度的评价，并向县委、县政府进行了汇报。就这样，"高校＋支部＋农户"活动定在战旗村了。后来，由于很多记者和新闻媒体的关注，以及媒体的宣传报道，这个活动荣获"2006中国十大政府创新典型"的称号。

这次活动时间并不是很长，但是效果非常好。我们也没有花多少钱，却带来了一个很好的社会效应。活动本身不是很复杂，360多人全部安排在我们的村民家中，我们家当时就住了四五个人，至今，我们都还保持着很好的联系。大学生就是不一样，他们非常活泼，有知识有朝气，他们一来，我们村子顿时变得热闹起来，文化大院里面载歌载舞的，气氛很好。白天他们跟我们的村民一起去田间地头耕作，晚上回来就唱歌跳舞，呵呵，现在还挺怀念那个日子。他们要离开的时候，你们不知道那个场面有多感人。起初我们村干部还想着是不是组织一个欢送会什么的，后来想想还是自发形成吧，这样可能更好。当时走的时候，好多学生都哭了，我们的村民也哭了，恋恋不舍。

问：这个大学生进农户的活动现在每年还在搞吗？

答：那次的活动社会反响挺好的，后来越来越多的高校与我们联系延续这种大学生"三下乡"的活动。我们自己也想搞，因为大学生一走，整个村子又一下子安静下来了，又恢复了往日的平静，大家开始觉得似乎是少了点什么。然后，一些热心的村民开始跟我们村委建议，大学生进农户的活动可以坚持下去，不能光是种田，我们自己也需要丰富多彩的生活方式。所以，这个活动就每年都坚持下来了，每一年都会有学生来我们村子交流学习。文化大院就是那个时候开始筹建的，专门提供这样一个场所，让我们的村民茶余饭后，可以有一个休闲娱乐的场所。

问：修建这个文化大院应该花了不少钱吧？

答：是的，第一次修建就花了好几十万，是把原来的迎龙山庄进行改造而成的。

问：都是自己出的钱？

答：第一次就是村委出资修建的，反正都是为了全体村民嘛，这些钱还是值得的，大家都挺满意的。"5·12"汶川地震的时候，几乎被全部损毁了，然后县委、县政府等给了一些支持，重新修建起来了，如今你看到的是重建的，光是重建就花了近180万元。

问：嗯，这个文化大院很漂亮，功能设施也挺齐全，你们的想法真是

第十章 挥动旗杆的领导者

超前,战旗村村民有福啊,那高书记,您再跟我们谈谈集中居住吧?

答: 集中居住那个时候我担任村长,我们是向华西村、南街村一些全国的明星村学习的,我们发现别人是土地集中治理,农民集中居住。于是,我们就开始筹划战旗村村民的集中居住。当时正逢成都市出台统筹城乡的文件,就按照文件的精神推进战旗村村民集中居住。集中居住一方面可以改善我们的居住条件,另一方面还可以有利于我们整个村庄的规划。在我看来,土地集中和村民集中居住是相辅相成的。我们村为了发展集体经济、统筹土地资源,先后进行了几次土地调整,在20世纪七八十年代先后进行了两次,我们以队为单位,每调整一次,每个队的人员增减不一样,中间会有差异,但是很小。我们这次集中居住,将原来的建设用地变成了农业用地,进行了很大的调整。这个调整的过程中呢,如果我们要找差异,这个也不好找。为了方便,干脆以村为单位重新确定土地。说起来很复杂的一件事情,我们可以把它简单化。如果单独去量土地,很麻烦。其实老百姓最关心是它的数量而不是位置,所以,土地集中的方案一推出来,老百姓也是欣然地接受。

问: 高书记,您现在看到这些联体别墅是不是很有感慨?

答: 呵呵,是的!我觉得很自豪,我们村过去那么穷,如今,不管怎么说,生活条件得到了改善,很不容易。

问: 对,看看周边的村庄,就会发现你们村子走在了前面,这些都是有您这样的村干部努力的结果。

答: 我觉得吧,人无法完全做到大公无私,但是我们可以努力做到先公后私。我觉得自己能力水平很有限,但是,我在这个位置上一天,就要为村民办一天的事情,我也怕辜负了大家的期望。现在你们看到的不仅仅是我的功劳,也是之前7位书记的功劳,更是战旗村村民的努力。这里是生我养我的土地,我对这里有着深厚的感情,这里的村民勤劳善良,无论是今天的改革开放时期,还是过去连肚子都吃不饱的时候,我们战旗村的村民都不怕吃苦,那种肯干的精神鼓舞着我们每一个人,可以说,今天的战旗村是过去多少年的沉淀,是一代人一代人传承下来的。

问: 高书记讲得很好,很谦虚啊!

答: 呵呵,没有!我说的都是实话。

问: 那高书记,您能不能给我们介绍一下村子的农业产业化呢?

答: 好,我们村子对于农业产业化的摸索的时间还是久哦。成熟后才有了"公司+农户"和"村—企—农"两种模式。

问：您先介绍介绍"公司+农户"吧。

答：战旗村实施"公司+农户"的产业模式自20世纪90年代开始。当时是高玉春担任村支部书记，他在外调研的时候，无意中发现重庆的涪陵榨菜卖得非常好，全国知名度非常高。高书记发现涪陵榨菜的产销一体化很有意思，农民种菜直接卖给当地的榨菜生产公司，然后榨菜公司进行收购和加工，再销往外地。高书记当时就想着能不能在战旗村也开发这种经营模式。在详细了解了涪陵榨菜的产销一体化后，高书记自己出钱购买了种子带回战旗村。回到村里高书记免费送给部分村民，鼓励他们尝试新事物，还说只要有村民种植，他负责按照市场价进行收购。

战旗村每年有两季农作物种植，而榨菜种植到收获的时间比较短，正好在收割水稻和种植油菜之间，这段时间大家一般都把土地给荒着，啥都没有干。这就正好给榨菜种植提供了一个时间。第一年种植的人好像并不是特别多，但高书记没有食言，凡种植的人，种多少他就收多少，差不多种植的农户平均增加了800块钱哦，这个在当时还是很大的一笔收入。毕竟我们战旗村当时有那么多的食品加工型的集体企业，只要收回来，就可以加工、销售。很有意思，第一年看到那么多人种植榨菜都取得了不错的收入，第二年几乎家家户户都种上一点榨菜，慢慢地榨菜就成为我们这里的一个主要农作物。

更有意思的是，我们村种植榨菜，还带动了周边村子的种植，虽然现在种植的面积减少了，主要是因为我们搞土地集中，发展农业产业园，我们的面积减少了，但是周边依然很多啊，保守估计有上万亩吧。

问：这完全就是共同学习、共同致富啊。那您再说说"村—企—农"吧。

答：好的。因为之前我们是分散种植，家家户户的种植效益并不一致，有的高有的低。然后，种植榨菜的质量也会因为种植人的种植生产技术而不同。比如说你比较勤劳，你经常去看护，再加上熟悉榨菜生产环节，自然你们家的榨菜就会长得好一些。当时，2003年，我们村组织去南街村和华西村参观学习，我们就发现人家的土地都没有搞包产到户，而是集中在一起，由村委进行管理，这是我们最大的收获。你们不晓得，那个时候，国家并没有像现在这样的，鼓励大家进行土地流转经营，当时还没有这个说法。我们回来就想学习人家的做法，自己搞集中。后来召集村里的干部开会，讨论这个土地集中的想法。虽然想法比较新颖，由于之前没有这个方面的实践经验，所以，我们起初只是试验性的。

第十章 挥动旗杆的领导者

问：试验？怎么个试验法呢？

答：就是家家户户先划出三分地来，由村委进行管理。我们也不强求，而是采取自愿的原则，你愿意的话就划，不愿意就算了。你出三分土地，我们村委负责进行种植，就是经营，你不管我具体做什么，然后由这三分地来抵扣你们家的税费，如果还有多余的收入，就直接充入村集体账户。因为可以不用再缴税，参与的人还是不少。我们的这个"村—企—农"其实就是源于之前的那个"公司＋农户"的模式。刚开始，我们也没有这么提，没有这么总结过，还是当时时任县委书记来到战旗村视察新农村建设情况时，对于我们的这个模式比较赞赏，然后就说"村—企—农"这个模式好。说简单点就是农民和企业，通过农业股份合作社来进行合作达到共赢。因为，当我们村全部土地集中之后，这么多的土地集中起来，具体做什么呢？这个才是摆在我们面前的一个难题。我们就要想办法，与一些企业合作，共同开发和利用这些土地。这就是我们当初的想法，你看像现在的妈妈农庄啊，还有那个榕珍菌业其实都是那个时候搞出来的，还是挺不错的。农民只要转让一下土地，用土地入股，我们村委像是中间人一样进行土地规划，当然，我们还是想搞与农业相关的项目，比如旅游观光什么的。我们不能破坏我们这里这么好的环境，即便哪一天失败了，我们还可以迅速回过头来搞农业生产。你们说对吧？所以，我们在与企业合作的时候，就会有倾向性的选择，不是什么企业都可以来我们战旗村发展的。我们肯定不能牺牲长远利益来换取眼前这点利益。呵呵，我要对我们的子孙后代负责任啊。

问：高书记，您真是想得很长远啊。您的一席话，真是让我们受益匪浅。我们知道您上任以来，特别注重环境保护，听说今后要建造一个农业公园什么的，是吗？

答：嗯，是的，是有这么个想法。

问：那高书记您就给我们介绍一下你的下一步打算吧。我们知道这将是您未来几年的一个宏伟规划。

答：好，农业公园是2011年我在参加村长论坛的时候，将论坛的内容和我们战旗的实际结合起来提出的。谈到"村长论坛"，我们每年都分几部分内容，比如说结构上分主论坛和分论坛，内容上包括蔬菜种植、农业观光、农业旅游等其他与农村、农业相关的内容。我个人是很看好农业旅游观光的。那么这个"农业公园"也是我们根据成都市郫县对我们这个地区进行的产业规划并进一步联系实际提出的。说到这里，我们知道无论发展到什么时候、做什么事情都必须要和上面的政策相衔接，不能与上面的政策背道而驰，不符合规划不能做，如果你非要那么做的话，不但得不到支持，在很多方面也会受到很多的限制。像我们这里地理环境是上风上水，以前是国家二级水源保护区，后升成一级保护区。成都市90%以上的生活用水都取自这里。因此，根据这种情况，我们应该在农业上下功夫。但是传统的农业，大家都晓得是国家扶植的产业。那么为什么国家要扶植它？通过这个问题，也就说明了它是相当弱势的一个产业，所以，如果我们只是单纯地发展农业的话，会妨碍我们村的全面发展，于是我们引进了一、二、三产业，再加上我们这个地方本身生态环境就比较好，因此我们就把农业和农业休闲观光联系起来。在这个前提下，农业公园也是我们现在主要的想法和思路。而这个思路是基于我们要搞农业休闲观光，因为全国很多农村也都在搞农业休闲观光，而他们搞的农业休闲观光很多没有突破家庭型模式，比如农家乐。农家乐规模小，而且完全依靠政府扶植、投入。一般的农家乐，特别是它的公共环境、公共配套设施靠政府投入，一旦失去政府支持，就会变成一塌糊涂。所以，我们村上就提出来公司化运营，一方面引进企业，再以我们村上的资产入股，采取纯粹市场化的合作模式，成立公司，打造一个具备基础配套设施的公共的景点，在此基础之上再引进、投入建设一些相应的休闲项目。那么我们为什么又取名叫"农业公园"呢？我们这里第一是展示农业，以农业为主。因为我们这里地理环境上风上水，都江堰的水流进来后，我们就想把它搞成一个用水、保护水的示范基地，让下游的人看我们是怎么样用水、保护水的，看到我们不是上游不管下游。而如果下游的人关心他们的生活用水质量，他们就可以来我们这里看一看，他们来参观，相当于给我们带来了不菲的经济收入。有了资金的支持，那么水源保护就能够持续运行了。我们之所以不允许搞一些有污染性的企业，也是因为我们要建设生态公园，农业公园也就是我们比较大的想法。

问： 确实保护环境特别的重要，我们觉得您这样想是具有前瞻性的。

答： 嗯。如果生态遭到了破坏，我们的家园就危险了。那么具体"农业公园"的内涵包括什么呢？说来话长，我就简单地把一些比较精髓的内容讲给大家。首先，就是在农业公园里展示现代农业。通过展示原始农业、设施农业，还有我们都想追寻的回归自然的生态农业，让人们体会、感受现代农业，这是一个方面。第二个，我们就是展示一些农业文化，一些农耕文化都可以作为农业公园的内容。而我们所说的农耕文化不只是种植方面的，有可能包括一些养生方面的产品。一些原汁原味的农户产品的加工作坊，比如我们日常生活中的米坊、面坊、茶坊、豆腐坊、豆粉坊等等很多，我们就可以建立这样的"农业十八坊"，以此作为平台，以作坊式展示农产品主加工的原生态，而不只是简单的产品展示。这样我们的"农业公园"也就相当于一个农业产品的超市，但我不一定要以超市的形式，我是一个点一个点地展示传统农业的生产方式。这种理念首先是一个日本人提出来的，而这样做必须需要一个前提：这里的农产品不推向市场，你如果喜欢这里的农产品就必须来我这里买，其他地方是买不到的。比如说传统的原汁原味的酱油，你只有到我这里才能买得到，就是这个意思。而关于这个理念，我也请了几个日本的专家来详细讲解，这样就更加清楚自己的发展思路了。现在研究生态文明，追求回归自然。人们往往最想看到的就是那些已经遗失了的东西。而我们传统的农业就是失去的东西，我们把那些遗失的东西找回来并在农业公园里展示。人们在农业公园里找到那个感觉，看到了未来的农业发展的方向。同时，农业总是与我们的生活息息相关，我们就会相继推出一些养生产品，推广一些养生文化。这个"养生"涉及的面比较丰富。不仅包括一些原始淳朴的生活方式、养生的农业产品，还包括一些劳动养生。这个理念也是首先由日本有关专家提出来的，他们称之为"免药活动"，意思就是说，你在我这里参加农业劳动，就可以免去吃药。我是比较下功夫做这个事的。因为我们是天府之国，地处长江上游，我们的巴蜀文化会影响长江中下游的，我们可以把有特色的想法和事物都浓缩进来。比如我们农村，以前的婚丧嫁娶传统仪式，一整套的都可以在农业公园里展示出来。比如妈妈农庄，它是集会议接待和休闲、婚庆于一体的场所。我们这个农业公园打算专门修一个蜜月村。我曾经去杭州的一家叫阿曼酒店考察学习，那个酒店外面看起来很一般，里面的设施却是相当的高档和时尚，有很多人光顾该酒店。新婚度蜜月，一辈子就一次，花几千元也划算，我们可以给你提供这种类似的服务。我们农民有一句话叫"闹里有钱，静处安身"，热闹繁华的地方可以挣到钱，要修身养性还是静处舒服，我就给大家提供这个服务。然而发展起来农业公园，要想使这个地方有生命力，还需要注入文化的内涵，但这个我们就做不好，只有请你们来加以指导。我们不怕做不到的事情，怕的是想不到。先把它想到，慢慢地争取把它做到。为什么对做农业公园有那么大的信心呢？就目前来说，整个成都市农业旅游观光项目竞争相当激烈，如果没有新招，还不如不搞，要搞就要搞个比较有特色创新的。现在农家乐的公司运作很少。2014年的妈妈农庄只是小小地搞一下，没想到会有这样好的效果，两个月接待了40多万人，证明我们有这个聚人气能力。同时，也给我们带来很多反思。我们要打造好旅游景区，必然要涉及吃、住、行、游、购、娱六个要素，然而我们的发展还有很大差距。首先是我们基础配套设施还不完善，其次就是我们的经营管理也跟不上。我们打算通过一份宣传册，就是介绍战旗村的资料，以每本10块钱的价格发给前来旅游观光的游客。一方面让他们更加了解我们战旗村的发展历史和现状，另一方面还可以给我们带来可观的经济收入。其实任何事情都能够与经济相联系，也只有和经济相联系才会保持长久的活力。然而这一切都要建立在土地这个资源上，土地是不可再生的资源，我们必须要用好它，管好它。

问：高书记，您的这些想法真是太好了，我们很期待这一天早点变成现实。如果那个时候我们再来战旗村，肯定会刮目相看的。呵呵！

答：到了那一天，我们一定会邀请你们来参观。

问：高书记，我们这次到战旗村，不仅要采访您，历任的每一个书记都要采访，我们觉得战旗村能有今天的成绩，离不开你们这八位书记的努力。您能不能说说你们这个村子所有书记的特点呢？

答：从发展变迁的历史来看，我们战旗村能走到今天，每一位书记都有自己的贡献。我们历经八位书记，八位书记都来自不同的家族，而战旗村发展的整个过程却始终保持了持续和稳定。这个对中国农村来说，它是具有可复制性的。因为中国很多村的发展也都是经历了许多任书记，但是现在我们有些村村干部的委任都慢慢形成家族制，他们父传子，子传孙，几乎整个管理层成员，包括村里所有的公司的负责人都是自己一家人。2014年我在"村长论坛"上，知道江苏省常熟市支塘镇蒋巷村的书记就明确他们村不搞家族制，他对自己的儿孙也明确指出不搞家族制。

问：您的意思就是说，战旗村这一点是可贵之处？

答：嗯，可以这么说。这一点其实也算得上是我们这里的特色。所以我们国家也不能完全否定。虽然关于企业的发展，我们战旗的经验还远远不如其他发展得好的村，但战旗村之所以有今天，是与它自身的领导班子的管理有很大的关系。几乎每一任书记在职期间都给战旗村的发展做出了不小贡献，每一届书记都引领着战旗村向前发展。我很荣幸大家推选我为村支书，之前有这么多干出成绩的书记，我感到很有压力。

问：高书记，您太谦虚了。

第十章 挥动旗杆的领导者

答：呵呵，没有。其实，我觉得如果一个村支书要想干出一番成绩，必须得有十年八年才可以。比如说，我当书记才几年，但我当村主任当了九年，未来再干几年，大概干到60岁退休吧，总体下来也得有个十几年。村里的发展要紧跟国家政策。我们的习总书记提出要全面建成小康，要在十年之内实现老百姓收入翻一番。我在想，如果我们能都达到这个目标，我的任务也就完成了。

问：相信战旗村肯定没有问题。

答：从我的整个想法，按照整个战旗村发展的战略规划和全村人的共同努力下，我认为实现这个目标应该是没有太大问题的。

问：估计很快就能实现？

答：如果搞得好的话，还是要五六年，搞不好的话大概得十来年吧，发展中肯定还是会有很多问题的。首先，以前我们的发展无论是谁走在前面，都缺少对现在所提出的科学发展、生态环保、人与人和谐、人与自然和谐等要求的考虑，原来是只要能挣钱就去做，不管是否有环境污染，不考虑对子孙后代带来的负面影响都去做，这是很盲目的。还有一点就是，在我们改革开放初期，不管你做什么，只要你有产品，就会有市场。但是现在，我们必须先找到市场后，才来做产品。当时是以产定销，现在我们是以销定产。所以现在的发展还是相当艰难的。因此我们要想发展好，首先要有一个好的思路。这个思路要求我们必须摸清我们自己的家底，而这个家底并不单单指弄清楚我们有多少钱，还得清楚我们自己有哪些资源优势，资源到底是什么，我们的群众有什么想法，他们最大的企盼……还有，我们同时也应该弄清楚怎么去做老百姓才能够接受。即便是以上几点我们都做好了，还有一点是不能忽略的：你必须要跟进当前的形势，坚决执行党的方针政策，不然哪怕你再赚钱，国家都是不允许的。

问：高书记您的想法都很有道理。您对现在的这个统筹城乡发展有什么看法吗？

答：现在搞这个统筹城乡，我个人认为，讲的是城乡一体化，如果仅仅从硬件上建设，这个很简单，但是思想上是不是一体化？观念上是不是一体化？生活上是不是一体化？行为规范上是不是一体化？那就难说了。城乡一体化不但要从表面上，更要从思想上实现一体化。这并不是简单的一句空话，而是一个漫长的系统的工程。要搞城乡一体化，就是要实实在在的，农民的素质要提高，但又不丢失我们农村的固有特色，如全部城市化了，我们还叫啥子新农村呢，所以新农村建设绝不能简单地脱"农"

字，脱了"农"字那就是城市化，或者小城市化。因此，我个人认为，统筹城乡发展，不仅要加强硬件的建设，在软件上也不能忽视，农民变市民，身份这些很好改变，但是农民的观念更需要改变。

问：高书记您真是高瞻远瞩啊，您是战旗村的福气啊。

答：呵呵，你们过奖了。

问：高书记，那我们今天的采访可以结束了，我们接下来还要去采访其他的书记。今天听您讲话，让我们有很大的收获，也再一次感谢您百忙之中配合我们的采访，谢谢您！祝您身体健康，工作顺利，家庭幸福！

答：好的，你们今后还有什么疑问，可以随时过来，与我联系就是了，战旗村永远欢迎你们。

图 10-1 战旗村历任村支书合影

（从右到左）高德敏、蒋大兴、李世炳、罗会金、易奉先、高玉春、李世立

第十一章
战旗的梦

回眸过去，展望未来，在经历了发展的彷徨与迷惘，战旗村不仅从中积累了经验教训，而且引发了对未来发展的思索。

一、建成彩色战旗

全面打造党组织领导下的自治、德治、法治相结合，乡村治理体系完善，诚信重礼尚法守制，社会秩序优良，各经济主体运行有序，农商文旅体融合发展的乡村振兴博览园核心区。正如李世立在谈及战旗村未来发展时这样讲道："未来的战旗一定是环境优美、经济发达、村民生活富裕的现代新农村。"李世立将战旗村未来的发展思路总结为"发展一产，提升二产，规划和培育三产。所谓一产就是农业，这是战旗发展的基础；所谓二产就是工业产品要不断升级，产品、信誉、质量、产量等各方面都要不断改进；而三产则是今后的重点，要在农业上做文章，以农业为基础，重点在于农业观光和农业旅游。"①

（一）产业是乡村的根本

战旗村成立农业股份合作社后，着力发展现代农业，形成了以有机蔬菜、农副产品加工、郫县豆瓣、食用菌等为主导的农业产业。但高德敏说："农村集体经济不能就农业发展农业，也不能发展单一产业，那样风险大，亏本的可能性大，只有延长农业的产业链才有出路。"战旗村产业

---

① 屈锡华,胡雁等.战旗村变迁纪实录[M].成都：四川大学出版社,2014：23.

发展路径是，先发展农业产业，在此基础上装填其他项目，形成农、旅、文、体、商一体发展格局。

在战旗村"第五季·妈妈农庄"近600亩的蓝紫色薰衣草基地，游人络绎不绝，一派欣欣向荣的乡村"强富美"景象，赢得参观游客的称赞，这源于战旗村发展农商文旅体融合产生的新动力。如今的战旗村，118平方公里"绿色战旗·幸福安唐"乡村振兴博览园轮廓初现，九大生态产业圈和五大消费场景博览，将集中展现农商文旅体大融合，一、二、三产业大联动，物质与精神层面大飞跃的乡村新面貌。《郫都区战旗乡村振兴示范片规划》，要求按照"成片连线规划"思路，发挥战旗村"火车头"作用，联合周边连片的横山、金星、火花、西北四村进行整体规划设计，整合区域旅游资源，营造旅游环线，集中打造一个以战旗村为核心的乡村振兴示范片。

（二）理顺产权关系，深化现代集体企业改制

在将来的发展中，战旗村首先要做的是理顺产权关系，在已有的经验教训基础上，做出下一步经济发展的长远规划。深化对现代集体企业制度的改革，建立现代企业制度，总结推广"村—企—农"模式，促进现在已有的企业做大、做强。战旗村将按照经济布局和战略性调整规划以及产业政策，坚持促进企业发展和集体资产保值增值的原则，努力完善产权制度、法人治理结构、企业负责人管理制度、经营负责制，并且做好企业业务、资产、组织结构、劳动关系调整等综合配套改革。改革的形式也是多样化的，对经济效益较好、规模较大，且有明显优势的企业，要在资产重组的基础上，进行规范的股份制改造，实现投资主体多元化，进一步扩大优势，增强核心企业竞争力。对经济效益一般、规模较小的企业，作为重组重点，采取由优势企业兼并劣势企业的方式，把这些企业占有的资产及资源重新配置到优势行业或优势企业中去，创造条件发挥更大的作用。适度加大对劣势企业的淘汰力度，对产品没有市场、持续亏损、资不抵债、扭亏无望的企业，采取破产和清算的方式使其退出市场，逐步形成劣势企业的退出机制。对规模较小、人员较少、经济效益一般，且不具备改制、出售、破产等条件的企业，可采取租赁经营的形式。规范集体企业改制程序，集体企业改制必须经过清产核资、产权界定、资产评估、财务审计和产权交易等程序，按有关规定操作，依法维护企业所有者和职工的合法权益。

(三)多元化发展,农旅融合

根据"三圈一体"战略规划,大力解决市域经济发展不均衡的问题,统筹谋划和推进资源要素配置、公共设施建设和生产力布局调整,加快构建起市域经济三大圈层紧密承接、梯度推进、抱团融合的新型区域发展格局。经过多方考察和调研,战旗村村委决定在充分利用现有的农业资源和区位环境优势的基础上,将战旗村努力打造成农业观光旅游特色村,并定位为成都西部的田园休闲度假区和以一、二、三产业相互促进、相互带动发展的旅游休闲区,提出了5年内建设"农业公园"的战略目标。①

(四)完善老人休闲场所,发展养老观光产业

在中国传统农村,居家养老一直是绝大多数家庭主要的养老方式。然而,伴随着社会发展,人民生活水平得到了普遍提高,意识观念不断更新,对养老观念逐渐发生改变。养老院养老和社区居家养老观念逐渐被更多的人接受,养老方式开始呈多样化发展。战旗村村委会决定开展旅游养老,发展养老观光产业。战旗村依托农业公园,根据区位交通、发展环境、场地规模、资金实力和资源整合能力打造居家式旅游养老。战旗村通过建设养老住宅、养老别墅,设计多样的养老观光活动项目和观光景点,同时完备各种相应的配套服务设施,打造一个真正适合老年人的旅游休闲胜地。

战旗村在体验生活、观光大自然、文化娱乐、购物休闲、医疗养生多方面充分利用本地资源,开发设计多种适合老年人的旅游产品,使老人来有所得、来有所乐。老人租住在战旗村农家客栈,进行农事耕作、采摘等农家休闲活动。农民艺术展览馆搭建农民艺术展示平台,充分展现"民俗风、乡红韵";战旗村建设水仙湖、五彩花田、观景台以及景观走廊,让老年人在活动之余畅享大自然的美丽;在战旗文化大院、老年协会,老人们各种吹拉弹唱、打牌下棋,感受文化带来的内心享受;战旗乡村商品购物一条街,展列各种农业产品、乡村特色饮食、旅游纪念品,满足老年人的购物需求;在战旗中医养生保健山庄,建设了中医医疗馆、中医康复中心、中医药膳馆,引进具备专业医疗护理知识的养护人员为老人提供全方位护理,包括为老人提供科学健康的膳食搭配、建立老人的医疗健康档

---

① 屈锡华,胡雁等.战旗村变迁纪实录[M].成都:四川大学出版社,2014:23—25.

案，为老人的健康保驾护航。

（五）农业公园

根据"三圈一体"战略规划，大力解决市域经济发展不均衡的问题，统筹谋划和推进资源要素配置、公共设施建设和生产力布局调整，加快构建起市域经济三大圈层紧密承接、梯度推进、抱团融合的新型区域发展格局。经过多方考察和调研，战旗村村委决定在充分利用现有的农业资源和区位环境优势的基础上，将战旗村努力打造成农业观光旅游特色村，并定位为成都西部的田园休闲度假区和以一、二、三产业相互促进、相互带动发展的旅游休闲区，提出了5年内建设"农业公园"的战略目标。

战旗村农业公园作为一种新型的公园形态，是立足农村广阔的国土空间，立足自身的乡村自然资源、生态资源、农业资源、文化资源、景观资源禀赋，融入低碳、环保、循环、再生等可持续发展理念，将新农村建设、农业产业发展与农耕文化、地域文化、乡村文化相结合的一种休闲和乡土体验旅游的创新模式。战旗村在关于未来的发展规划中，将充分利用自身的区位优势、环境资源，深入挖掘岷江水系而引发的古蜀农耕文化、水系文化、生态田园文化内涵和精髓，结合战旗村本地的花木、水资源优势，引入现代农业（以果蔬为核心）观光、休闲、采摘和景观艺术造型等元素，组合形成生态田园景观，这一田园景观将集农业生产、生态农业观光休闲、科普教育培训、生态休闲消费、田园休闲养生度假、乡村商务活动为一体，实现一、三产业良性互动。

二、建成绿色战旗

战旗村综合构建"大战旗"绿色品牌的思路是，强化对内挖掘对外合作，发展绿色经济，形成绿色效应。通过全面完善道路、绿道、水电气讯、地下管网等基础配套完善，实现大气、水、土壤零污染，把战旗村建设成环境优美、全域景观化、生态宜居的没有围墙的大美公园。

经济的发展必须考虑到环境的承载能力，我们不仅应注重经济发展的速度，更应关注经济发展的质量。当前，正确处理经济发展与生态环境保护的关系，越来越成为世界范围内经济发展考虑的重点，尤其是在我国经济高速发展的今天，农村逐步向着城市化发展的重要时期，切不可以牺牲农村生态来换取经济的一时繁荣，那将会付出不可估量的代价。在农村城市化进程中，在加快农业发展、加快农村建设、增加农民收入、繁荣农村经济的过程中，要从可持续发展的战略高度，把环境保护和生态建设摆在更加突出的位置上，正确处理经济增长与生态环境的辩证关系，形成良性循环，实现农村经济发展与生态环境保护的共赢。

战旗村地处成都市上风上水的特殊地理位置，柏木河和柏条河双河环抱，为战旗村提供了丰富的水资源，再加上战旗村远离城区，生态环境优美，空气清新，使它在生态环境保护方面具有更重要的战略意义。战旗村领导班子在深刻分析当前经济发展形势和经济热点的情况下，将战旗村未来的发展定位成"现代都市农业主题园区"，打造现代都市农业，拓展现代农业产业园，构建绿色生态之镇，发展农业观光旅游，利用当地的自然资源优势发展经济，并在经济建设过程中注重生态环境的保护，努力实现农业生态环境与经济协调发展。①

（一）探索郫都新模式

作为国家乡村振兴试点先行区，郫都区明确以打造乡村振兴博览园为载体，探索中国城乡一体融合发展的"郫都模式"。成都市郫都区"绿色战旗·幸福安唐"乡村振兴博览园概念性策划和规划方案经过审议，初步确定"战旗引领、三轴串联、环廊聚集、四区联动、多点共生"的发展策略。战旗村计划建设具有世界眼光、中国特色、成都气质的乡村振兴博览园。

（二）发展生态农业

生态农业是按照生态学和经济学的原理，应用系统工程方法，把传统农业技术和现代先进农业技术相结合，充分利用当地的自然和社会资源优势，因地制宜地规划、设计和组织实施的一种综合农业体系。战旗村充分重视生态环境保护，经济发展也以不破坏生态并努力改善生态环境为理念。因此，在将来的发展中，战旗村将继续以农业种植园、农副产品加工以及农业观光为主要经济产业，进一步协调经济发展与生态之间的平衡，实现协调发展。

未来的战旗将继续深化现代生态农业种植，发展绿色农业、无污染农

---

① 屈锡华,胡雁等.战旗村变迁纪实录［M］.成都：四川大学出版社,2014：29.

业，有效地将农业生产与生态环境保护相结合。实施生态农业计划，把保护环境和提高农业资源的利用与满足人类需要相结合，不仅可实现农业经济的增长，还可有效地实现农业生态环境的保护与改善，将经济文明与生态文明进行有效地结合，达到经济效益、社会效益和生态效益的三效统一，这是战旗村未来的发展目标和美好愿景。

（三）打造休闲观光农业

战旗村不仅在农业方面注重生态的互动协调，而且将产业重点放在发展旅游观光农业上，以追求最大的生态效益。战旗村将致力于打造休闲观光农业，综合利用农村的设施和空间、农业生产场地、农业自然风光以及特殊礼仪风俗等，通过科学规划设计，以发挥农业与农村休闲旅游功能，全面提升旅游品质。[①]

三、建成富美战旗

"实现村集体资产突破1亿元，集体经济收入突破1000万元，人均可支配收入年均增长15%，突破4万元，村民过上安逸安康的生活，获得更高的认同感、归属感、安全感和幸福感。"现任村委书记高德敏在提及战旗村的明天时强调：明天的战旗村应该是"既不大富，也不小富，而是共同富裕"。

（一）深化城乡统筹

战旗村在城乡统筹的发展道路中做出了诸多努力，村集体经济、村庄社区建设、村民生活水平等方面取得了巨大成就。但是对未来，战旗村领导集体和村民们有着更多的设想和更高的要求，迫切希望实现"农民市民化，农村城市化"，建设更加美好的战旗。[②]

农民市民化是从农民到市民的角色的转变，而不是简单的农转非，战旗村赋予了它更加深刻的内涵和意义。它是一系列角色意识、思想观念、社会权利、行为模式和生活方式的变迁，是农民角色群体向市民角色群体

---

① 屈锡华，胡雁等.战旗村变迁纪实录［M］.成都：四川大学出版社，2014：29-31.

② 同①：23-26.

的整体转型过程,即市民化。在农民市民化的过程中,战旗村领导班子要有高瞻远瞩的目光,为村庄的发展设计一个切实可行的美好蓝图;具有强烈的服务村民、村庄建设的意识,以全体村民的利益为出发点,以建设美好战旗为目标而不断奋斗;更要为战旗村村民的市民化进程保驾护航,制定相应的政策,开展相应的项目来积极引导村民思想观念、行为方式的转变。通过更新村民的传统观念以及行为方式,来促使战旗村村民向着新型的高素质市民转变。

农村城市化的内涵十分丰富,主要内容包括农村人口向城镇人口转化、生活方式由乡村型向城市型转化、传统的农村文明向现代的城市文明转化等。战旗村充分利用一系列国家政策,深入推进农村产权制度改革,探索农村宅基地流转形式,坚持推行城乡公共服务均等化,大力发展农业产业化经营,初步形成了城乡同发展共繁荣的良好局面。在新农村建设过程中,战旗村始终坚持"因地制宜、合理规划、依托龙头、做大产业、拓宽渠道、增加收入"的原则,落实成都市政府提出的统筹城乡政策,即工业向集中发展区集中、农民向城镇和新型社区集中和土地向适度规模经营集中,才取得了战旗村今日的发展成就。在农村城市化的进程中,战旗村有很多地方需要提高和完善,在经济生产、村民增收、精神文明建设、村庄设施建设以及民主管理等方面,需要战旗人去进一步探索发展道路,这是战旗村农村城市化的必由之路。

(二)促进经济高质量发展

明天的战旗村,村民的生活将会更加富裕,衣食住行条件将得到不断的改善,生活水平和生活质量会明显上升。经济的发展是生活富裕的首要保障,这是战旗人一直都在奋斗的目标。他们不断地寻找商机,发展特色经济,在将来,颇具特色的农业产业项目和旅游观光项目将为提高战旗村村民的收入做出巨大的贡献。[1]

(三)强化基础设施建设

战旗村不断完善基础设施建设:道路交通、路灯、环卫、地下管网等。此外,在将来还要建立全套的卫生维护和保安巡逻系统、电子预警机制、社区医院、社区养老福利,等等,提高战旗村村民的生活质量,解除

---

[1] 屈锡华,胡雁等.战旗村变迁纪实录[M].成都:四川大学出版社,2014:28-29.

养老的后顾之忧。

（四）加强思想文明建设

未来的战旗村，村民将是思想包容、文化水平和道德水平较高的村民。人们的精神需求会得到更大的满足，真正实现乡风文明。"村史馆"将是战旗村发展史的展览馆，是几代人的心血结晶和村民引以为傲的标志，也是激励后代人不断奋进、不忘战旗人优良传统的"警示馆"；各种活动广场为村民举行文化表演、丰富村民文化活动提供便利场所，利于村民的身心健康；文化娱乐活动也将更加的丰富有趣，演讲、相声、川剧、秧歌等传统乡村文体活动将会更加丰富村民的业余生活；村容更加整洁，村民生活更加舒适。

建设安居乐业美好家园，逐步建成富美战旗。基础设施建设、持续增收、增加公共服务供给是与增加村民幸福感直接相关的，是可以给村民带来实实在在的保障的。加强基础设施建设是建成富美战旗的基础条件，需要持续加大投入力度，加快推动农村基础设施提档升级。村民持续增收是建成富美战旗的根本要求，实施积极的就业创业政策，拓宽农民就业增收渠道，强化就业服务，加大创新就业支持，形成大众创业、万众创新的良好氛围。增加公关服务供给是建成富美战旗的保障条件，聚焦补齐战旗村公共服务短板，推动公共教育、医疗卫生、社会保障等同步提升，健全服务体系，提升供给质量，让广大战旗群众过上有尊严、有保障、有品质的美好生活。

大美乡村，精彩战旗，未来可期！

第十二章

领导关怀[①]

2018年2月12日，习近平总书记来到战旗村考察，对村里党建、经济等各项工作给予了充分肯定，称赞"战旗飘飘，名副其实"，并嘱托战旗村要在乡村振兴中继续"走在前列，起好示范"。

领导的亲切关怀、谆谆教导，让战旗村乡亲们备受鼓舞，大大激发了基层干部群众努力振兴乡村的动力。

一、习近平总书记视察战旗村

2018年2月12日上午，离开映秀镇后，习近平乘车来到成都市郫都区唐昌街道战旗村。在战旗村考察时，了解这里率先推行农村集体产权制度改革，目前已位列四川集体经济十强村，习近平十分高兴。他强调，要把发展现代农业作为实施乡村振兴战略的重中之重，把生活富裕作为实施乡村振兴战略的中心任务，扎扎实实把乡村振兴战略实施好。在"精彩战旗"特色产业在线服务大厅，习近平仔细观看了"互联网+共享农业"互动种养平台，鼓励村民用好互联网、打开产销路子。

在"唐昌布鞋"展示台前，村民热情地拿起一双布鞋想送给总书记，习近平笑着说："我花钱买一双！"成都市郫都区战旗村里喜气洋洋，村民们正在村里布设的春节一条街上照全家福、写春联、做汤圆。看到习近平总书记来了，大家兴高采烈地向总书记问好。正在照全家福的一位老人握着总书记的手，激动地说："您是我们的好领袖，中国人民的福星。"总书

[①] 本章内容来源《战旗村志》第6稿，2019年。有删减。

记答道:"谢谢,我是人民的勤务员,是为人民服务的。"

12日上午,作为战旗村"领头人"的高德敏做了工作汇报。高德敏说,总书记非常关心基层党组织的建设、村集体经济发展、土地制度改革、村民的收入及民生保障等情况,对战旗村的各项工作都做了详细了解,在听到村集体经济发展良好时,总书记频频点头。

下面是习近平总书记在战旗村的视察,战旗村高德敏书记等人汇报工作实录。

1. 战旗村广场展板前

总书记: 战旗村这个名字的来历。

高德敏: 用四川话汇报好不好?

总书记: 好。

高德敏: 战旗以前叫集凤大队,1965年在改田改土,大搞农田基本建设的时候,被列为标兵,因此取名为战旗大队,就是今天的战旗村。全村面积2.06平方公里,人口1704人,村党总支下设4个支部,有党员83人。我们村在党中央的强农惠农的政策指引下,住上了好房子,家家户户都过上了安逸的生活,70%以上的农户都买了小车。大家非常感谢党中央,感谢总书记。

我们村一直以来坚持抓党建,强基础。

党总支抓集体经济的发展,带领村民走共同富裕的道路。2017年我们村集体资产达到4600万,村集体年收入462万。村民充分地享受到了集体经济给大家带来的实惠,对我们党总支更加信任,对我们工作也更加支持了,我们工作起来也更加有底气了。我们非常重视农村改革工作,我们也尝到了改革的甜头。我们通过抓五项改革,盘活了我们沉睡的资源,成功地敲响了全省农村集体经营性建设用地入市的"第一槌"。引进了第五季香境项目。

(顺手指着第五季香境项目的方向)

总书记: 是四川迈高旅游开发有限公司投资的吗?

高德敏: 是。这个项目预计2018年5月开业,这个项目建成后,对我们村的乡村旅游将起到积极的推动作用。中央提出乡村振兴二十字方针,我们村民非常振奋,对战旗村的未来充满信心。

(指着下一个展板)

这是我们村学习党的十九大精神的情况。

（指着集中收看党的十九大的照片）

党的十九大召开的时候，我们组织了党员集中收看总书记的报告。总书记讲了三个半小时，我们在下面认认真真听了三个半小时。围绕乡村振兴战略，省市还召开了专门的会议，我们村上还开展了形式多样的宣传活动。还编了快板，我给总书记来一段：党的领导有力量，中国步入新时代，习近平总书记是核心，全党全国齐拥戴，两个百年中国梦，宏伟蓝图绘出来。新村新貌新风尚，幸福家园人人爱。饮水思源感党恩，战旗未来更精彩。哎呀，我没道具表演得不好。

（来到第三个展板）

这是我们村按照乡村振兴战略，结合战旗村实际，着重抓的五件事。一是坚持质量兴农强产业，二是深化产权制度改革增动力，三是保护生态环境美新村，四是繁荣乡风文化树新风，五是创新治理机制促和谐。我们还牢记总书记"四川农业大省这个金字招牌不能丢"的重要指示，大力发展绿色、有机农业，提高农产品的质量，把天府水源地这个农产品的金字招牌越擦越亮。

总书记：你们有哪些产业？

高德敏：我们有农业、农副产品加工、乡村旅游，去年全村产值达到3个亿，其中农业1个多亿、农副产品加工业1个多亿、乡村旅游业达到三千万。五年前我们乡村旅游为零。

在新时代，我们要继续高扬战斗的旗帜，建起坚强的堡垒，我们在党员中开展了"三亮三问"的活动。

（最后一个展板）

这里是我们的"三务"公开栏，主要是党务、村务、财务的公开情况。

（总书记看了一会儿公开栏后，上洗手间）

总书记：你们还发老年补助啊？还有每月发300的？

高德敏：是的，100岁的才发300，村里从前有3位百岁老人，现在只有一位了。

（指着综合服务大厅）

这是我们建设的综合服务体，二楼是党群服务中心，下面有卫生服务站、便民服务站，还有金融服务站。我们村民的城乡居民基本医疗保险都是由村集体统一购买的，其他的如大病统筹是村民根据实际情况自行购买。这样就解决了村民生病基本医疗保险的报销问题。

前面是精彩战旗馆，是特色产业在线服务大厅，里面有我们村的产业情况介绍。

2. 精彩战旗（大厅）

（总书记拿着一把韭黄）

总书记：这是炒回锅肉的吗？

高德敏：不是，这是炒韭黄肉丝的。上面的青韭菜炒回锅肉才好吃。

（总书记看豆瓣产品）

总书记：你们还生产郫县豆瓣？

高德敏：我们村三家郫县豆瓣生产企业，还有火锅等其他调料。

3. 精彩战旗（人人耘点位）

杨书记：这是人人耘的秦强。

秦　强：总书记好！

总书记：你好！

秦　强：我是秦强，2015年从甲骨文公司返乡创业，创立了"互联网+"互动种养平台，平台一端连接家庭农场和农户，合作建立基地，我们提供有机生产标准及服务，另一端连接市民，市民通过我们的手机APP即可以下单，我们的基地进行生产，线上线下结合，实现全程可感、可控、可视、可追溯，平台上线6个月以来，累计发展用户2万多人。目前这种模式已从郫都区引入到了贫困山区。

总书记：你是哪里人？

秦　强：我是四川巴中人，在郫都区发展几年，搞农业创业。

总书记：扶贫的模式是怎么样？

（现场演示）

总书记：恩阳这个地方是哪里？

秦　强：这是我的家乡巴中的一个县（区）。

总书记：你们把这种虚拟的变成了现实，实现了线上线下的结合。

4. 精彩战旗（蜀绣点位）

总书记：这个是蜀锦，这是蜀绣。

蔡世民：是的，这是我们合作社的绣娘。

总书记：你是本地人吗？

张　勤：我是郫都区本地人。

蔡世民：这是 1995 年在新疆和田出土的一件汉代蜀锦护臂复原件，它是首批禁止出国展出的国宝，它说明了在丝绸之路上不仅有商队，还有军人，各处关隘的将士守护着丝路的安全与畅通，也证明了四川的蜀绣蜀锦在秦汉时期就通过丝绸之路走向了世界。

总书记：丝绸之路上主要的货品就是丝绸、锦绣。

范书记：总书记，里面是他们的展示精品。

蔡世民：这是绣制的罗中立的油画《父亲》。

（总书记仔细观赏）

总书记：这个技艺不错，绣制了多长时间？

蔡世民：两个大师，绣了一年。

（在总书记的画像面前）

杨书记：这是她们绣娘怀着对领袖的敬仰之情、感恩之心，自发绣制的！

蔡世民：这是我们的蜀绣应用产品。

（总书记摸着一件旗袍上的花卉）

总书记：这是绣的吗？

蔡世民：是绣的。

总书记：这个挺漂亮的，（在熊猫画区域）还有熊猫？

蔡世民：是的，外国人可喜欢啦。

（总书记指着一幅熊猫）

总书记：这个要卖多少钱？

蔡世民：大概一万二三左右。

总书记：价格还不错，应该有市场。

（总书记指着六叶屏）

总书记：这是双面绣？

蔡世民：是的，六叶屏风，双面鹭鸶。

总书记：不错，好。

（在一条锦盒包装的披肩前）

蔡世民：这是我们最新研发的实用品。

总书记：是衣服吗？

蔡世民：是绣花披肩。

（总书记拿在手里仔细端详）

总书记：这要多少钱？

蔡世民：一千五六。

（总书记面向王东明书记和范锐平书记）

总书记：这类东西作为礼品就不错，送出去（送出国）应该得到大家的喜欢。

（王东明书记拿起蜀绣女鞋）

王书记：我们这种应用产品有很多，产品还是比较丰富的。

总书记：绣花的？

蔡世民：是，我们的产品在米兰、巴黎等都获得过很多奖项。

总书记：以后还要在款式花色上多研发、设计，让中国的传统非遗文化走向世界。

（总书记走到绣娘张勤面前）

总书记：这个你绣了多久？

张　勤：绣了一个月零几天。

总书记：好的，谢谢你！

5. 精彩战旗（唐昌布鞋点位）

杨书记：这是唐昌布鞋的赖淑芳。

赖淑芳：总书记好，这是唐昌布鞋。

总书记：这个鞋是纳的吗？

高书记：对，千层底。

赖淑芳：从20世纪60年代开始就使用机器了，但是我们的技艺还是用传统手工技艺，只是用机器代替了人工的劳动强度。

总书记：很好很好，这种布鞋穿着很舒服，我在陕北的时候老乡都喜欢做这种布鞋。

赖淑芳：我们想送您一双鞋，这个鞋穿着舒服。

总书记：送我，我就不好穿了，买一双可以。

赖淑芳：这是代表我们的心意。

总书记：不不，送我，我老拿人东西不行。

赖淑芳：主席，您穿多大的？

总书记：42码。

（总书记掏出100元钱）

总书记：够不够？多少钱一双？

赖淑芳： 一百六。

总书记： 一百六，你看你这（钱不够）。

（工作人员又递上100）。

总书记： 买了买了，现在把这穿烂的机会不多了。

赖淑芳： 您走基层好辛苦哦，习主席。

总书记： 我到基层倒不穿这个，我穿球鞋。

6. 精彩战旗（萝卜干合作社点位）

任　健： 总书记新年好。我是萝卜干专业合作社代表任健，1958年3月16日，毛主席视察红光农业高级合作社，在新时代，我们成了萝卜干专业合作社。

总书记： 毛主席到成都来了几次？什么时间？

任　健： 是在成都开成都会议的时候到的红光，就来过一次。

总书记： 萝卜干合作社的产值如何？

任　健： 萝卜干专业合作社，改变了农产品在田头卖、路边卖、论斤卖的传统，萝卜干卖出了肉价钱，创建了品牌，与京东合作得很好。

总书记： 还好还好，小小萝卜干卖出了肉价钱，农产品加工一定要走农旅融合发展道路。

7. 精彩战旗（汇菇源点位）

李宗堂： 总书记好，我从事食用菌种植30多年，以前都是传统栽培方式，靠天吃饭，受天气变化影响，产品质量不稳定，市场供应也不稳定，导致收益不稳定，难以做大做强。现在，我们与大专院校合作，用新技术改变生产模式，实现规范化、标准化、工厂化、智能化生产。大大提升了产品品质。同时，质量也实现安全的追溯管理。

总书记： 这个非常好，（指着金针菇）这个金针菇很粗，涮火锅很好。

李宗堂： 这是我们川西平原特色的黄色金针菇品种，我们根据市场的不同需要，与四川省农科院合作，采用技术融合的方式来培育优质菌种，大大提高脆嫩口感，烫火锅非常好。

总书记： 很好很好。

（总书记指着杏鲍菇）

总书记： 这是什么菇？

李宗堂： 这是杏鲍菇。

总书记：有杏仁的味道。

李宗堂：还有鲍鱼的口感。

总书记：（笑）很好。

8. 精彩战旗（京东云创点位）

杨书记：这是京东云创新空间的小张。

张小娟：总书记，新年好。

（握手）

张小娟：目前农产品销售遇到最大的问题就是市场需求的反馈时间需要6个月以上，但是我们依托京东大数据消费者用户画像可以缩短到一个月。

我们用大数据画像指导企业农户改进生产，郫县豆瓣一直都是以豆瓣酱销售，现在他们的创新新品豆瓣香菇菜我们就用豆瓣调味品用户画像指导他们的包装、规格（展示豆瓣、调味品大数据报告和产品），然后通过众筹预测市场，一个月的时间我们就销售了2万袋，卖了23万。（电脑展示众筹结果）众筹我们就做到了精准供给。

目前我们正在合作唐昌镇的萝卜干，这个萝卜干以前只是线下卖，通过画像我们发现购买萝卜干的人都是年轻上班族，所以我们改进了规格、包装，并且定位"吃点先锋小菜，聊点人生大事"。

（总书记看萝卜干，并且询问重新包装的情况）

总书记：不错。

张小娟：这款萝卜干我们也上线了，4天就卖了3030元，并且价格比原来还高。

总书记：原来萝卜干多少钱？

张小娟：9元9，现在众筹13元，后期上线16元，而且这个萝卜干我们用了京东物流提升服务质量。

总书记：这个可以指导企业改进生产，很好，"互联网+"运用得很好。

9. 全家福点位

（出了精彩战旗馆，过超市门口后）

高德敏：过年了，村上在搞一些活动，这里是照全家福的地方。村上还有人员专门提供服务，主要是让大家有一个新年的纪念。

高德敏：这是我们村上的抗美援朝老兵、老党员冯大爷一家。（冯大

爷主动迎上来，总书记上前和冯大爷握手问候）

总书记： 新年好。

冯家祥： 主席是我们的好领袖，是中国人民的福星，大福星。

总书记： 谢谢，我是人民的勤务员，为人民服务。我们要守住共产党的家业，共产党的家业就是让老百姓过上幸福美满的生活。

冯家祥： 现在生活很好，我快 80 了，挺好的。

总书记： 很好，很好。

10. 写春联点位

（握手）

欧可红： 我是崇宁小学的老师，来给村里写春联。

（送上福字）

欧可红： 这个福字，有人、有屋、有田，就是福。

总书记： 对！有人、有屋、有田，就是福。

欧可红： 主席，给您送个福吧。祝福我们的祖国在您的领导下，国泰民安。

总书记： 好，好。

（走向包汤圆点位）

总书记： 你们小区什么时候建的？都在一起吗？

高德敏： 这个小区是我们在 2007 年抓住国土资源部土地增减挂钩政策建成的，以前我们分散在 60 多个院落居住，很多基础设施都没有。这里与城里差不多，很多的基础设施都配套了，我们的生活也和城里人差不多了。现在过年我们也不挂腊肉香肠了，我们腊肉香肠都钻到冰箱里去了。

11. 包汤圆点位

易奉阳： 总书记您好！欢迎您来到我们战旗村，我是支部委员易奉阳。

总书记： （握手）你好呀！

易奉阳： 总书记，这是我们战旗村每年都要搞的一个活动，由我们村干部和老百姓一起，为家家户户准备过年的汤圆。

总书记： 什么馅的？

高德敏： 红糖馅的！

总书记： 喔！好！你们在领汤圆啊！还要签字啊？

高德敏：对！都要签字！不然，记不清谁领谁没领！

（众人欢笑）

总书记：吃汤圆好啊，甜蜜蜜的，你们这生活啊，过得像吃汤圆一样，安逸！

高德敏：安逸！安逸！

（总书记走到"孝善坊"，看到上面的图片）

总书记：这个是你们以前搞活动，包汤圆啊！

（指着去年包汤圆的图片）。

高德敏：总书记，下面是我们2017年正月初一拔河吃汤圆的情况，上面是2012年我们搞的AA制坝坝宴。

总书记：AA制？

高德敏：是，AA制是村民自发组织的团年，参加的人员每个人交50元，吃两顿，中午和晚上！有一年邀请我们村干部参加，考虑到村干部只有几个人就让我们不交钱，我说不行！总书记有规定，我们不能占群众的便宜。（众人欢笑）

总书记：我们北方平时吃饺子，元宵节吃汤圆啊。

易奉阳：总书记，我们这里是初一的早上吃汤圆，中午吃面条。

总书记：什么面啊？

易奉阳：就是用芹菜炒肉的臊子面。

总书记：喔，臊子面啊！

总书记：（指着汤圆面）这面，南方的要糯一些啊。

易奉阳：是！是！

总书记：你们做一下吧，我看看。

（操作人员包汤圆）

12. 广场点位

总书记：乡亲们好，这个瑞犬迎新啊！狗年的这个春节将至，我到这里来看你们，看见你们我感到格外高兴啊！（群众鼓掌欢呼）

这个村的名字啊，还是很有气势的，战旗村！战旗飘飘！但是我觉得呢，名副其实！因为你们这个村子啊，发展建设得好，刚才我这个走了走啊，看了看，也听了一下支部书记的介绍，我对你们这个发展业绩啊，也感到很赞叹。你这个集体经济发展得，强！有几千万的集体经济，而且你这里是人人参与，有入股啊，大家有获得感，是不是？（群众鼓掌欢呼）

农民收入像芝麻开花节节高,我看你们这个住房啊,很好,我看很多城里人会羡慕。(群众鼓掌)

我这次来四川,看贫困地区,我去了凉山自治州,看了看,那里的自然生产生活条件差一点,所以这个地方还是在打扶贫攻坚这个仗。到你们这里来,感觉到你们已经跨越了这个阶段,我们现在是什么任务呢?中央下了一个任务,叫振兴乡村这个计划,在这个实现了温饱实现了基本小康以后,我们还要继续振兴乡村,我们不是说全中国的人将来都到城里去生活。发展到任何时候,我们都还要有一个农村,因为中国十三亿多人口,吃饭主要靠自己,不能靠外面来解决,外面的粮食还不够我们塞牙缝儿。(群众笑)

所以发展农业还是我们重中之重,还是我们的战略。这样来说,在今后,无论这个城镇化怎么发展,农村都有几亿人口,我们不能说有一个繁荣的城市,将来有一个落后的、衰落的乡村,乡村要同步发展,我们叫城镇化、产业化、信息化,再就是现代农业化。农业发展有三种,农业、农村、农民,把这个事情都要办好,所以说农村的事它也不简单是产业的发展,也不简单是物质文明,精神文明要搞好,物质生活要搞好,文化生活要搞好,所以振兴乡村很重要。你们这里已经获得了很多荣誉称号,有全国的、有全省的,你们是精神文明先进单位,这一点不简单,我看还要继续发扬光大、再接再厉,把振兴乡村这件事做好,你们还继续走在前列、起示范作用。当然要搞好这些工作,以党支部为核心的农村基层组织建设非常重要,任何地方搞得好都是这个火车跑得快、全靠车头带,你们这里的"火车头"作用,从你们抓的工作来看,应该是做得很好,继续把这个基层组织建设好,你们这个"三问三亮",共产党人的作用要发挥出来。我们是中国共产党执政,中国共产党不忘初心,牢记宗旨,就是为人民服务!我们做的事就是让老百姓过上好日子,这才是我们能够执政的资格。(群众鼓掌欢呼)

在这里呢,我借这个场合,通过你们,我向全国的各族人民,全国的父老乡亲们,致以春节的问候,(群众鼓掌欢呼)祝全国各族人民,新春快乐,阖家幸福!(群众鼓掌欢呼)

二、时任国务院副总理回良玉到战旗村调研

2010年1月初,中共中央政治局委员、国务院副总理回良玉深入成

都统筹城乡综合配套改革试验区考察调研,强调要认真学习贯彻中央农村工作会议和中央一号文件精神,不断加大统筹城乡发展力度,推动公共资源更多地向农村倾斜,引导生产要素更多地向农村集聚,进一步夯实农业农村发展基础。

1月15日,回良玉在省委书记、省人大常委会主任刘奇葆陪同下到郫县唐昌镇战旗村考察,在村卫生站了解新型农村合作医疗实施情况。

在郫县唐昌镇战旗村便民服务站等地,与工作人员和村民亲切交谈,了解农民享受技术培训、卫生医疗、社会保障等情况。

在视察中回良玉指出,这次到四川来亲眼看到、亲身感受到了在党中央、国务院的坚强领导下,四川省委、省政府团结带领全省干部群众,上下一心,砥砺奋进,在灾后恢复重建中崛起振兴,在应对国际金融危机中发展超越,形势很好,令人鼓舞。他指出,成都市先行先试、大胆探索、勇于突破,积极推进城乡要素市场化配置、城乡基本公共服务均等化覆盖、城乡社会一体化管理,不断创新耕地保护补偿机制、农村投融资体制、农村产权制度、农村基层治理机制,统筹城乡综合配套改革取得了明显进展,积累了丰富经验。

回良玉强调,统筹城乡发展是新形势下破解"三农"难题、构建新型工农城乡关系的基本方略,需要不断深化认识、丰富内涵、加以推进。一要牢牢把握城乡互促共荣这个根本目的。统筹城乡发展,最终是要缩小城乡差距、促进城乡协调发展,实现城乡"双赢"。当前和今后相当长时期,主要是强化"三农"这个全局发展的基础,补上"三农"这个协调发展的"短板"。二要切实落实资源要素配置向"三农"倾斜的本质要求。下决心调整国民收入分配格局,更多地把公共资源投向农村,加快建立生产要素向农村配置的激励机制,协调推进工业化和农业现代化,统筹推进城镇化和新农村建设。三要始终遵循全面保障农民权益这个基本准则。在统筹城乡发展中,必须尊重农民的意愿、维护农民的权益,确保不损害农民合法权益、确保不削弱农业综合生产能力。

回良玉指出,推进统筹城乡综合配套改革,要继续解放思想、大胆突破,善于从基层的生动实践中找到破解"三农"难题的真经实招,从农民群众的伟大创造中寻求统筹城乡发展的良策新路。要坚持积极稳妥、规范有序,遵循"严格审批、局部试验、封闭运行、风险可控"的基本原则。要切实加强领导、强化指导,周密部署安排,精心组织实施,进一步完善政策、创新机制、健全制度,并适时总结推广。

三、十一届全国人大常委会副委员长华建敏到战旗村调研

2011年5月5日,十一届全国人大常委会副委员长华建敏,在县委书记陈海元等的陪同下,到战旗村视察社会主义新农村建设情况和城乡统筹工作。

华副委员长在听取镇党委书记何殁所做的情况汇报后,信步走到村便民服务站、医疗服务站和村民家中参观,并在村民霍仁芬家中就建设社会主义新农村和城乡统筹工作同在场的省、市、县领导及村民进行交流。

四、十一届全国政协副主席王志珍到战旗村调研

2010年4月28日下午,十一届全国政协副主席、九三学社中央副主席王志珍一行50余人在县政协领导和唐昌镇党委政府领导的陪同下参观了唐昌镇战旗村新型社区。王副主席一行深入社区,看到宽敞明亮的住宅小区后很高兴,战旗村党总支部李世立书记详细介绍了新型社区内的居住条件、公共服务与社会管理等各项完善的配套设施后,王副主席欣慰地说道:"真羡慕这个地方的群众啊,居住在这么好的环境中,还有这么完善的服务体系。"王副主席高度评价了战旗村的建设模式,并要求将战旗村的经验向有条件的地方推广。

五、时任农业部部长韩长赋到战旗村调研

2010年8月9日,在省委常委、副省长钟勉,市委常委文登来,县委书记陈海元以及省农业厅、市农委、县农发局等领导陪同下,农业部部长韩长赋率人事司、科教司、农村社会事业发展中心等负责人到郫县调研农业服务体系建设、专合组织发展、新农村建设情况。韩部长一行在战旗村调研了新农村建设情况。韩部长详细询问了建设和发展情况,并给予了充分肯定。

图 12-1　时任农业部部长韩长赋视察战旗村

六、时任中央财办、中央农办副主任唐仁健到战旗村调研

2014年4月2日上午，时任中央财经领导小组办公室副主任、中央农村工作领导小组办公室副主任唐仁健一行在省农委相关领导的陪同下来到唐昌镇战旗村，就战旗村新农村建设及农业产业发展等方面进行调研。

现场，唐仁健主任一行详细了解了战旗村新村建设、园区内项目建设、农业招商项目、产业发展状况及带动农民增收致富等情况，对战旗村大力发展现代高效农业、乡村旅游，探索农业与旅游一体化路子给予了充分肯定。唐仁健主任强调，战旗村要依托良好的生态环境、区域优势，大力发展特色现代农业，要加大投入，进一步完善农业基础设施，为发展现代农业提供良好的生产条件；要加快农业产业结构调整，拓展农业发展平台，创新经营模式，结合市场需求，因地制宜发展高效率、高产值、规模化农业，通过建设农业示范园，发展生态观光农业、科技农业，以及提高农产品附加值等方式，切实推进农业发展方式转变；要加大农业项目招商力度，下大力气建设一批龙头企业，打造优势品牌，促进农民增收。

第十二章 领导关怀

图 12-2　时任中央财办、中央农办副主任唐仁健到唐昌镇战旗村调研

七、时任国土资源部副部长王广华到战旗村调研

2016年9月19日下午，原国土资源部副部长王广华来到唐昌镇战旗村，调研战旗村农村集体经营性建设用地入市情况。国家土地督查成都局局长董菊卉、省国土资源厅厅长杨冬升、成都市人民政府资政黄平等市县领导陪同调研。

王广华副部长一行在战旗村妈妈农庄，战旗村党支部书记高德敏就集体经营性建设用地入市情况向王副部长进行了详细的汇报，并就战旗村土地利用总体规划、村庄规划、集体资产股份化、土地增值收益分配机制等方面的情况进行了详细汇报。王广华副部长还就试点工作的落实情况、试点工作推进过程中的难点、现实需要和法律规定的矛盾冲突点等相关工作情况进行了详细了解，还就试点推行后群众的一些意愿和要求与村民进行了亲切的交流。最后，领导们对战旗村在集体经营性建设用地入市工作中所取得的成果表示了充分的肯定。

八、时任四川省委书记杜青林到战旗村调研

2007年4月25日,时任四川省委书记杜青林率省级有关部门负责人前往成都市郫县就城乡统筹、工业招商引资等工作开展调研。省委副书记甘道明,副省长黄彦蓉,成都市委副书记、市长葛红林等参加调研。

图 12-3　时任四川省委书记杜青林视察战旗村

郫县唐昌镇战旗村素有"绿色蔬菜之乡"的美誉,在推进城乡一体化、建设新农村的进程中,该村通过"村、企、农"互动经营的发展模式,提高了农业生产的组织化程度,壮大了村集体经济,促进了农民增收,2000年全村人均收入达5400多元。"你们这是一举几得啊。集体经济有实力,才能更好地为群众服务。"调研中,杜青林充分肯定了该村推进土地集中规模经营,多渠道增加农民收入,壮大集体经济的路子,他指出,发展集体经济一定要结合实际,注重实效,注意合理利用资源,同时在推进农业产业化中注重农业标准化建设。

在考察了战旗村文化大院时,杜青林指出,"这里充满活力,充满生机,干部群众精神振奋,所见所闻令人鼓舞。"郫县的"故事"、郫县的变化深深感染着省委书记,他指出,成都和郫县的实践符合"坚持科学发展,构建和谐四川"的主题,"四个跨越"的战略构想在这里已经有了一

个很好的起步。杜青林语重心长地说,"一个单位的领导班子能不能得到社会的承认,我们的每一项工作能不能得到人民群众的认同,我们的领导干部能不能赢得群众的信任,不完全取决于我们要做什么,最重要的是取决于我们怎么干,干得怎么样,给事业带来哪些成果和给人民群众带来什么好处。"

九、时任四川省委书记刘奇葆到战旗村调研

图12-4 时任省委书记刘奇葆到战旗村调研

2012年7月19日,时任四川省委书记、省人大常委会主任刘奇葆,省委副书记、省长蒋巨峰,省政协主席陶武先等,与出席四川省深入实施"两化"互动、统筹城乡发展战略工作会议的代表们来到战旗村,参观考察"两化"互动、统筹城乡的实践和成果,探讨产城一体、城乡统筹的新思路新举措。

紫色的花海、异域风情的大风车、白墙灰瓦的集中居住别墅群、绿树红花、小桥流水……代表们对战旗村如画般的风景大为赞叹。

在展板前县委书记陈海元分别向刘奇葆书记、蒋巨峰省长和代表们

介绍了战旗村坚持"政府引导、农民主体、规划先行、市场运作"的思路，以农村产权制度改革为核心、土地综合整治为抓手、农村新型治理机制建设为基础、村级公共服务和社会管理改革为保障，统筹实施新农村建设，推进农业现代化、农村城镇化和农民居民化。运用农村产权制度改革成果，吸引社会资本参与农村土地综合整治，以土地作价入股发展产业实体试点，积极实施战旗·第五季生态田园村项目，"以旅助农、一三联动"的新模式，拉长乡村旅游产业链。

在村民集中的社区，刘奇葆书记、蒋巨峰省长和代表们分别深入村民家中，参观了村民的居住状况，并与村民拉起了家常。在了解村民的居住状况后，刘奇葆啧啧称赞说：这就是社会主义新农村的幸福生活！

"战旗村的做法，开阔了我们的眼界，为我们新村建设提供了很好的思路"，在感受了战旗新农村的魅力后，代表们一路走一路议，他们说，要学习战旗的经验和办法，努力与自身发展实际相结合，开创"两化"互动、统筹城乡的新局。成都市领导黄新初、葛红林、孙平、包惠、敬刚、刘超、黄建发、白刚、苟正礼，市长助理陈争鸣、刘俊林等陪同考察。

十、四川省委书记彭清华到战旗村调研

图 12-5　省委书记彭清华视察战旗村

第十二章　领导关怀

2018年9月3日，由省委书记彭清华，省委副书记邓小刚，省委常委、副省长王宁分别率领参加全省乡村振兴大会的全体代表组成的三个考察组前往郫都区唐昌街道战旗村考察，实地检查贯彻落实习近平总书记关于实施乡村振兴战略重要指示精神情况，学习借鉴农业农村改革、创新基层社会治理、农村人居环境整治、农商文旅体融合发展、幸福美丽新村建设和基层党组织建设的做法和经验。省委常委、市委书记范锐平，市委副书记、市长罗强，区委书记杨东升，区委副书记、区长刘印勇等陪同考察。

参观考察中，彭清华、邓小刚、王宁和参会代表来到战旗村，实地察看了战旗村党群服务中心、"精彩战旗"产业在线服务大厅、特色街区和居民小区建设情况。在与基层干部群众深入交流，详细了解"绿色战旗、幸福安唐"乡村振兴博览园规划建设情况后，彭清华叮嘱当地干部群众要牢记总书记年初来村视察时的殷切嘱托，奋力走在乡村振兴工作前列、起好示范；并鼓励大家要加强探索创新，深化农村土地制度改革，推广乡村振兴"郫都经验"。

拔地而起幢幢独具川西民居特色洋房别墅，家家有花园，户户有车库，是战旗村一道亮丽的风景，给代表们留下了深刻印象。一路上，代表们边走边看，边听边问，边学边记，相互交流考察体会。在认真听取区委书记杨东升和战旗村党总支书记高德敏关于推进农村集体产权制度改革的汇报后，代表们对成都市农村土地交易、农村金融保险、农产品交易服务等共享平台作用发挥特别是促进现代农业发展、带动群众就业增收的情况给予赞扬。

通过参观考察，代表们纷纷表示，要进一步开阔视野、拓展思路、找准方法，坚定实施乡村振兴战略的信心和决心。回去以后，一定会认真贯彻落实党中央实施乡村振兴战略的部署要求和本次大会精神，以更加昂扬的精神状态、更加务实的工作举措，把乡村振兴各项工作抓实抓细抓具体抓出成效，为推动治蜀兴川再上新台阶作出新的贡献。

参观考察的还有全省各市（州）党委或政府主要负责人，省直部门和有关单位负责人，以及183个县（市、区）党委或政府负责人等。

参考文献

[1] 屈锡华,胡雁等.战旗村变迁纪实录[M].成都:四川大学出版社,2014.

[2] 王洋.成都推进"农商文旅体"融合发展 乡村非遗绽放别样光彩[EB/OL].http://www.ctnews.com.cn/art/2019/8/23/art_114_49731.html,2019-08-23.

[3] 淘BNB.四川成都:战旗村乡村旅游的"小目标"[EB/OL].https://www.sohu.com/a/330430373_768668,2019-07-30.

[4] 特色小镇研究院.【乡村振兴标杆案例】战旗村[EB/OL].https://www.sohu.com/a/406745134_825181,2020-07-09.

[5] 侯亚景.让乡村振兴的"战旗"高高飘扬:成都市郫都区唐昌街道战旗村调研行[EB/OL].http://www.qstheory.cn/economy/2019-08/06/c_1124842868.htm,2019-08-06.

[6] 中国网.党建引领乡村振兴:四川省成都市战旗村[EB/OL].http://fangtan.china.com.cn/zhuanti/2019-07/18/content_75006362.htm,2019-07-18.

[7] 刘姿含,刘佩儒,陈莉英,等.乡村振兴战略背景下的生产要素整合模式分析:以成都市战旗村为例[J/OL].中文科技期刊数据库(全文版)社会科学,2018-11-12.http://www.cqvip.com/QK/72177X/201808/epub1000001458230.html.

[8] 搜狐四川资讯."绿色战旗·幸福安唐"乡村振兴博览园规划出炉[EB/OL].https://www.sohu.com/a/279242990_384290,2018-12-03.

［9］范源辰.经济发展与生态环境关系［J］.现代经济信息,2018(4):11.

［10］李黎."五个战旗":奏响乡村振兴最强音［N］.郫都报,2019-05-16(04版).

［11］四川日报.《四川省乡村振兴战略规划（2018—2022年）》印发［EB/OL］.http://www.moa.gov.cn/ztzl/xczx/dfxd/201809/t20180910_6164021.htm,2018-09-10.

［12］胡彦殊,董世梅.站在城乡的十字路口［N］.四川日报,2012-07-02(01版).

［13］人民网.四川战旗村:如何成为全国乡村振兴样［EB/OL］.https://www.sohu.com/a/302019428_114731?_f=index_pagerecom_5,2019-03-18.

［14］人民网.统筹推进改革 实现持续发展［EB/OL］.https://www.sohu.com/a/252773466_114731,2018-09-09.

［15］创新农学社.成都周边普通小村,通过"资源换资本"的方式迅速发展,引来中央领导人亲自打卡［EB/OL］.https://www.sohu.com/a/314608295_750734,2019-05-17.

［16］成都文明网.成都战旗村"乡村十八坊"留住"活文化"多元推进乡村振兴［EB/OL］.http://cd.wenming.cn/wmbb/201907/t20190717_5958445.shtml,2019-07-17.

［17］四川省村社发展促进会.成都市郫都区唐昌镇战旗村［EB/OL］.http://sccsfz.org/huiyuandanwei/2017/1129/210.html,2017-11-16.

［18］中国农村网.战旗村创新启示录［EB/OL］.http://journal.crnews.net/zgcz/2016n/dyq/15930_20160118023031.html,2016-01-18.

［19］成都商报客户端.振兴战旗村,这位书记要做"第一个吃螃蟹的人"［EB/OL］.https://www.sohu.com/a/309034690_120044203,2019-04-19.

［20］成都市规划馆.高德敏［EB/OL］.http://www.cdghg.com.cn/cdsghg/c136347/2020-03/26/content_2a1fcabb0e524250a594ea9f83f60aa0.shtml,2020-03-26.

［21］成都日报.郫都区唐昌街道战旗村党总支书记高德敏:胸怀满腔战旗梦 想方设法找出路［EB/OL］.http://sc.china.com.cn/2019/dangjian_xianfeng_0702/326978.html,2019-07-02.

［22］内刊社.战旗村:感恩奋进 努力走在全国乡村振兴前列［EB/OL］.http://www.pidu.gov.cn/pidu/xxbs/2019/11/12/content_eed937d22e604207be7c6974836c7748.shtml,2019-11-12.

[23] 四川党的建设杂志.战旗村：发展，不停歇[EB/OL].http://www.scdjw.com.cn/portal.php?mod=view&aid=59671,2018-11-6.

[24] 川报观察.郫县战旗村：一个乡村的就地城镇化之路[EB/OL].https://cbgc.scol.com.cn/news/102562,2018-11-09.

[25] 韩清华,张丽.改革实践｜成都战旗村：新时代乡村振兴的一面战旗[EB/OL].https://baijiahao.baidu.com/s?id=1618434523258319409&wfr=spider&for=pc,2018-11-29.

[26] 成都市国土局.《郫都区战旗乡村振兴示范片规划》正式获批[EB/OL].http://www.pidu.gov.cn/pidu/xxbs/2019/05/29/content_d47d4557a35e4d03a92c0b52a41be843.shtml,2019-05-29.

[27] 白骅,李志刚.农商文旅一起抓,这个村怎么做到的？[EB/OL].https://www.sohu.com/a/391739025_168296,2020-04-26.

[28] 申毛毛.农村集体经济股份制改革的实践与思考：基于成都郫县战旗村的调研[J].经营管理者,2013（04）:31.

[29] 侯亚景.战旗飘飘促振兴 党建引领结硕果：成都市郫都区战旗村乡村振兴调研[J].红旗文稿,2019(15):17-18.

[30] 四川日报.成都市郫都区战旗村土地制度改革经验与启示[EB/OL].comment.scol.com.cn/html/2019/02/011063_1718462.shtml,2019-02-14.

[31] 孙浩.郫都区在两年内擘画出乡村振兴新图景[N].郫都报,2019-11-29(04).

后 记

2018年2月12日，习近平总书记来到战旗村视察，听取了战旗村乡村振兴工作汇报，走进精彩战旗特色产业在线服务大厅，在战旗村向全国人民送福，表达新春祝福，并发表重要讲话。对战旗村提出要"走在前列，起好示范"的发展要求。

战旗村原名集凤大队，1965年在兴修水利、改土改田活动中成为一面旗帜，取名战旗大队，后为战旗村。全村面积2.06平方千米，耕地面积1930亩，辖9个村民小组，529户1704人。村党总支下设4个党支部，党员82人。先后荣获"全国社会主义精神文明单位""全国文明村""省级四好村""四川集体经济十强村"和省市"新农村建设示范村"等称号。

党建领航强堡垒。坚定以习近平新时代中国特色社会主义思想武装头脑、指导实践、推动工作。在原原本本学的基础上，邀请专家辅导学，组织党员群众讲亲身经历、谈切身感受、学懂弄通，做实党的十九大精神。深化"两学一做"，逗硬落实"三会一课"、民主评议、联系服务群众、亮身份亮承诺亮实绩等制度，全面提升组织力。把支部建在集中居住区、合作社、民营企业，依托智慧党建平台全面加强党员教育管理监督，带领全村深化改革、发展产业、整治环境、淳化乡风，带领村民住上好房子、过上好日子、养成好习惯、形成好风气，村党组织成为群众信赖的主心骨。

改革兴村激活力。党的十八大以来，战旗村坚持以农业供给侧结构性改革为主线，按照上级部署，深入实施农村集体产权制度改革、耕地保护补偿制度、农地流转履约保证保险制度、集体资产股份制、农村产权交易等"五项改革"，敲响全省农村集体经营性建设用地入市"第一槌"，推动资源变资产、资金变股金、农民变股东,实现资本下乡、人才进村、市场主体再造。优化生产体系,按照建基地、创品牌、搞加工的思路,做强做优绿色产品品牌,建成绿色有机蔬菜种植基地 800 余亩。优化经营体系,组建 2 个蔬菜专业合作社,引入京东云创平台、"人人耘"智慧农业,培育省市著名商标品牌 3 个。优化产业体系,引进培育榕珍菌业、满江红等 16 家企业,延伸产加销链条。建成 AAA 级景区,年接待游客 40 余万人次,实现农商文旅融合发展。2017 年,村集体资产达 4600 万元,集体经济收入 462 万元;村民人均可支配收入 26053 元,高出全区平均水平 1993 元,生活越来越巴适,日子越来越安逸。

乡村振兴谱新篇。新时代新征程,战旗村按照"产业兴旺、生态宜居、乡风文明、治理有效、生活富裕"的总要求,坚持产业富民,发挥妈妈农庄等项目带动作用,打好陶艺坊等乡村十八坊传统文化牌,聚商气、汇人气,积极创建 AAAA 级景区;联通城乡两头、农业内外,以新品种新技术新业态提升产出效益;引入现代企业制度,释放村集体经济红利,走共同富裕道路。坚持生态先行,牢固树立"绿水青山就是金山银山"理念,关闭 5 家污染企业,实施土壤有机转化和高标准农田整治 1000 亩,建成柏条河生态湿地,持续保持优美宜居环境。坚持涵养新风,引入"同行社工"等社会组织,开展国学诵读、文艺表演、百姓讲堂等活动,培育形成友善淳朴、守望相助、尊老爱幼的战旗新风尚。

"中国乡村振兴示范村"丛书被中宣部、新闻出版署列为"十三五"国家重点图书,战旗村作为"乡村振兴示范村""中国十佳小康村""百强镇""千强村",在乡村振兴中起到了很好的示范作用,因此对战旗村发展历程的介绍以及成功经验的总结对乡村振兴战略具有重要意义。

首先,在编写《中国乡村振兴示范村——战旗村》之前,我们前往四川省成都市郫都区唐昌街道战旗村进行调研,考察了战旗村乡村十八坊、妈妈农庄、特色商业街、战旗村村使馆等地,收集了大量相关的文字、图片、视频等资料。

其次,在《中国乡村振兴示范村——战旗村》编写过程中,浏览了大量相关的网站,借鉴了专家屈锡华、胡雁编写的《战旗村变迁纪实录》,以及引用了范源辰、申毛毛、侯亚景、刘姿含、刘佩儒、陈莉英、范源辰、李黎、胡彦殊、董世梅、孙浩等大量学者的优秀研究成果。

最后,在《中国乡村振兴示范村——战旗村》编写过程中,曾得到诸多单位有关人士的热情帮助和支持,我们特向郫都区农业农村局、唐昌街

后 记

道人民政府、东北大学出版社的领导和有关人员，向参加本书编写及调研工作的四川农业大学教师何思好、祖旭、陈光燕等，向参加本书调研工作的四川农业大学研究生何佳惠、汪敏、陆果东、欧阳驰、牟燕等，向对本书提出宝贵意见的各位专家表示衷心的感谢。

　　编写本书的过程中尽管已经付出了很大努力，但是我们仍然清楚地认识到，本书还存在许多可以不断完善和修改的地方，还请各位同人、专家和读者们不吝赐教，提出修改意见和建议，使之日臻完善。谢谢大家！

作者

2020年6月